U0506122

让
我
们
一
起
追
寻

〔英〕费子智

童 岭

译 著

C. P. Fitzgerald

This is a simplified Chinese translation of the following title published by

Cambridge University Press:

Son of Heaven: A Biography of Li Shih-Min,

Founder of the T'ang Dynasty By C. P. Fitzgerald

ISBN-978-1-107-49508-1 Paperback

© Cambridge University Press 1933

This simplified Chinese translation for the People's Republic of China

(excluding Hong Kong, Macau and Taiwan) is published by arrangement with

the Press Syndicate of the University of Cambridge, Cambridge, United Kingdom.

© Social Sciences Academic Press (China) 2022

This simplified Chinese translation is authorized for sale in

the People's Republic of China (excluding Hong Kong, Macau and Taiwan) only.

Unauthorized export of this simplified Chinese translation is a violation of the

Copyright Act. No part of this publication may be reproduced or distributed by any means,

or stored in a database or retrieval system, without the prior written permission of Cambridge

University Press and Social Sciences Academic Press (China).

本书根据剑桥大学出版社 2015 年平装版译出，

封底有甲骨文防伪标签者为正版授权。

Copies of this book sold without a Cambridge University Press sticker

on the cover are unauthorized and illegal.

本书封面贴有 Cambridge University Press 防伪标签，无标签者不得销售。

此版本仅限在中华人民共和国境内（不包括香港、澳门特别行政区及台湾省）销售。

唐王朝的奠基者

SON OF HEAVEN

A Biography of Li Shih-Min, Founder of the T'ang Dynasty

天之子
李世民

社会科学文献出版社
SOCIAL SCIENCES ACADEMIC PRESS (CHINA)

李世民：唐太宗

此图根据陕西醴泉（今咸阳市礼泉县）一块古代石刻的拓本重制。

目　录

示意图

版　画

书前插画　李世民：唐太宗

说明：版画一、二、三这幅画是根据六幅高浮雕重新创作的，这些高浮雕曾装饰在陕西昭陵李世民的墓前（昭陵六骏）。这些浮雕是李世民在世时制作的，其原型由艺术家阎立本所画。每幅浮雕上面都刻上了简短的铭文和皇帝本人写的一首诗。

隋唐重要人名表

BILGÄ KHAN 毗伽可汗	突厥（薛延陀），颉利可汗的竞争对手
CHAI SHAO 柴绍	将军，李世民的姐夫
CHANG CHIEH-YÜ 张婕妤	李渊的宠妃
CHANG-SUN, THE LADY 长孙氏	皇后，李世民的正室
CHANG-SUN WU-CHI 长孙无忌	大臣，李世民的妻兄
CII'ÊN SHU-TA 陈叔达	大臣，陈朝的皇室后人
CH'ÊNC HSIN 称心	男宠，太子李承乾最喜爱之人
CH'IN SHU-PAO 秦叔宝	将军
CH'ÜAN KAI-SU-WÊN 泉盖苏文	高句丽的弑君者与独裁者
CHUR KHAN 处罗可汗	突厥的统治者之一，颉利可汗的兄长
CH'U SUI-LIANG 褚遂良	大臣
CH'Ü-T'U T'UNG 屈突通	隋朝将军，后降唐
FANG HSÜAN-LING 房玄龄	李世民的大臣及友人
FU-YUN KHAN 伏允可汗	暴君，吐谷浑的统治者
HÔ-KAN CH'ÊNG-CHI 纥干承基	刺客，为太子李承乾服务
HOU CHÜN-CHI 侯君集	将军
HSIAO HSIEN 萧铣	群雄之一，梁朝的统治者
HSIAO, THE LADY 萧氏	皇后，隋炀帝的正室

HSIAO YÜ 萧瑀　　　　　　　　　大臣，萧皇后的弟弟

HSÜEH CHÜ 薛举　　　　　　　　群雄之一，甘肃地区的统
　　　　　　　　　　　　　　　　　治者

HSÜEH JÊN-KUO 薛仁杲　　　　　薛举的儿子与继承人

I CH'ENG, PRINCESS 义成公主　　隋朝公主，四位可汗的妻子

KAO K'AI-TAO 高开道　　　　　　群雄之一，自称燕王

KAO SHIH-LIEN 高士廉　　　　　大臣，长孙皇后的舅舅

LI CH'ÊNG-CH'IEN 李承乾　　　　李世民的儿子，皇太子

LI CH'IEN-CH'ÊNG 李建成　　　　李世民的兄长，皇太子

LI CHIN 李治　　　　　　　　　　李世民的儿子，后来的皇
　　　　　　　　　　　　　　　　　太子

LI CHING 李靖　　　　　　　　　将军，平定南方的干将

LI HSIAO-KUNG 李孝恭　　　　　赵王，将军，李世民的堂兄

LI MI 李密　　　　　　　　　　　群雄之一，降唐后又反叛

LI SHÊN-T'UNG 李神通　　　　　淮安王，李世民的叔叔，
　　　　　　　　　　　　　　　　　将军

LI SHIH-CHI 李世勣　　　　　　　原名徐世勣，将军

LI TA-LIANG 李大亮　　　　　　　将军

LI T'AI 李泰　　　　　　　　　　魏王，李世民嫔妾所生之子

LI TAO-TSÜAN 李道玄　　　　　　淮阳王，李世民的堂弟，
　　　　　　　　　　　　　　　　　将军

LI TAO-TSUNG 李道宗　　　　　　任城王，李世民的堂弟，
　　　　　　　　　　　　　　　　　将军

LI, THE LADY 李氏　　　　　　　李世民的姐姐，柴绍之妻

LI TZÜ-T'UNG 李子通　　　　　　中国东南部的群雄之一

LI YU 李祐　　　　　　　　　　　齐王，李世民嫔妾所生之子

WEI CHÊNG 魏徵　　　　　　　　　大臣

YANG CHIEN 杨坚　　　　　　　　隋文帝，隋王朝的奠基者

YANG HSÜAN-KAN 杨玄感　　　　隋炀帝的反叛者

YANG TI 炀帝　　　　　　　　　　隋炀帝

YANG T'UNG 杨侗　　　　　　　　隋朝越王，炀帝的孙子

YANG YU 杨侑　　　　　　　　　　隋朝代王，炀帝的孙子

YIN HUNG-CHIN 阴弘智　　　　　齐王李祐的舅舅

YÜ-CH'IH CHING-TÊ 尉迟敬德　　刘武周的将军，后任李世
　　　　　　　　　　　　　　　　　民的近卫队队长

YÜ-WÊN HUA-CHI 宇文化及　　　弑君者，宇文述的儿子，
　　　　　　　　　　　　　　　　　群雄之一

YÜ-WÊN SHIH-CHI 宇文士及　　宇文述的儿子，唐的将军

YÜ-WÊN SHU 宇文述　　　　　　隋朝将军，北周鲜卑后裔

LI SHIH-MIN 李世民　　　　　　李渊次子，唐王朝奠基者，
　　　　　　　　　　　　　　　　　太宗皇帝，生于 600 年，
　　　　　　　　　　　　　　　　　崩于 649 年

唐帝室系谱

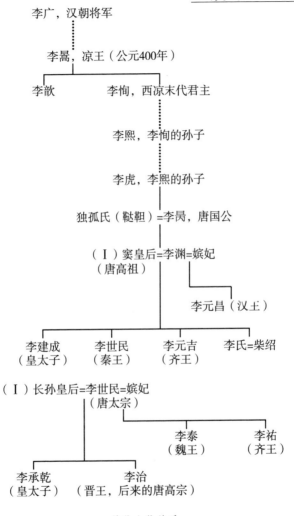

李广，汉朝将军

李暠，凉王（公元400年）

李歆　　李恂，西凉末代君主

李熙，李恂的孙子

李虎，李熙的孙子

独孤氏（鞑靼）＝李昞，唐国公

（Ⅰ）窦皇后＝李渊＝嫔妃
（唐高祖）

李元昌（汉土）

李建成　　李世民　　李元吉　　李氏＝柴绍
（皇太子）　（秦王）　（齐王）

（Ⅰ）长孙皇后＝李世民＝嫔妃
（唐太宗）

李泰　　李祐
（魏王）　（齐王）

李承乾　　李治
（皇太子）（晋王，后来的唐高宗）

其他人物关系

李神通：淮安王，李渊的堂弟

李孝恭：赵王，李世民的堂兄

李道宗：任城王，李世民的堂弟

李道玄：淮阳王，李世民的堂弟

说　明

术语命名法

本书所涉及的主题，并不为大多数西方读者所熟悉，因此，我试图减小中国名称命名法的难度。为了保持行文的流畅和表述的清晰，我省略了次要人物的名字。如果读者能成功地记住那些至今仍存在的姓氏，我会感到很欣慰，因为它们都与当时历史上的重要人物有关。

书中的地名也被减少到最少。除了一两个例外，我都使用了现代地名。公元七世纪时的城市名称只有在当今业已消失的情况下，才会使用它的原地名。或者像山西、陕西和河南那样，大多数旧的地名还在使用。突厥语与中亚语的名称，都是按照它们自己的语言来翻译的，而不是按照中文文献记载来翻译的。本书自始至终都采用威妥玛式拼音法，除了一些已经被认可的变化，如某些省份的名字。

应该意识到，中国的姓氏放在名之前。例如"李世民"（LI SHIH-MIN），"李"（LI）是姓，"世民"（SHIH-MIN）是名。人名有时是单字，有时是双字。"李渊"（LI YÜAN）就是一个单字的例子。又如，"长孙无忌"（CHANG-SUN WU-CHI）或是"宇文述"（YÜ-WÊN SHU），他们姓名的前两个字，用连字符连接的是复姓，后面连字符的两个字或单个汉字，是那个人的名。

　　然而在地名中，我有时省略了构成名称的词之间的连字符，这是为了避免地名被误认为人名的风险。

　　总之，在这本传记中提到的所有重要人物，都可以在前面的"隋唐重要人名表"中找到。

参考书目

本书所使用的主要文献来源是《资治通鉴》，由宋朝的司马光（1019～1086年）所编，元朝的胡三省加以注释。除非另有说明，本书的引用和直接翻译均来自《资治通鉴》这一著作。

其他中文参考文献包括《旧唐书》、《通鉴辑览》、《唐太宗书》①、《长安志》、《唐两京城坊考》，以及康熙皇帝下诏敕命编撰的伟大的百科全书《钦定古今图书集成》。

西文的参考资料包括：

1. P. de Mallia，*Histoire Générale de la Chine*（Paris，1778）．该书中包含耶稣会翻译的《通鉴纲目》。

2. Parker，*A Thousand Years of the Tartars*（London：Kegan Paul，Trench，Trübner & Co.，1928）．②

3. Li Chi（李济），*The Formation of the Chinese People*（Cambridge，Harvard University Press，1928）。

4. P. Henri Doré，*Recherches sur les superstitions en Chine*（Shanghai Mission Catholique，1916）．

5. A. von Le Coq，*Buried Treasures of Chinese Turkestan*

---

① 译注：载于《淳化阁帖·历代帝王法帖》。
② 译注：此书已有中文版。巴克尔：《鞑靼千年史》，向达、黄静渊译，商务印书馆，1936年；山西人民出版社，2015年重印本。

（London：George Allen & Unwin，1928）.①

　　本书中的示意图，采自 *Atlas of China*，由伦敦的"中国内地会"（China Inland Mission，CIM）制作，同时参考了日本制作的 *Historical Atlas of China*。②

　　古代的地名和地点是根据中国文献的提示线索，以及两幅宋代地图来确定的。这两幅地图镌刻在西安碑林的石碑之上。③ 为了解古战场和围城战发生之地的地形，我也曾实地考察山西的雀鼠谷、霍州，以及长安、洛阳和汜水。

---

①　译注：〔德〕阿尔伯特·冯·勒柯克：《新疆的地下文化宝藏》，陈海涛译，新疆人民出版社，1999 年。

②　译注：该日文地图，可能为那珂通世校阅，高桑驹吉著《新撰东洋史地图》（共益商社书店，1901 年）。

③　译注：费子智此处应该指的是碑林《禹迹碑》与《华夷图碑》两块宋代石刻。目前二石均藏在碑林博物馆库房。

序章 公元七世纪的中国

李世民，作为太宗皇帝从 626 年至 649 年统治着唐王朝。1
然而，如果不了解他出生之前的时代，就无法欣赏李世民一生
的成就及其生命的意义。作为他生活的背景，有必要先描绘一
幅公元六世纪时的中国的图景，以及它的社会组织和主导那个
时代的政治趋势。

公元七世纪初，中国的疆域还没有眼下"中华民国"① 这
么大，人口也没有这么多。两千多年来，汉人从他们在黄河流
域的早期家园开始，一直在稳步扩大疆域。他们逐步将新的地
域纳入管辖范围，同时不断融入各民族。到公元七世纪时，汉
人的统治已扩展到长江流域的南部，但现在的中国西南省份，
在当时还没有被中央政府有效管辖。长城界定了帝国的北部边
界，在那之外就是游牧鞑靼人的国家，他们常常是中原农耕者
的大敌。而在南方，帝国的边界并不十分清晰。广东和沿海地
区在几个世纪以前就被纳入中原王朝统治之下了，但这一狭长

---

① 译注：本书英文版初版于 1933 年，因此中译本保持"中华民国"称呼的
原貌，包括费子智书中提到"现代中国"的疆域表述，以及"现在"
"今天""至今"等说法，也指的是 20 世纪二三十年代。此外，费子智
对某些中外地点的称呼，带有那个时代的烙印，如英属印度、印度支那、
南满地区等，考虑到全书叙述的完整性，中译本据英文原文译出，敬请
读者留意。

地带仍然是一片有待开拓的"疆土"，居住着大量汉人之外的族群。①

虽然强大的王朝常常在西南部的不同地方驻军，但西南地区，如云南、贵州，以及四川、广西和湖南的一些区域，当时并没有受到中央政府的有效统治。即使在长江南岸的湖南和江西，汉人还是很少的，山地里仍然有世居民部落。②

因此，长江流域才是公元七世纪中原王朝真正的南部边界。再往南是一个尚待开垦的地带，在民族志人种学的意义上，它与当时中原王朝领土的关系，同印度支那和马来亚与现代中国的关系类似。而这两种关系之间一个重要的不同之处在于，公元七世纪的华南地区已经处于中原王朝的统治之下，而近代华人在南洋的定居地则位于近代中国的疆域之外。在公元七世纪，中华帝国的重心仍然是黄河、长江和西北高原之间的大平原。强大的汉王朝（公元前 206～公元 220 年）确实统治了更加遥远且广阔的地区，包括蒙古高原、中亚、朝鲜半岛、辽东乃至安南。但到此时，广袤的北方已不在中原王朝的统治之下，而是归掌握了强大武力的游牧民族所有。可以说到公元六世纪末时，中原王朝的这些外围领土已丧失殆尽。

在经历了一个分裂割据的时期之后，晋王朝（265～419 年③）

---

① 如"掸族"（Shans）。又，古代中国南部和东南部海岸线地区的世居民被称为"越族"（Yüeh），越族并不是汉族。至今仍然有非汉民族居住在福建沿海地带，以及海南。

② 司马光：《资治通鉴》卷一八三，上海商务印书馆重印本。里面提到"蛮子"（Man Tzǔ）在江苏南部建立了山区国家。

③ 译注：此处据英文原文译出。419 年，刘裕以宋王身份加殊礼，世子称太子，全面掌控东晋的军政大权。420 年六月，刘裕正式接受晋恭帝的禅让，是为宋武帝。

取代了伟大的汉王朝，但这个新王朝内讧不断，对北方边境的防御也多有疏忽。311年，入侵的鞑靼人在都城洛阳俘虏了西晋皇帝，同时征服了王朝的北部地区。晋王朝设法在南方得以延续。318年，这一王朝通过定都南京而得以重建（东晋）。①北方地区落入几个互相竞争的鞑靼政权手中，它们只是因为彼此之间的激烈斗争才未能征服整个帝国。

这场灾难导致了近三百年的分裂局面。中华帝国的统一格局被中断，汉王朝的努力被彻底摧毁。从长城到华北平原的南缘，帝国的北方被一系列短命的鞑靼王朝所割据，最终只有一个国号为"魏"（386~534年）的王朝成功地把整个北方统一在一个鞑靼统治者的势力之下。南方的东晋王朝仍然由汉人控制，在东晋之后又先后出现了四个王朝，但没有一个王朝的统治时间能超过一个普通人的个体生命时长。

在这段南北分治时期，中国的形势与黑暗时代欧洲的状况十分相似。就像罗马帝国部分领土被蛮族占领了一样，罗马人只能在东部的行省维持其权威。与此相对，古老的汉帝国的北部疆土被鞑靼人占据，但汉人却设法保住了对南方各地的控制。就像君士坦丁堡，南京是上层文化的中心，也是典雅文明（refined civilisation）的最后避难所。同时，就像拜占庭帝国一样，南方的中华帝国之所以能够延续，更多的是因为它的敌人们缺乏协调性与延续性，而不是因为其自身的军事力量强大。但两者结局是不一样的，欧洲保持了永久的分裂，欧洲人失去的不仅仅是政治上的统一，还有过去的古典语言与文化。相

---

① 译注：此处据英文原文译出。317年三月，司马睿以"晋王"身份在建康建元，但到318年三月才即皇帝位，是为晋元帝。

反，隋唐王朝则吸收了诸多鞑靼种族，重建了古老的大一统帝国，复兴了古代的文化，取得了之前从未达到过的辉煌。

在这些巨大的成就之中，李世民扮演了改变东方世界历史的角色，因为中国的复兴正是在他建立的王朝之下得到了巩固。中国为什么能成功复兴，而东罗马帝国为什么走向了失败？中国成功的经验值得我们借鉴。公元五世纪及六世纪欧洲和中国面临的困境，存在两个重要的不同之处。第一，罗马帝国不仅遭到北方日耳曼蛮族（Teutonic barbarians）的攻击，还遭到波斯人的攻击，后来又遭到来自南方的阿拉伯人的攻击。而中原汉人只需要与北方的鞑靼人对抗，因为在南方的世居民部落中从来没有发展出强大的势力。第二，几个世纪以来，希腊罗马人（Graeco-Roman）的数量一直在持续减少，也从来不是一个民族志人种学意义上的整体。但是，中华民族是一个被共同的语言和文化凝聚在一起的民族，他们的人数比他们的对手多得多。结果，鞑靼征服者们很快被当地的原生族群所吸收，而后者本质上仍然是中原汉人。在欧洲，罗马公民和蛮族入侵者的后裔们融合在一起形成了新的拉丁诸民族。然而在中国，鞑靼的人口规模太小，无法培育出新的混血种族。因此，占人口绝大多数的汉人很容易就恢复了政治优势。

关于公元六世纪末中国的人口规模，目前尚没有权威的实证表述。然而我们可以做一个估量，这一估量数值不仅能与现存的证据相符，也不至于与常识或历史概率相冲突。[①] 根据这

---

① 这一估算数值所基于的具体讨论与史料，请参见本书附录二。这篇估量研究的论文，最初发表于 *The China Journal*（Shanghai, January and February 1932）。其部分内容能够收载于本书附录，要感谢该杂志编辑的好意。

一估算，到 618 年时，业已在鞑靼诸王朝统治下的中国北方地区人口约为 1.023 亿 。而在人口相对较少的南方，有约 2715 万人处于汉人王朝统治之下的地区。将南北方人口相加，整个帝国的人口约为 1.2945 亿。

中原王朝主导权的重新建立无疑主要是由于这样一个事实：尽管鞑靼人统治了近三个世纪，但占压倒性优势的人口仍然是汉人。虽然鞑靼游牧民族一直是中原王朝的可怕对手，但他们没有理由相信自己的部族能在人数上与帝国境内的中原居民匹敌——所有相关的历史文献记载都暗示了这一点。中原王朝的历史学家以他们对史实和日期一丝不苟的精准记载而无比自豪，但他们对统计数值却不太感兴趣。中原王朝的历史文献记述了鞑靼人的历次进犯、战争和征服，但它们没有记录到底有多少鞑靼人在战争中幸存下来并定居中原，也没有透露到底有多少中原人留在了被鞑靼人占据的土地上。

现代历史学家们在研究与中国南北朝分治同时发生，且在情节上也颇为相似的日耳曼蛮族入侵时，已倾向于怀疑传统的历史认识，认为蛮族并没有以压倒性的规模横扫整个欧洲，灭绝了罗马帝国原本的居民。这是因为数量如此庞大的部落群体既不可能来自北欧未开垦的森林地带，也不可能具备足够的后勤与运输条件，在整个欧洲大陆上长途行军。现在历史学家的观点认为，日耳曼蛮族之所以成功并不是因为他们具有人数优势，而是因为他们具备更为顽强的斗志，以及堕落的罗马臣民在抵抗蛮族时的懦弱无力。

在这一点上，鞑靼人进犯中原王朝北部地区，毫无疑问具有与此类似的性质。我们没有理由相信，半沙漠地带的蒙古大草原可以供养与华北平原（这是地球上最为肥沃的农耕地区之一）数量相当的人口。彼时的鞑靼部族和今天一样以游牧为生，他们不得不长途跋涉为羊群寻找牧草。坚忍不拔的品质、高超的骑术，以及敌对势力内部的种种分歧，是他们在发起袭扰行动时可以利用的主要优势。他们用优越的移动性弥补了自己在人数上的不足。就像日耳曼蛮族首先是作为皇帝的雇佣兵得以在罗马帝国立足一样，鞑靼人最初也是被邀请进入中原地区，为当时正在互相残杀的晋朝王室宗亲们提供军事支援。

当鞑靼势力决定篡夺权力掌控大局时，他们只遇到了微弱的抵抗。中原民众早已厌倦了晋朝统治者的无能，他们即便没有因北族的统治感到解脱，也默然接受了这一事实，以至于在390年，鞑靼的又一轮进攻行动来得更加容易。[1] 拓跋鲜卑诸部后来建立了持续时间最为长久的王朝——北魏。他们之所以能够进入中原，是以早先的诸多鞑靼王朝的灭亡为代价，因为此后这些鞑靼王朝都被拓跋部落慑服了。直到450年，这些拓跋新统治者才真正试图与统治南方的中原王朝一决雌雄。[2] 鞑靼人对北方地区的占领并没有遭到当地人的强烈反对。当新的鞑靼人袭击原有的鞑靼统治者时，真正的原住民们会不关痛痒地袖手旁观，甚至很可能会对发生在鞑靼人之间的争斗幸灾乐祸。

然而，拓跋鲜卑部落的出现实际上带来了更好的变化：这些新的统治者具有通古斯血统，他们比早先的匈奴人更聪明，

---

[1] 译注：东晋孝武帝太元十五年，鲜卑西燕皇帝慕容永进攻洛阳，但被东晋兖青二州刺史朱序所败。同年，东晋的北府兵将军刘牢之又击败南下的丁零族翟辽。

[2] 译注：北魏太武帝太平真君十一年（宋文帝元嘉二十七年），《宋书·文帝纪》云："（二十七年十二月）庚午，虏伪主率大众至瓜步。壬午，内外戒严。"

适应性也更强。在经历了近一个世纪几乎从不间断的战争之后，拓跋鲜卑的北魏王朝终于给中国北方带来了和平。这一有着通古斯血统的新来部族很快就接受了中华文明，并与当地人自由通婚。这一北魏王朝在建立约一百年之后，其皇帝（孝文帝拓跋宏）亲自颁布了一项法令，禁止国民使用鞑靼语言、服装和习俗。作为表率，皇帝亲自放弃了他的鞑靼姓"拓跋"，转而支持改用汉姓"元"，其意思与"拓跋"一样。拓跋统治者的汉化认同十分彻底，甚至以中原王朝的方式加修了长城，以抵御蒙古草原上尚未驯服的其他游牧部族。

历史证明了这一理论，即进入中原的鞑靼人只占华北总人口的很小一部分。在 500 年，当北魏皇帝（宣武帝）继承其父遗志，宣布他的汉化政策时，在位于黄河南岸的河南地区，鞑靼部落的总人口只有 14700 人，而这里正是北魏都城洛阳的所在地，北魏皇帝在此建立了他的朝廷。第一次鞑靼人的进犯是在 304 年，据说当时的战斗部队只有 5 万士兵[1]，如果把妇女和儿童算在内，这些游牧部族的总人数是他们士兵数的五倍。即使如此，这仍然只相当于汉人王朝一个州人口的一小部分而已。[2]

---

[1]　译注：公元 304 年，南匈奴贵族刘渊起兵反晋。《晋书·刘元海载记》云："二旬之间，众已五万。"

[2]　汉人不认为鞑靼人的数量是巨大的，这一观点可以从其他历史时期的文献中得到佐证。在汉代曾有记录，一位汉王朝的叛徒曾对匈奴首领这样说："你们整个部落的人口还不如中国两个县的人口多。"此外，在 750 年，一位突厥可汗的谋臣在与他的主人讨论的过程中说了这番话："突厥的总人口很少，甚至没有中原的百分之一。"译注：据检核，费子智的第一段引文应出自汉代的中行说之口："匈奴人众，不能当汉之一郡"（出自《史记》和《汉书》的《匈奴传》）。第二段引文出自暾欲谷对毗伽可汗之语："突厥人户寡少，不及唐家百分之一"（《旧唐书·突厥传》）。其中费子智英文原文"two Chinese prefectures"（中国两个县）可能是"一郡"之误。

8　　　虽然鞑靼统治者看似无法让中国经历像西罗马帝国那样的族裔、文化、语言和文明上的永久性改变，但他们的统治确实为中国带来了在两个或两个以上政权治下陷于长期分裂的风险。正是由于鞑靼人的力量有很大局限性，这场分裂才有可能持续下去。在北方干燥的平原和高原上，鞑靼骑兵创建了一个非常适合他们作战方法的政权。鞑靼人的这种战术就是传统的斯基泰人的骑兵战术（Scythian cavalry tactics），中国历史学家对这种战术的描述几乎和希罗多德（Herodotus）对大流士国王（King Darius）的斯基泰敌人的描述一模一样。但是，当鞑靼人的军队越过中原中部的疆界进入长江流域时，他们就踏上了一片完全不适合骑兵战术的土地。这里有泥泞的稻田、陡峭的山地和森林、狭窄而潮湿的山谷，这些地方对于北方的骑兵来说是十分陌生而且危险的。

鞑靼人对长江流域的进犯无一例外地失败了。曾经有三次，即在 379 年、450 年以及 467 年①，他们甚至袭击到了长江岸边，但最终都被击败，并被赶出了南方。直到 540 年②，鞑靼人几乎已完全融入中原社会，因此他们开始自如地使用中原军队。同时，得益于南方的纷争，鞑靼人通过一个附属国③控制了长江流域的西半部，逐渐掌握了绝对的主导权。在那个时候，血统纯正的鞑靼人在北方已经非常少见了。那些在马背

---

① 译注：这三次军事行动的年份对应年号分别是东晋孝武帝太元四年、宋文帝元嘉二十七年、宋明帝泰始三年。

② 译注：即西魏文帝元宝炬（孝文帝之孙）的大统六年，此时南方是梁武帝大同六年。

③ 译注：此处的附属国指后梁（555 ~ 587 年），由梁昭明太子萧统的直系子孙建立。开皇七年，隋文帝令后梁末代皇帝萧琮君臣入长安，此后废后梁国。

上无拘无束的草原征服者的后裔已成为优雅而富有教养的朝臣，与他们的汉人同僚几乎没有什么区别。

南方的王朝虽然曾多次试图北伐，以收复北方地区，但这些努力都没有成功。在缺乏合适牧场的中国南方，马是一种罕见的动物，南方的部队因此主要由步兵战团组成。不过，南方人是出色的水手和船工，他们能沿着可航行的水道进行两栖作战，并曾在380年、417年和450年三次深入黄河流域，一度收复了整个中央平原和西部高原的部分地区。① 但不幸的是，南方王朝的统治者们对这些地方的统治最终也和鞑靼统治者在长江流域的占领一样短暂。中国似乎注定要陷入长久的南北分治状态，但因为南北朝之间没有一条明确而且长期固定的边界，这种状态很难维持稳定。

中国北方和南方王朝的边界没有任何鲜明的地理标志。中国西部地区山脉连绵，虽然它们绝非不可通行，却还是提供了一道可作为边界的地理屏障。但在东部，黄河以南的大片生产粟黍的干燥的大平原在无形中与淮河流域平坦的稻作地带相接，后者又通过水渠和湖泊与长江相连。这片土地上没有明确的疆界，"国境"只是一个渐变的、含糊的概念。这意味着在中国历史上，所有分裂局面都将带来无休止的边境战争，以及间或存在的休战期。在中国，和平历来都是以统一为基础的。

这些发生在公元五世纪和六世纪的边境战争，以无休止的围城战为主要特征。这是因为南方汉人在据守要塞、城池防御

---

① 译注：这三次军事行动的年份对应年号分别是东晋孝武帝太元五年、东晋安帝义熙十三年、宋文帝元嘉二十七年，主帅分别是谢安、刘裕与刘义恭，三次北伐的兵锋都到达了黄河南岸。其中，第二次克复长安，第三次也攻克了潼关。

等方面很有技巧，也很顽强，而骑马的鞑靼人则不习惯攻城战。南方的王朝，其国脉的延续主要归功于它们建在边境的要塞群和南方地区的气候，而不是军队在战场上的勇猛作风。这些南方王朝看上去会无限期地持续下去，但不会再抱有重新攻回北方的真正希望了，重新统一中国的工作最后还是要由北方的中国人来完成。到公元六世纪中期，血统纯粹的鞑靼人几乎已经消失。但在吸收、同化鞑靼人的进程中，北方汉人获得了游牧民族的刚健彪悍之气，与此同时也保留了自己的汉字、语言和文化。而在这些领域里，鞑靼人没有留下什么显著的建树与贡献。① 总之，这一来自北方的强化族群（fortified race）基本保留了汉人的底色，但使其更具活力的是因为融入了部分鞑靼人的血统。担负重新统一大任的主要人群就这样被"绘制"了。而南北两个帝国的贵族之间存在的密切关系，则为他们重新统一中国的事业提供了便利。

尽管中国所谓的"封建制度"（Chinese feudal system）早在800多年前中央集权的汉朝建立之时就被完全推翻，但直到公元六世纪末，中国社会在本质上仍然是非常贵族化的（aristocratic）。随着晋王朝统治之下的统一帝国走向崩溃，许多建立在南方的世家大族（Great families）在当地变得非常强大。父亲时常把地方长官的职位传给儿子，一些有影响力的宗族甚至控制了整个州郡，声称他们拥有世袭的权力。

---

① 拓跋鲜卑人很可能是从西亚地区汲取了元素，并创造了他们北魏一朝的最著名艺术形式——石雕。与这种观点相反的是，早期在山东的孝堂山（Hsiao T'ang Shan）发现了汉人石雕的证据。以及同一时期，在南京发现了梁代石狮子。但是，希腊因素的确是存在于北魏的佛教造像之中的。译注：费子智原书索引，误将 Hsiao T'ang Shan 汉字标为"小唐山"，当为"孝堂山"，后者有重要的东汉石祠题刻存世。

这就是南方帝国最主要的弱点所在：南方的统治者总是把精力用于抑制地方势力的叛乱，而不是与鞑靼人作战。在北方，政治权力起初由鞑靼人中占据统治地位的氏族垄断，当洛阳落入鞑靼人之手时，许多中原贵族逃向南方。但随着鞑靼血统逐渐融入中原社会，一个新的汉人贵族群体开始登台掌权，这些人身上往往混有一些"鞑靼之血"（Tartar blood）。

在整个南北分裂时期，两个帝国的统治阶级之间存在着较为普遍的通婚现象。一方面，当南京的一些政治动荡使南方的宗亲与地方长官面临危险时，他们经常会逃往北方。另一方面，鞑靼王国内部也曾多次发生血腥的政变，这些动乱也导致一批批难民越境南逃。这些王朝的短暂国祚和剧烈动荡，使得两边的帝国统治的权威与声誉都大打折扣。在这一时期，很少有家族能够占据皇位超过四五十年，一个有权势的大臣或成功的将军总会被视为新朝天子的潜在人选。这种固定的效忠意识的缺失导致以家族利益为中心的世家大族精神的崛起，而这正是南北两个帝国的贵族群体心照不宣的。

隋王朝奠基者杨坚让中国全境久违地重归一个皇帝的统治之下，他曾是北朝汉人贵族的一员，同时也是北周鲜卑王朝最后一任皇帝的岳父。杨坚是汉人，但他的正室妻子来自有鞑靼血统的独孤家族，他的一个女儿则嫁给了北周鲜卑皇帝。581年，杨坚废黜了北周静帝，自立为皇帝。这一标志性的重大变化，使得一个中原世家大族重新登上帝国的"九五之尊"（imperial throne），而这一变化是在没有任何鞑靼人后裔反对的情况下进行的，因为现在这些鞑靼人的后裔觉得自己就是中华正统。在周隋嬗代十年之后，隋朝皇帝同时派遣几支军队，很快就征服了衰弱的南方帝国。彼时统治着南方的皇帝（陈

11

后主）很有艺术素养却心慵意懒，当他的将军们向他报告称隋军即将逼近都城之时，他甚至都懒得打开那些告急的文书看一眼。

经过 267 年的分治①，中国再次被统一在一个汉人血统的王朝之下，但这个王朝的国祚非常短暂。隋王朝的奠基者杨坚是一个没有受过多少精英教育的人，也不打算取悦官僚阶层。事实上，他甚至削减了北周鲜卑统治者管理下依旧存在的教育机构。杨坚的统治虽然严酷无情，但如果不是因为他的继承人是著名的疯狂人物——隋炀帝，他的王朝或许仍能延续下去。由于炀帝奢侈放纵、挥霍无度，中国陷入了比遭鞑靼人进犯更为恶劣的混乱的无政府状态。

在这之后，一个新的王朝——唐朝终结了这场混乱，而这个王朝的建立与巩固正是李世民毕生努力的结果，他在历史上最显赫的名号是他去世后被赋予的庙号——太宗。尽管被算作唐王朝的第二位皇帝，李世民是最早劝说他父亲起兵反抗隋炀帝的人，而唐军之所以取得了最后的胜利，也要归功于他出众的领导能力以及天赋。

本书第一部分追溯了这位李唐政权领导人与他的诸多竞争对手围绕帝座而展开的殊死斗争。第二部分讲述了李世民登上帝位之后的统治情况。在这些章节中，我们可以看到李世民在治国方面的成功与他在遏制皇子们邪恶习性时的失败形成了鲜明对比。他能够实现并巩固中华帝国的统一，将帝国的疆域极

---

① 译注：按照本书附录一计算的分治时间，隋统一之前的分裂时期持续了272 年，起点是东晋元帝在江南即位建号"建武"（317 年）。如果按照此处持续时间 267 年计算，则起点为 322 年，即东晋元帝去世、明帝即位之年。

大地拓展。然而同样也是他，却不能改变自己继承人的性格，或者培养一个足以维护李唐天子权威的继承者。

在本书最后，我将尝试评价李世民历史成就的重大意义。他在中国的广袤领土上重建了政治秩序，恢复了和平与统一，并因此将东亚文明从崩溃和毁灭的边缘拯救了回来。他的成就使中唐时期的绚丽灿烂文化成为可能，而中唐时期正是世界历史上最伟大、最具创造性的时代之一。

这些就是李世民千古留名的原因所在。现在，中国的古老文化正逐渐为西方所了解，李世民的事迹也应当在今天得到更为广泛的认知。

第一章 隋王朝的覆灭

这是一个充满麻烦的世界。在这样的世界里，忠诚是不确定的，未来则昏暗不明，充斥着狂风恶浪。恰恰就是在这样的世界之中，在中国西部的长安城里，李世民降生了。这一年是公元600年。① 他是一个古老而显赫的贵族家庭的次子，这个家族上可溯至汉代赫赫有名的将军李广。

汉代的李氏家族后来在甘肃凉州附近定居下来，那里当时是汉王朝西北的尽头。这个李氏家族非常有权势。在公元400年时，伴随洛阳沦陷于鞑靼人制造的大混乱之中，李暠自立为凉州地区的独立君主，国号西凉。李暠和他的两个儿子统治西凉近二十年，直到其被鞑靼人攻灭。幸运的是，李氏家族却在这场大灾难中幸

---

① 关于李世民的年龄，有一组矛盾的证据。《资治通鉴》的注释者胡三省（1230~1302年）是元朝士大夫，他认为李世民在649年去世之时是五十三岁；但《资治通鉴》说李世民在615年时是十六岁。考虑到中国人的算法，孩子出生时就已经有一岁了，这就意味着李世民出生于600年，去世时为四十九岁。我认为早一些的说法（司马光）比较权威。译注：《资治通鉴》卷一百八十二《隋纪六》在隋炀帝大业十一年（615）云："李渊之子世民，年十六，应募隶屯卫将军云定兴。"同书卷一百九十九《唐纪十五》唐太宗贞观二十三年（649）正文"有顷，上崩"句下胡三省注云："年五十有三。"这当是费子智指出李世民生平两个异说的史料来源。国际学术界和费子智一样持公元600年出生说的还有：崔瑞德（Denis Twitchett）主编的《剑桥中国隋唐史》，以及日本京都大学谷川道雄的《唐の太宗》（日本人物往来社，1967年），但国内隋唐史学界还是持598年或599年出生说较多，比如黄永年的《唐太宗李世民》（上海人民出版社，1987年）。

存下来，随后向东迁移到长安。长安此后成为西魏的都城。李氏家族的一些成员臣服于西魏以及北周的皇室，并向他们效忠。西凉末代君主的第六代后裔李昺因为忠诚与贡献被册封为唐国公。李昺娶了鲜卑人独孤氏家族的一位女子，所以他和隋王朝的奠基者杨坚是连襟。李昺的儿子是李渊，李渊则是李世民的父亲。

除次子李世民之外，李渊和他的正室窦氏①还生育了四个孩子。但只有其中三位在当时的历史中发挥了重要作用，即长子李建成、末子李元吉以及女儿李氏。

李世民是这个伟大家族的次子，从小接受了他所在阶层的教育并拥有相关素养。这包括中国古典文学和书法，这些都是精英阶层的年轻人学习的内容。中国书法并不仅仅是一种纯粹的技能，它还被认为是与绘画和诗歌齐名的三大重要艺术之一。李世民就是一位著名的书法家，他笔下的许多作品被镌刻在石头上，保存至今。李世民的这些石刻拓本在中国被广泛出售，作为后世学生学习书法的一种风格范本。

除了统治阶级一直非常重视的学术性教育之外，这个男孩也是在鲜卑人进入中原之后，在年轻人间流行的模仿战争的娱乐活动中训练、成长起来的。李世民对马匹狂热的喜爱，也许是从他祖母家族那里遗传来的。他的这一兴趣可以由著名的昭陵高浮雕证明。李世民的墓前有六匹战马的雕像，刻画着他所骑乘过的、为他战死的战马的雄姿，栩栩如生。② 同时，

①　窦氏（Tou Shih），她的名在史书中没有被提及。

②　其中四匹战马的雕像，目前在长安（西安府）的陕西省博物馆。另外两匹的雕像则藏在美国宾夕法尼亚。译注：昭陵六骏中的四骏，民国末年入藏陕西省博物馆。1991年陕西省新建了展馆后，原藏文物一分为二，新馆被命名为陕西历史博物馆，原址老馆区改名为西安碑林博物馆。四骏目前藏在碑林博物馆。

李世民也是一位技艺精湛的超级射手,可以说是他那个时代最有名的射手,这一绝技好几次挽救了他的生命。

在李世民少年时,父亲李渊被任命为山西地区的管理者,也是太原府的军事统帅。这个职位所管控的地区是与突厥政权接壤的主要军事边境之一,而突厥作为正在崛起的力量,此后会成为蒙古大草原的统治者。正是在这样一个高远的、凉爽的山地型州郡,远离了奢侈、放纵的隋王朝的中央宫廷,李世民在此度过了他的性格形成期。他从伤痕累累的边防部队的老兵宿将身上,学会了在边关警报声中进行追捕远征,并锻炼出了进行战争突击所需的忍耐力与持久力。

15　　615 年,李世民在一场重要的战役中正式崭露头角,当时他还刚过十五岁。当时的皇帝隋炀帝——杨坚的儿子与继承者——来到山西气候较凉爽的山区,准备在太原府附近建造的一座宫殿里度过酷暑期。这一年,李渊成为山西地区的实际最高长官"山西河东抚慰大使"。隋炀帝在山西的宫殿待了一段时间后,越过长城,到北方边境去巡游。到这一年为止,隋王朝一直与突厥的可汗保持友好关系。事实上,隋王朝的义成公主也嫁给了突厥可汗。但隋炀帝逐渐开始害怕突厥的力量,于是他近来一直试图煽动小可汗之间的矛盾并挑起争端。然而,隋炀帝的努力没有取得应有效果,这一行为实际上激怒了最高首领始毕可汗,他很清楚隋炀帝的阴谋。

当听说皇帝不明智地越过了长城来到北边,始毕可汗集结了数十万骑兵并突然发起猛攻,希望能把整个帝国的核心要员都俘虏下来。要不是他的妻子义成公主,始毕可汗几乎肯定能成功,因为义成公主给炀帝秘密发出了警告。这使得隋炀帝有时间赶紧飞奔回雁门。雁门是长城上的堡垒和关隘,在那里他立即被突厥霸主包围了起来。

此时皇帝的处境非常危险。雁门是一个很小的地方，居民、难民，再加上庞大的帝国仪仗队和近卫军，人数不低于15万，却没有足够的粮食储备。突厥人迅速占领了该地区41个防御据点中的39个。雁门本身也不断遭到攻击，箭矢像雨点一样落下。隋炀帝充其量不过是一个好大喜功的人，此时似乎彻底失去了勇气并乱了方寸。皇帝紧紧地抱着他最小的儿子，把时间浪费在哭泣上，直到哭得"目尽肿"。①

他的将军和大臣们提供了各种建议，但心烦意乱的君主根本无法下定决心。将军们敦促皇帝选择数千精兵组成突袭部队，带着他在某个漆黑的夜晚杀出包围圈。如果这个突袭计划获准通过了，那么留下来的大臣则有被命运抛弃的危险。于是大臣们试图说服皇帝发布一项法令，承诺停止不受欢迎的高句丽战争，因为这一战争已经急速地耗尽了王朝的力量。大臣们声称，如果这样做，整个部队将以新的热情来为皇帝战斗。

最好的建议来自萧瑀，他是皇后的弟弟，也是南方梁朝皇室的后裔。他建议秘密地给义成公主传递信息，因为义成公主作为始毕可汗的妻子，正如她先前发出的警告所证明的，内心总是同情隋王朝。在得知皇帝的困境后，她也许可以想出一些办法来解决围城之困。处于极度恐惧之中的隋炀帝接受了萧瑀的建议，还承诺放弃高句丽战争，并为在捍卫雁门的战事中立功者加官晋爵。②

与此同时，李渊作为该地区的最高长官，获悉突厥的进犯

16

---

① 译注：《资治通鉴》卷第一百八十二《隋纪六》云："上大惧，抱赵王杲而泣，目尽肿。"
② 译注：隋炀帝当时对守城将士下达的敕令是："守城有功者，无官直除六品，赐物百段；有官以次增益。"见《资治通鉴》卷一百八十二《隋纪六》。

行动后已派出所有可用的部队增援皇帝。李世民随援军一起出发，这支救援远征军实际上归李渊属下的一位将军指挥。但是，这位将军对他是否可以用手头的这支小部队发起解围行动心存疑虑。他向他的幕僚们征求意见，就在那时，年轻的李世民早早地证明了他有行军作战的天赋。"突厥人，"他说道，"如果让他们以为我们力量强大到足以使他们吃败仗的话，他们就不敢在雁门包围皇帝了。因此，我们只有让他们相信是帝国军队的主力来了，才会成功。而要做到这一点，我们必须白天旌旗招展、排成长龙前进，展示出人马众多。然后，在晚上宿营的时候，可以多生篝火，让军队的鼓声持续不断。突厥的侦察兵看到我们的军队延绵几十里，晚上又听到如此多的喧闹声，就会相信主力部队已经来解救皇帝了。那么，他们就会因回避战斗而撤退，这是他们的惯常做法。"①

17

将军按照这个计划行事，突厥人果然上当了。与此同时，始毕可汗收到了义成公主的传信，说他们遭到了来自北方的另一个鞑靼部落的威胁（"北边有急"）。权衡之下，始毕可汗相信他自己已经拥有将帝国的军队捏在手心的能力了，于是放弃了围攻，撤退到他的大草原上。皇帝也急忙撤退到太原府，以确保安全。

到 615 年时，隋炀帝作为隋王朝的第二位皇帝已经在位十年了。但他的行为非常荒诞古怪，他的暴君式专制统治也很不受人欢迎，这使他不太可能再和平地长期统治下去了。虽然并

---

① 译注：此处据英文原文译出。李世民的这段话出自费子智对《旧唐书》卷二《太宗本纪上》的摘译，史料原文为："大业末，炀帝于雁门为突厥所围，太宗应募救援，隶屯卫将军云定兴营。将行，谓定兴曰：'必赍旌鼓以设疑兵。且始毕可汗举国之师，敢围天子，必以国家仓卒无援。我张军容，令数十里幡旗相续，夜则钲鼓相应，虏必谓救兵云集，望尘而遁矣。不然，彼众我寡，悉军来战，必不能支矣。'"

非没有才能，但皇帝的怪异脾气在他即位后愈演愈烈。在统治末期，他变成了一个彻头彻尾的妄自尊大的狂人。隋王朝的灭亡，首先是由于隋炀帝不顾后果的挥霍无度。这个帝国勉强从长达三个世纪的破坏性分裂战争中恢复过来，但为了给皇帝庞大的公共工程项目提供资金而被征税到了极限。

隋炀帝对父亲所建的都城长安并不满意，他重建了洛阳城（东都）。洛阳位于河南，这里在五十年前的北魏王朝末期的动乱中遭严重破坏。现在它在一片非常宽敞的平原上被重建，装点着比以往任何时候都更加华丽和造价高昂的宫殿。城市的西边有一个巨大的皇家园林，这个园林里有人工湖和小山丘，山上面遍植珍奇的树木。这些树木是从远处的森林里挖出，然后被运到这里的。这个园林的规模比后来乾隆皇帝时期扩建后的圆明园还要大，而圆明园现在已经被毁坏了，遗址在北京附近的乡村。隋炀帝不顾代价地压榨着劳工们，使得这个园林仓促完工，而劳工们则受到了最残酷的对待。

然而，重建洛阳城只是隋炀帝巨大开销中的一项而已。他最有用和最持久的纪念碑是大运河，它从浙江的杭州，到扬州附近穿过长江再到达黄河，延绵 500 英里。① 尽管这项伟大的工程可为和平时期的商业贸易服务，但皇帝建造它更多是出于自己享乐，而不是为了臣民的利益。它的主要目的是提供一条舒适的路线，让帝国的宫廷可以从洛阳直达扬州进行巡游。扬州靠近南京，隋炀帝在那里建立了一座新的南方都城，其宏伟富丽程度几乎和洛阳一样。

18

---

① 译注：费子智这里的 500 英里，指的是杭州到达黄河南岸板渚这一段大运河的距离，包括通济渠、邗沟、江南运河，并不是指杭州到达涿郡（大业四年开永济渠）的距离，这一点请读者留意。

　　一队装饰和设备都极尽奢侈的豪华驳船，在这巡游的旅途中承担运送宫廷成员的任务。在大运河的两岸，皇帝受到规模庞大的军队的保护。为了供给这支庞大的队伍，运河两岸的每一个城镇都被迫提供支持。

　　如果隋炀帝仅仅满足于在国内过这种奢侈的生活，尽管他骄奢淫逸的统治给民众带来了沉重的负担，却也不会引发动乱。不幸的是，他的对外政策与对内统治一样蛮横粗暴，甚至更加耗费民力。隋王朝的使臣被派遣到中亚地区的宫廷，以确认隋炀帝的宗主权。由于使臣们都不敢无功而返，他们用大量的金钱贿赂那些小国家的君主以达到目的。虚荣的隋炀帝以难以置信的代价购买了这些空洞的承诺，对此他却非常满意。

　　这个皇帝做过的最愚蠢的事，也是最终毁掉隋王朝的事，就是高句丽战争。这场远征可说是没有任何理由。高句丽所在地区曾是汉帝国的"郡县"（province）。而隋炀帝自认为是中国有史以来最伟大的统治者，决心要使这个朝廷的管辖范围恢复到古代。连续三年，即公元 611 年、612 年和 613 年，皇帝发动整个帝国的力量对抗高句丽国王，但每次都一败涂地。①其中的第一次远征，炀帝亲率军队包围了辽阳，直到北方的严冬迫使其撤退。第二年，一支由帝国将军们率领的远征军也没能成功拿下高句丽的都城，而且他们在撤退到鸭绿江渡口时被高句丽彻底击败。当隋炀帝指挥第三次远征时，围攻辽阳城的

19

----

①　译注：关于隋炀帝三次远征高句丽的时间，第一次募集士兵与征讨高句丽的诏书是在 611 年，出兵作战是在 612 年；第二次远征是在 613 年；第三次远征是在 614 年，第三次实际只有来护儿水军出击平壤，随后隋炀帝接受高句丽国王的降书，主力部队没有正式作战就撤退了。费子智所指的连续三年，可能指的是准备发动地面进攻的年份。

战事正酣，却被来自后方的一场致命叛乱的消息打断。

　　高句丽战争的灾难，以及隋炀帝加在其上的庞大的公共工程项目，使帝国陷入贫困。苛捐杂税逼迫着绝望的人们落草为寇。同时，士兵们不情愿地挤在一起，勉强组成了军队，数以千计的士兵开小差溜走，不满者的力量在持续膨胀。到了611年，这些逃兵在山东的数量是如此之多，以至于他们强大到可以对抗正规的帝国军队。他们在一位名叫窦建德的强人的领导下，和土匪联合起来，力量与日俱增，一年比一年更难以对付。

　　迫使隋炀帝从高句丽战场撤回的叛乱则更加严重。叛乱的领导者是杨玄感，他是贵族阶层的一员，有能力也极有个性。就像历次叛乱中经常见到的，杨玄感也是因为担心自己的生命受到威胁而被迫起兵反抗。隋炀帝说过一句话，而杨玄感认为这句话暗示了他将面临的厄运。[1] 当皇帝卷入旷日持久、令人生厌的辽阳围城战时，杨玄感在黎阳城[2]正式举起了反叛的大旗。叛军中有个叫李密的人，他注定要在那个动乱的大时代中成为风云人物。李密也出身高贵的家族，他在朝廷里当过侍从。直到有一天，有人听到隋炀帝说："（黑色小儿）视瞻异常。"[3] 这被李密的家人视为不祥的暗示，他们把李密从宫廷中带走了，因为皇帝的不满很容易导致臣民遭遇不测命运。

20

---

[1] 译注：费子智所指隋炀帝的这句话，应当出自《资治通鉴》卷第一百八十二《隋纪六》："及素薨，帝谓近臣曰：'使素不死，终当夷族。'玄感颇知之，且自以累世贵显，在朝文武多父之故业，见朝政日紊，而帝多猜忌，内不自安。"

[2] 在今天河北省的大名府附近，但黎阳城现已不存。公元七世纪时，它是黄河上的重要渡口。

[3] 译注：费子智所指隋炀帝此语，应当出自《旧唐书》卷五十三《李密传》："密以父荫为左亲侍，尝在仗下，炀帝顾见之，退谓许公宇文述曰：'向者左仗下黑色小儿为谁？'许公对曰：'故蒲山公李宽子密也。'帝曰：'个小儿视瞻异常，勿令宿卫。'"

李密意识到自己永远无法在隋王朝谋取富贵。这位被赋予了巨大野心和许多伟大领袖品质的人，很乐意加入杨玄感的叛军，因为他们俩非常熟。作为叛军的首席顾问，李密提出了一个彰显他伟大战略洞察力的作战计划。李密说："皇帝目前正带着最精锐的军队在高句丽，如果我们占领了长城的关隘，我们就可以切断他所有的物资供应，中断他与中原的联系。随着天气转寒，他和他的军队将在援军到来之前屈服投降——这是最好的计划。第二个计划，则是动员我们手头所有的作战部队，用最快的速度，占领关中①地区。有了这个难以攻破的基地，我们就可以从容不迫地征服帝国的其余部分，因为它们已经厌倦了隋王朝的统治。还有第三个计划，但不如其他两个。那就是我们可以占领东都洛阳，然后把贵族世家和帝国财富都掌控在我们手中。如果成功了，那我们就很容易赢得广泛的支持。但最后这个计划不能拖延，因为如果帝国军队在我们占领这座城市之前到达，我们就会彻底失去希望。"②

---

① 关中是一个古老的名字，现在叫陕西。关中这个名字意为"在关隘的中间"，充分显示了这一地区易守难攻的特点。

② 译注：此处据英文原文译出。费子智所摘译的这段李密的对策，出自《隋书》卷七十《李密传》："玄感谋计于李密，密曰：'愚有三计，惟公所择。今天子出征，远在辽外，地去幽州，悬隔千里。南有巨海之限，北有胡戎之患，中间一道，理极艰危。今公拥兵，出其不意，长驱入蓟，直扼其喉。前有高丽，退无归路，不过旬月，资粮必尽。举麾一召，其众自降，不战而擒，此计之上也。又关中四塞，天府之国，有卫文昇，不足为意。今宜率众，经城勿攻，轻赍鼓行，务早西入。天子虽还，失其襟带。据险临之，故当必克，万全之势，此计之中也。若随近逐便，先向东都，唐祎告之，理亦固守。引兵攻战，必延岁月，胜负殊未可知，此计之下也。'"《旧唐书》卷五十三《李密传》中有类似的对策，文字略有差异。费子智原文描述李密的说辞结合了上述两种文献。特别是"胜负殊未可知"，费子智英译为"we are lost beyond hope"（我们就会彻底失去希望），则是基于李密实际心理的一种推测性描写。

　　杨玄感想要取得立竿见影的效果，却缺乏一个伟大指挥官应有的耐心和远见，选择了第三个也是最糟糕的计划。

　　李密早就预见到这一计划所蕴含的危险，但事实证明，它比预见的还要更危险。皇帝不在时，洛阳被托付给他的孙子和继承人——越王杨侗。尽管他的部队经常在野外战场上被叛军打败，但越王还是设法守住了这些坚固无比的城墙。当帝国军队的两位将军宇文述、屈突通率领部队从高句丽战场匆匆赶回时，杨玄感的叛军已经失去了继续围城的可能。

　　当杨玄感转念想实施李密的第二个计划进攻关中时，一切都已经太迟了。但即使是现在，也无法说服他认识到速度的极端重要性。他被隋朝官军追上，在洛阳至长安途中的陕州附近被杀，起义彻底失败了。613年秋，李密也被抓了起来，但把守卫灌醉后他设法逃走了。此后几年，他一直过着亡命徒的生活，直到机会再次降临到他身上。

　　隋炀帝虽然成功回到洛阳，但并未能遏制不断恶化的混乱局势，而混乱的浪潮很快在帝国诸郡蔓延为公开起义。杨玄感叛乱发生在隋炀帝雁门不幸经历的前两年。这两年中，皇帝主要居住在洛阳，他所统治的帝国的状况在逐步恶化。处置盗匪的法律极其严厉，但那只会使盗匪的人数激增。一伙盗匪被驱散之后，很快在同一地方就又有其他几伙盗匪出现。

　　有个涉及法令的例子能够很好地展现这个帝国狂人的心态。615年，他颁布法令，以作为镇压盗匪活动的一项措施：全部农村人口必须迁移到城市居住，只能每天白天外出务工。军队将进驻这些村庄，夜间任何在城墙之外被发现的人都会被作为盗贼逮捕。如此荒谬的法律显然不可能得到实施，唯一的效果就是激怒人民。同时，盗匪之间联合起来形成强大的军事力量，席卷整个乡村。

22　　然而，隋炀帝在皇家林园和宫殿的欢愉中过着与世隔绝的生活，他极少关心国家事务。如果谁把他的注意力牵扯到不断增长的叛乱活动上，他就会大发雷霆。最后，他的大臣们从一些悲惨的例子中意识到，用真相来激怒他是愚蠢的行为。所以他们用荒诞、虚假的信息来抚慰这位无所不能的暴君。有一次，传言说叛乱的威胁快要到来。隋炀帝问宇文述，叛乱是否危险，宇文述是隋炀帝对外战争的统帅①，他毫不犹豫地回答道："盗贼信少，不足为虞。"② 这一出乎寻常弥天大谎的幽默性，让在场的另一位大臣为之一震，他不得不躲到宫廷的圆柱后面，以免皇帝察觉到他无法控制自己的笑容。事实上，隋炀帝确实注意到了他的奇怪动作，这位大臣只能假装突然不适来解释他的行为。

从雁门惊心动魄脱险回来之后，皇帝立即违背了他停止高句丽战争的承诺，并且下令重新征兵，以便再次打击这个顽固的王国。这一命令猛然激起了帝国各地的叛乱。江南地区的叛乱已经被将军王世充镇压下去，不过他干了最卑鄙的背信弃义的勾当。他发布一项公告，声称所有投降的叛乱分子都将被赦免，严酷的法律也将被修改。当时有三万多名叛乱分子原本是在绝望中拿起武器的，他们在这些条件的引诱

---

① 译注：费子智在这里称宇文述为 President of the Board。具体来说，据《隋书》卷六十一以及《北史》卷七十九云："及征高丽，述为扶余道军将。"又，2006年在陕西省咸阳市泾阳县云阳镇出土了《宇文述墓志》，也指出了宇文述对外战争时的"统率"作用，其云："炀帝征辽，出师之盛。九军失御，多见沦没。公统率有方，全师反旆。"

② 译注：宇文述此语出自《隋书》卷四十一《苏威传》。

下投降了，但王世充用军队包围了他们并将之屠杀殆尽。不用说，其他叛乱者只会因为这种卑鄙的背叛而对隋王朝更加绝望。从此以后，不管朝廷向叛乱者许诺什么条件，他们也绝不投降。

隋炀帝因为不再愿意听他的大臣们的报告，所以对这些事件一无所知。616年，他决定返回心爱的南方都市扬州。隋炀帝似乎对南方有一种奇特的偏好，尽管他的家族起源于北方（陕西），而且他的母亲有鲜卑血统，但他可以讲"吴语"，这是长江三角洲地区的方言之一。他已经尝到了古老南方帝国盛行的精致习俗和淫靡之风的滋味。尽管几乎整个宫廷的人都极力反对，他们相信如果皇帝南下，就没有什么可以阻止叛乱在北方各地蔓延了，但在为高句丽战争下令征收新税的同时，皇帝还是决定在心爱的扬州再待一年。

这个暴君不但不听劝告，而且还将那些纠缠不休的官员斩首。甚至在皇帝上船之后，他还被一群人恳求着回来。这些人站在大运河岸边哭喊，预言称如果隋炀帝坚持他的计划，将会大难临头。尽管这些臣民有点鲁莽，但没想到的是，被激怒的君主对他们请愿的回复是：命令他的卫队屠杀这些忠诚的人。然后，他登上了华丽的驳船，舰队在沿着两岸骑行的帝国军队的护卫下启程了。皇帝穿过这个叛乱四起的国度，向南方开始他的巡游。

大臣们预测的一切糟糕后果都在这次致命的航程中迅速地发生了。李密从藏身之处出来，率领一大群叛军来到洛阳以东。在他的部队不断得到增援的情况下，李密勇敢地向东都洛阳进军。山东盗匪首领窦建德也获得了新的力量，并很快统治了华北平原东北部，第二年年初他宣布自己为王，并命名他的

23

新王朝为"夏"。①

617年，隋帝国陷入无可挽回的混乱。到处都是有权势和有地位的人领导的叛乱。经过前几年各地蜂起的盗匪活动，隋帝国已陷入割据之势。这些叛乱者都渴望登上皇位，而且大多采用了帝号。在此，我们简单介绍一下他们和他们所占领地区的大致情况。

（1）西北地区现在叫作甘肃的地方，被薛举掌控。

（2）梁师都在陕西北部发动叛乱，自立为帝。他得到了突厥人的支持，突厥给予他"小可汗"的称号。

（3）山西北部有另一支反叛力量，刘武周僭号称帝，也得到了突厥人的支持。

（4）在河北最北边，高开道自称燕王，在永平府设立了朝廷。

（5）在燕地南边，窦建德统治着华北平原大部，随后他定都河北南部的广平府。

（6）李密与装备和组织都较差的叛军联合攻击洛阳，叛军洗劫了河南。

（7）十六岁的牧童杜伏威早在614年就成为一支叛乱军的首领，他控制着淮河和长江之间的土地。

（8）南方地区对萧铣表示热烈欢迎，他是梁朝皇室后裔。萧铣在湖北、江西、湖南和广东没有遭到反对就被人们接受了，他在湖北的荆州府统治着这个庞大的南方帝国。

在这个国家的其他地方，另有一些组织不那么严密的叛乱

---

① 译注：武德元年（618）七月，窦建德定都河间乐寿；武德二年（619）十月，移都洺州，即费子智所指的广平府。

分子四处游荡。唯一几乎不受影响的地方就是四川，因为这里太遥远，感受不到隋炀帝压榨的重担。

最大规模的叛乱是李世民在他父亲掌控的山西地区发起的。然而这一反叛的起源与发展，一直到唐王朝的建立为止的整个过程，我们将在下一章"唐王朝的建立"中详细叙述。这里我们只剩下被架空的隋王朝的悲惨命运有待讲述。隋炀帝并不是没有意识到威胁他的孙子和继承人——正在洛阳的越王杨侗——的风险。隋炀帝派出了将军王世充。王世充曾极端残酷地屠杀了江南地区的叛军，这次也带着一支庞大的军队去进攻李密，后者已经占领了河南的北部，现在又包围了东都洛阳。实际上，洛阳已经陷入严重的困境。李密在城外打败了越王的军队，并掠夺了周围重要的大粮仓。他把粮食分发给民众，赢得其好感，他们不计报酬地为李密的军队提供补给。这位叛军领袖也得到了许多有影响力的人的支持。李密以他的人格魅力，吸引了那些认为隋炀帝暴政不可容忍而且具有冒险精神的人。在这些加入李密阵营的人之中，最值得注意的是魏徵与徐世勣。魏徵之前是道士，也是一个能力非凡的人，后来成了李密的谋士；徐世勣，历史上更广为人知的名字是李世勣（姓的改变源于后来他对唐王朝事业的忠诚与坚持），当时他才十七岁。但即便年幼，徐世勣却以他杰出的才能在叛军中赢得了指挥权，他注定要成为一位名扬四海的将军。

尽管王世充和帝国军队到达了洛阳，但李密在野外对战中击败了这支援军，迫使他们躲到洛阳的城墙后面。因此，洛阳的处境仍然是最不稳定的。这时，叛军的将领们怂恿李密将洛阳孤立起来并占领陕西，从而实现他当年曾向杨玄感提出的计划。然而，李密却被迫放弃了这个战术，原因在于他担忧手下

26

那些来自帝国东部州郡的士兵，怕他们不愿意跟随自己去陕西，因为那儿远离他们的家乡。李密在这个决策上犯了一个巨大的错误：由于没有能够降伏洛阳，加上他的迟疑，最终他的事业遭受致命打击。

然而在这一年里，隋炀帝的将军们在镇压其他地区的叛军时，没有一处的情况比洛阳好。有一支军队被派去镇压窦建德，其不但在一场大雾中打了大败仗，而且幸存的士兵也投降了窦建德的叛军并与他并肩作战。从此以后，黄河以北的地区就完全被叛军控制了。

隋炀帝隐居在扬州的宫殿里度过了这灾难性的一年，几乎一点都没有被极速笼罩在王朝上空的阴影所困扰。在一群美女的伺候下，他在南方宫殿的艳丽花园中醉生梦死、寻欢作乐。他不停地狂欢夜宴，酗酒痛饮，沉迷于戏剧性的娱乐表演，试图在感官享受中忘记帝国的失落。虽然如此，他的私人享乐亦不时受到大臣们的劝谏纠缠，以及军队里不断增加的流言谶语的干扰。不论是朝臣还是士兵，都不像皇帝这么狂热喜爱这个南方的都城。

朝中大臣大多是北方贵族世家的成员，他们的家庭与财产都还留在北方，面临着来自任何一支胜利的叛军可能带来的各种风险。帝国的近卫军都是由北方男子组成，他们在隋朝皇帝们的故乡陕西附近被征入伍。这支军队现在已经厌倦了南方，这里与他们的村庄和家庭中间隔着数百英里的叛军占领区。他们似乎注定要永远被放逐在此地。实际上，当皇帝可以被唤醒来考虑这个王朝的命运时，他曾表示企图收复北方是徒劳的。相反，他曾经粗枝大叶地考虑过这样的想法，即把他的都城永久地定在南京。他只满足于统治帝国的南半部分而已。短命的隋王朝所建立的中国再统一的事业，甚至在这个朝代最终灭亡之前，就已经彻底失败了。

隋炀帝的新政策没有被透露给帝国军队，但士兵们的不满在一段时间内被一种奇特的权宜之计平息了。皇帝知道他们的主要不满是长期与家人分离，于是构思了一个在南方为他们提供新家庭的简易计划。下达的命令是这样的：每个士兵都必须从扬州的某个家庭中娶一名妻子。虽然历史上没有记载扬州少女们对这件事的看法，但这种神奇的集体婚姻似乎暂时满足了军队的需要。

然而到 618 年的春天时，即便是扬州少女们的万种风情，也不能平息朝廷和军营里的牢骚与不满了。上一年发生的事情已经清晰地说明这一点：只要还是隋炀帝在位，隋王朝就不可能恢复它对北方州郡的统治。但大臣和将军们，与士兵们相同，都反对以任何形式被永久放逐在南方——就像皇帝设想的计划那样。于是，阴谋和逃跑变得愈加常见。尽管对逃兵、战士甚至高级官员都判处过严酷的死刑，但他们先后都抛弃了这个在劫难逃的君主。隋炀帝似乎也已经意识到末日即将来临。有一天早晨，他正在镜子面前梳头，他向皇后惊恐地喊道："好头颈，谁当斫之？"① 实际上，对这一提问的回答，并没有拖延太久。

在朝廷大臣中，有两位是将军宇文述的儿子。宇文述曾极其大胆地在叛乱的进展问题上对皇帝撒过谎。此人是鞑靼人的后裔，他与北周帝室家族是同一血统。北周被隋王朝的开国皇帝推翻。宇文述此时已经去世，留下三个儿子：宇文化及、宇

---

① 译注：出自《资治通鉴》卷一百八十五《唐纪一》。

文智及和宇文士及。其中，最后一位是能干的将军，后来在唐代朝廷名显天下，他没有参加哥哥们煽动的阴谋。但是，宇文化及却是一个野蛮和放荡的人物，年纪轻轻的他享受了来自皇帝的过分宠爱。

也许是因为他觉得现在终于到了可以充分驾驭命运、施展他与生俱来的雄心的时候，或者是被为他那遭推翻的古老鞑靼家族复仇的心理所驱动，宇文化及成为在扬州的极端不满人士的领袖。他这一阴谋的公开说法是迫使皇帝走上北归之路、解救四面楚歌的洛阳，并在他们王朝的发源地长安重建都城。

然后，在一个漆黑的夜晚，哗变者党羽杀死了忠诚的皇帝卫兵，闯进了宫殿，之前那些公开的、合理的逼宫目标被抛诸脑后了。隋炀帝被骚乱惊呆了，他和最小的儿子藏在一间隐蔽的房子里，但他的避难所被一个宫廷美人出卖给了哗变者。隋炀帝被人从藏身之处拖了出来，一直被看守到天亮。此时，宇文化及已经占领了这座城市，镇压了所有的反对势力。然后，皇帝坐在椅子上被抬到众人面前，他从前最宠爱的人正在那里等着他。

看到这种情景，那个无耻的造反者粗暴地咆哮了起来："你们为什么把那个家伙抬出来？"① 然后，宇文化及命令皇帝坐在他前面的椅子上。他开始接二连三地数落、控诉皇帝的许多罪行和愚蠢之举。但哗变士兵的嗜血欲望已经被激起，对这

---

① 译注：费子智原文为"Why are you carrying that thing about?"，此处据英文原文译出。《资治通鉴》卷一百八十五《唐纪一》载："化及扬言曰：'何用持此物出，亟还与手。'"检核胡三省注："与手，魏、齐间人率有是言，言与之毒手而杀之也。"据胡三省的解释，"与手"即"下毒手"。

种仪式性的问答很不耐烦。在造反者领袖结束他的控诉之前，一个哗变分子拔出了他的剑，一剑就把年轻的皇子斩杀了。那不过是一个孩子，隋炀帝最喜欢的儿子。自从士兵哗变开始，他一直陪着他的父亲。这个可怜男孩的血溅在父亲的长袍上，刺激杀红了眼的哗变士兵去完成他们的弑君之举。但即便在这种极端的情况下，皇帝也是一个主角，他大声喊道："天子死自有法，何得加以锋刃！取鸩酒来！"① 然而，这一要求遭到拒绝。但士兵们最终没有用剑杀死他们的君主，而是用皇帝自己的练巾在他的宝座上勒死了他。

弑君行动成功之后，哗变者对皇族成员展开屠杀。同时被杀的还有对隋炀帝忠心耿耿的大臣和将军。宇文化及允许皇后在宫殿平地上给隋炀帝和他的儿子举办一个仓促的葬礼。之后，他带着被弑杀皇帝的巨大财富和后宫佳丽，领着叛军沿大运河向北进发。

在这场血腥的悲剧中，隋炀帝荒诞离奇的统治走到了尽头。他使当时的中国比任何时候都更加分裂，成为十几个互相竞争的野心家的猎物。

30

---

① 译注：出自《资治通鉴》卷一百八十五《唐纪一》。这里的"何得加以锋刃"句，费子智英译为"Do not shed my blood"（不要让我的血流出来）。

第二章　唐王朝的建立
（617～618年）

在公元616年时，李渊曾与突厥人积极地对战过。自雁门之围以来，突厥人一直在进行边境袭击和突然进犯行动。此外，唐国公还奉命与其他地方长官合作，镇压盘踞在北方各地的盗匪和反叛分子，不过这项任务看起来毫无成功的希望。

在上述军事行动中，李世民虽然当时只有十六岁，却起到了极为重要的作用。在公元七世纪的中国，这样年龄的小伙子被认为足以从事政治活动和战场厮杀了，而我们现在把这个年龄的人都看作是非常不成熟的。值得注意的是，李世民并不是他那代人中唯一一个在十几岁时就脱颖而出的少年。淮河流域的叛军领袖杜伏威，在十七岁之前就已经是一支庞大军队的指挥官了。徐世勣（李世勣）也在同样的年龄成为李密手下的将军。在守护洛阳的隋朝官员中，有一个叫罗士信的人，他在十三岁的时候就曾率领一支重装骑兵对抗盗匪。

这是一个属于年轻人的时代。当时的战争和动乱严重削弱了老一辈人的控制力。儒家的准则告诫年轻人要绝对服从长辈，但很少有人遵守这样的准则。唐王朝就是由年轻人建立的，他们彻底战胜了缺乏灵感的上一代人，并超越了对上一代人的恐惧与敬畏。在经历了一个凄凉阴沉的分裂和软弱时期之后，中国终于迎来了充满自信和希望的纪元的破晓。

617 年年初，李世民已经意识到隋王朝不可挽回地衰败下去了。他开始考虑进行一场革命的可能性。在太原府的官员中，有个人叫刘文静。在 615 年隋炀帝行幸山西宫殿之时，刘文静担任过皇家侍卫队的指挥官。① 因为刘文静和反叛的李密是姻亲，因此朝廷下达了逮捕他的命令。刘文静被关进监狱，直到他是否参与了李密叛乱的问题被调查清楚为止。② 李世民是刘文静的密友，常常去牢房探视他。刘文静现在已经没有希望再在隋王朝谋得一官半职了，所以他利用被探视的机会鼓动李世民策划起义。李世民也已怀有同样的想法；现在他开始游说他的朋友们，并秘密招兵买马。尽管这样，李世民并没有向父亲李渊提及这些事情。

唐国公李渊是个慵懒的贵族，不太聪明，而且性格软弱。他缺乏韧性、远见和决心。如果他不是李世民之父，那么在中国，就没有人比他更不可能登上王位了。李世民非常了解自己的父亲，他知道，除非出现"既成事实"（fait accompli），否则他是不可能说服父亲采取果断行动的。因此，李世民把计划藏在心里，直到时机成熟。

---

① 译注：费子智谓刘文静在 615 年时指挥过皇家侍卫队，《旧唐书》和《新唐书》皆谓刘文静在隋末的官职为"晋阳令"。当隋炀帝行幸山西晋阳时，刘文静应该指挥过一部分宫殿警卫。

② 反叛以及阴谋参与反叛，在中国历代的律法规定中，都是死罪（capital crimes）。此外，这种罪行通常会将反叛者的所有家庭成员判处死刑。按照中国的社会习俗，家庭被视为一个整体，个人仅仅是其中的一部分。自己的姻亲和母亲一系的亲属也都包括在内，但案件在涉及他们的场合下，惩罚会由死刑减轻为流放（banishment）、监禁（imprisonment）、没收财产（confiscation）或处以巨额罚金。刘文静可能是受到了这些较轻的处罚。

恰好这个时候，一则奇怪的谶言在各地广为流传。大意是说，隋王朝灭亡后，皇位将转到"李"姓家族手中。① 毫无疑问，这则谶言后来被证明是正确的。不过，它并不是在此后几年里才被虚构的，而是在隋朝皇帝的统治下就开始流传了。为此，隋炀帝铲除了一位李姓重臣，因为他认为这个人的姓就是谶言中所暗示的那个姓。这种想法在公众的想象中获得了巨大的影响力，例如甘肃的一群反叛分子就选了一个姓李的人做他们的领袖，尽管他并不是反叛的发起者。其他杰出的反叛者，他们的成功在很大程度上要归功于他们的名字，如东南部的李子通，以及李密，后者最初是这一谶言所暗示的最受欢迎的候选者。②

李世民和他的支持者们可能也受到了这句谶言的影响。当这个年轻人向他的父亲提出以下重要的建议时，他肯定会将它作为论据。他首先指出了隋帝国的可悲状况以及对隋皇室事业的彻底绝望。然后，他建议父亲在受到炀帝暴政的威胁和反叛力量不断崛起的情况下，"不若顺民心，兴义兵，转祸为福"③来拯救自己。

这位"可敬的"唐国公对他儿子的提议大为震惊。他大

---

① 译注：隋末这样的图谶已无法全部复原，但目前据史料可知的有"隋历将尽，吾家继膺符命"（《大唐创业起居注》）；"桃李子，鸿鹄绕阳山，宛转花林里。莫浪语，谁道许"（《隋书·五行志》）；"桃李子，洪水绕杨山"（《旧唐书·五行志》），等等。

② 这样的谶言在中国历史上并不罕见。在李世民统治末期，也发生了类似的事件（请参见本书第十章"高句丽之战及其晚年"）。在现代，有一本《烧饼歌》（*Song of Cakes*），据说这本书以神谕的形式预言了清朝的历史和此后的事件。据说，这本有趣的政治占卜术之书的作者是刘伯温，他为明朝永乐皇帝建造了北京城。

③ 译注：出自《资治通鉴》卷第一百八十三《隋纪七》。

声吼道："汝安得为此言，吾今执汝以告县官！"他甚至拿起
笔来准备签署逮捕令。李世民对父亲这样的咆哮不以为然，他
也不为自己的话道歉，而是回答道："世民观天时人事如此，
故敢发言；必欲执告，不敢辞死！"他的父亲暴躁地说道：
"吾岂忍告汝，汝慎勿出口！"

　　李世民没有被他父亲的坏脾气误导，他精准地把父亲的坏
脾气解读为一个意志薄弱的人在面临重大抉择时的本能反应。
第二天，他又重新挑起了这个话题。"今盗贼日繁，遍于天
下，大人受诏讨贼，贼可尽乎！要之，终不免罪。且世人皆传
李氏当应图谶，故李金才无罪，一朝族灭。大人设能尽贼，则
功高不赏，身益危矣！唯昨日之言，可以救祸，此万全之策
也，愿大人勿疑。"

　　李渊听完之后长叹不已，回答道："吾一夕思汝言，亦大
有理。今日破家亡躯亦由汝，化家为国亦由汝矣！"①

　　尽管听到了父亲这样的回答，但李世民太了解父亲的性格
了。李渊可能会被诱导同意这个计划，然而这并不意味着他会
照此去采取实际行动。为此，李世民设计了一个圈套，迫使他
那谨慎的父亲无法从中逃脱。

　　在刘文静的安排下，李世民与裴寂交上了朋友。裴寂是汾
阳皇家宫殿的太监总管②，该宫殿靠近太原府。至此，裴寂也
成了这一密谋集团的成员，眼下他的帮助对李世民最有价值。

34

------

①　译注：李世民与李渊的以上对话，出自《资治通鉴》卷第一百八十三
　　《隋纪七》。

②　译注：根据《旧唐书》卷五十七《裴寂传》："大业中，历侍御史、驾部
　　承务郎、晋阳宫副监。"这里费子智有可能将"副监"一职误解成了
　　"太监"（eunuch-superintendent），或者受到《隋唐演义》（第十七回）、
　　《说唐全传》（第十二回）等集部小说塑造裴寂为太监形象的影响。

受李世民的鼓动，裴寂特意研究过李渊的消遣喜好。裴寂从宫殿的嫔妃中挑选出最美丽的女子，而这些女子都在他的控制之下。他把这些从皇帝私人"花园"里精选的"花朵"送给李渊，但没有告诉毫无戒心的李渊她们是从哪里来的。

　　几天之后，裴寂请李渊赴宴，两人把酒畅饮了一番。他假装喝醉了，向李渊吐露真心道："二郎阴养士马，欲举大事，正为寂以宫人侍公，恐事觉并诛，为此急计耳。众情已协，公意如何？"

　　李渊大吃一惊，结结巴巴地说："吾儿诚有此谋，事已如此，当复奈何，正须从之耳。"①

　　起兵举事最后的促成条件恰恰是由隋炀帝本人提供的。朝廷里的一名官员带着给李渊的命令来到了太原府，要求立即将李渊押往扬州，为他未能镇压叛乱的失职行为向皇帝汇报。没有人怀疑这位山西最高长官受到皇帝致命猜忌就是因为他姓"李"。这一命令起到了决定性的作用。李渊知道自己的命运会是怎样的，当他到达扬州的朝廷汇报自己平叛失败时，他玩弄皇家嫔妃的淫乱丑事随即也会曝光，项上人头自然就不保了。此外，他能否顺利穿过数百英里的叛军占领区到达皇帝所在的南方都城也是个大问题。

　　李世民、裴寂和他手下所有的官员都极力鼓动李渊造反，摇摆不定的山西最高长官还是犹豫了很久，直到李建成和李元吉有足够的时间从蒲州府逃回来为止。蒲州府位于山西南部，他俩当时住在那里。这座城市被著名的隋朝将军屈突通所掌管，此人对隋炀帝忠心耿耿。这些年轻人一到太原府，李渊就

---

　　①　译注：裴寂与李渊的对话，出自《资治通鉴》卷第一百八十三《隋纪七》。

立刻召集手下官员，经过最后征求大家意见的誓师仪式，然后宣布他要起兵的意图。

起兵的提议顺利被大家接受了。一些不愿参与其中的官员企图组织抵抗，但李世民采取的预防性措施使他们的努力都白费了。太原府很容易就落入造反者的手中。但更大的危险来自边境地区的突厥人，他们听闻骚乱的消息，也试图占领这座城市。尽管他们围城了好几天，却没有办法攻下这么一个防守顽强的据点。于是突厥人洗劫了附近的村庄，抢夺一些更容易获得的战利品后就离开了。

李世民承担了整个起兵战役计划的主要部分；该计划的目标是征服陕西和占领该地区的首府长安。我们应该记得，这个计划就是当年李密向杨玄感提出的三个方案之一。虽然李密本人也曾有机会采用它，却没有付诸实施。这是一个值得注意的证据：古代中国大多数伟大的霸主都在陕西建国，作为他们此后庞大帝国的摇篮，这点证明了陕西具有持久的战略重要性。建立秦朝的始皇帝，是第一位统一中国的人；高祖刘邦，汉王朝的奠基者；杨坚，隋王朝的奠基者……他们都以陕西作为基地。随着中国国家重心逐步南移，西北的战略重要性渐渐下降了。陕西日益减少的人口和愈加严重的干旱使它丧失了昔日的力量。但在公元七世纪时，陕西仍然是中国的核心地区。

为了攻入陕西，唐军必须渡过黄河，而只有沿汾河下游推进才能到达黄河。汾河是黄河流经山西高原的一条支流。汾河流域的多座城市仍然被忠于隋王朝的势力顽强地守卫着。第一个阻碍是汾州城，它距太原府五十英里。李世民与他的大哥李建成受令带着先锋部队进攻此城。汾州守军只做了一些微弱的抵抗，围城几天后就被攻陷了。唐军纪律严明，这给当地及周

36

37

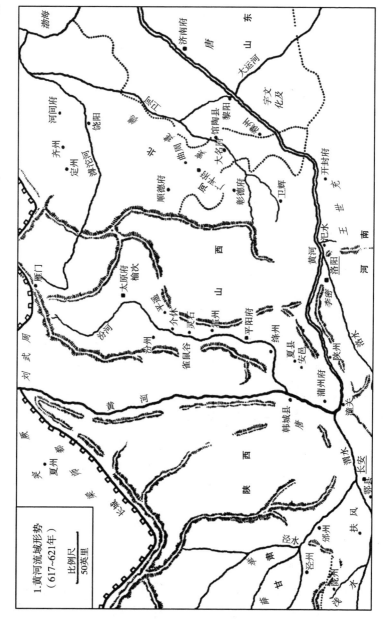

1.黄河流域形势（617~621年）

比例尺
50英里

围的居民留下了良好的印象，他们毫不犹豫地服从了命令，为唐军提供了粮食与其他给养。

在进一步推进之前，李渊急于与突厥人讲和，以保护他的大本营太原府。突厥的始毕可汗并不是不愿意与李渊达成协议，实际上他还建议李渊应该立刻称帝。突厥人总是随时准备支持中原地区的觊觎者，因为他们会削弱隋王朝的力量。始毕可汗已经扶持了傀儡皇帝梁师都和刘武周，这两人都以突厥大可汗为君主。但是，唐国公李渊意识到，把自己作为这种类型的突厥封臣是不行的。于是，他采取了宣布废黜隋炀帝的权宜之计。同时，李渊尊奉隋炀帝的孙子、代王杨侑为隋王朝的新皇帝。这位年轻的皇孙是长安名义上的统治者，而长安正是唐军的目标。

617年七月，时值盛夏。拥有大约三万强大兵马的唐军畅通无阻地通过了关隘雀鼠谷。雀鼠谷是一处山川天然形胜之地，如果有军队把守，很容易就能阻止其他人进入汾河下游。隋王朝的将军们意识到自己的这一失误时已经太迟，他们匆忙集合了两万人马驻守霍州——位于山口南端的一座城市。另一支隋军部队驻扎在蒲州府，那里是黄河东段大拐弯处的一角。蒲州府守卫着通往潼关的要道，而潼关正是进入陕西的门户。

由于物资缺乏和仲夏的大雨，唐军的推进此时陷于停顿。在此拖延期间，唐军与李密的谈判开始了。尽管李密答应不会做任何事情来阻碍唐军的前进，然而他也并未承诺公开支持李渊，因为他同样怀有独立施展抱负、称王称帝的雄心。

大雨不停地下着，唐军粮食给养的缺乏变得愈加严重。同时有消息传来，山西北部的征服者刘武周偷袭了边境地区，企图袭击太原府。这件事使得优柔寡断的李渊感到惊恐与不安。

在裴寂与其他官员的支持下，李渊决定退回太原府进行防守。在这场危机中，只有李世民的坚持和远见才避免了一个灾难性的错误。他强烈地坚持认为现在撤退将是致命的。如果这样的话，隋军的指挥官将有时间集结一支强大得多的军队。而撤退也会使唐军灰心丧气，使敌军信心大增。最重要的是一旦撤退，唐军就将偷袭进入陕西的所有可能性都放弃了。李世民进一步主张，尽管刘武周有可能最远攻打到太原府，但只要马邑和其他边境要塞还在唐军手中，刘武周就不可能守住这片土地。[①]

虽然有这些尖锐的论点，李渊还是拒绝重新考虑他的决定，军队实际上已经开始撤退。李世民仍然想阻止这个灾难性的行动，晚上他来到父亲的帐篷之中。起初他不被允许入帐，李世民于是在外面大声地强烈抗议，迫使李渊放他进去。这个年轻人再次提出他的观点，称如果撤军继续进行下去，那将导致无可挽回的失败。李渊对此表示反对，既然命令已经下达，部队正在撤退行军中，因此以他的软弱性格，就习惯性地回避这一现实难题。李世民见自己的父亲如此软弱、萎靡，立即提出由自己去执行"撤销命令"（counter-orders）。李渊笑了笑，耸了耸肩，同意了，说："吾之成败皆在尔，知复何言，唯尔所为。"[②] 李世民和他的大哥李建成立刻骑着马追上军队，下令停止撤退。他的判断在几天后得到了惊人的印证，太原府不

①　马邑是一个著名的边境要塞。顾名思义，鞑靼人是在那里与中原商人交易马匹的。它大致在雁门西北方向约四十英里处，靠近山西北部的平鲁县（P'ing Lu Hsien）。译注：费子智原书的索引误将"平鲁县"汉字标作"平潞县"。

②　译注：出自《资治通鉴》卷一百八十四《隋纪八》。

仅派人送来了充足的补给，还带来了刘武周没有入侵太原府的好消息。

到八月时，大雨终于停了。唐军先锋部队挺近霍州，霍州是汾河流域狭窄处的一座城市。这里与陡峭的山脉相接，李渊担心隋军将领会继续死守，而那会有效地阻挡唐军的攻势。李世民深知隋朝守将是个有勇无谋的指挥官，于是提出一个把敌人吸引出城进行歼灭作战的计划。当唐军主力还在远处的时候，一小股骑兵部队被派到霍州城城墙脚下。在那里，他们开始指指画画，商量着应该如何划出围城的战壕，悠闲地筹划着，似乎确信自己不会被守军骚扰。正如李世民所预料的，隋军守将认为应该表现出反映自己勇气的自信，他对坚不可摧的城池遭受到敌军如此轻蔑的侮辱感到愤怒，便率领他的所有守备部队全力出击。

当时的唐军分为两股。李渊和李建成率领的大部队聚集在东门外面，杀向城池。李世民率领一支骑兵部队从南面迂回，直到战斗开始都留在城外。隋朝守军根本不愿花精力排查是否有唐军埋伏，主力部队只顾一个劲地猛冲，而唐军在他们的攻势到来之前节节败退。这时，隋军已经被引诱到离城池很远的地方，李世民一马当先率领骑兵部队突然出现在他们的侧翼和后方。这支出乎意料的骑兵部队的冲锋，加上前面唐军主力的反击，使隋军阵线陷入混乱。

李世民投身这场混战，对隋军进行大屠杀，史书称其"流血满袖"。① 当战斗到最激烈的时候，有人大喊隋军指挥官

40

---

① 译注：出自《资治通鉴》卷一百八十四《隋纪八》："世民手杀数十人，两刀皆缺，流血满袖，洒之复战。"

被俘了。这导致隋军溃败，他们四散奔逃了。

因为李世民的骑兵部队位于侧翼的阵地，他们得以行动得比敌人更快，所以隋的败兵和唐的追兵几乎同时到达霍州城城墙下面。城里的居民们预料到将要发生的事，已经关上了城门。除非士兵会飞行，否则他们就只能待在城外。隋军的指挥官实际上并没有被俘虏，他来到东门外，大声命令打开城门。但他权威式的口吻只能让他在一群追兵面前暴露身份。于是，在城门还没打开之前，唐军追兵就拥上来，砍下了他的头。守军惊慌失措，唐军趁此机会发动总攻，在这一天快结束的时候占领了这座城市。

霍州丢失使得汾河下游都被唐军控制了。幸存的隋军官兵也加入了胜利者的军队，唐军没有遇到抵抗就占领了山西第二大城市平阳府。他们的下一处进军目标是绛州，这里由著名的官员陈叔达把守。陈叔达是南方陈朝末代皇帝的弟弟，陈朝正是被隋王朝所灭。在这座城市被围困几天之后，陈叔达也向唐军投降了。

唐军现在进入山西西南部，黄河的大拐弯处。在这个拐弯处有一座守备坚固的城市叫蒲州府，它控制了河流的渡口。蒲州府的守将叫屈突通，他手下有一大支隋军驻防于此。屈突通本人是隋帝国首屈一指的大将。唐军指挥官并不打算强攻这座守卫森严的城市，相反，他们留下一支掩护部队监视屈突通，主力部队则在上游的韩城县对面渡河。

这个计划极有可能获得成功，因为附近的陕西黄河河岸被一个盗匪头子①控制着，李渊和他进行了谈判。盗匪们对李渊

---

① 译注：费子智所谓的"盗匪头子"当指孙华。李渊与孙华谈妥之后，刘弘基、史大奈等率唐军步骑六千渡河，扎营于河西以待军军大部队。

的那些提议表示欢迎，带着一些随从一起过了河，并宣誓效忠唐国公。根据这一非正式的联合协议，盗匪头子被任命为将军，唐军的先遣部队毫无抵抗地渡过了黄河，建立了一个固守的基地来迎接主力部队的通过。当屈突通发现自己竟然让唐军主力溜了过去时，他和他手下的一部分军队夜袭唐军的掩护部队。屈突通希望先把这支掩护部队扫灭，然后在唐军主力部队完成渡河之前扑向他们。尽管他最初的攻击是成功的，但唐军及时增援，打垮了隋军的侧翼。屈突通战败了，被迫撤回蒲州府，陷入重重包围。

42

李渊手下那些平时较为谨慎的谋士，此时也急于在进攻陕西之前先占领这座城市，但李世民意识到速度是至关重要的，他主张立即对长安采取行动。他声称，如果隋军没有时间休整和征收新的赋税，那唐军就很容易攻占长安。他的以下观点占据了上风：留下足够的士兵封堵住蒲州府，然后主力部队杀赴长安。果然，唐军刚开始挺进，许多城市就望风而降了。志愿投军者蜂拥到唐营，"关中士民归之者如市"。①

李渊派给李建成一万人围攻陕西的门户——潼关。从东部进入陕西的要道必须从潼关，那夹在黄河和高山之间的狭窄缝隙中穿过。在这个地方被占领后，任何来自河南的隋军都无法前来增援长安。李世民率领先锋部队，继续沿着渭水挺进。李渊本人则被主力部队簇拥着，跟随在李世民的后面。

在太原府的唐军举事时，柴绍收到一封密信，让他赶紧离开长安。柴绍是李渊的女婿，当时他担任长安代王的卫队军

---

① 译注：出自《资治通鉴》卷一百八十四《隋纪八》："庚申，李渊帅诸军济河；甲子，至朝邑，舍于长春宫，关中士民归之者如市。"

官。柴绍设法逃走了，但为了不引人怀疑，他的家人没能陪他
一起离开。柴绍的妻子，也就是李渊的女儿李氏①，在长安南
部几英里的鄠县避难，她一直躲在那里。唐国公的堂兄弟李神
通逃到山区，在那里招募了一群支持者来帮助唐军。李氏不认
为她的性别可以阻止她推进李家的大业。她得到一位盗匪首领
的支持，此人之前是中亚商人。然后，李氏率领这支盗匪力量
43 去支持李神通。李氏和李神通联合起来进攻鄠县。经过短暂的
战斗，这座城市被攻陷了，这一胜利把长安郊外的所有盗匪都
团结起来，站在唐军这边。这些盗匪大多是由被放逐的隋朝官
员领导的，现在他们被李氏组成正规军队。李氏很快控制了长
安南部的土地，占领了渭河流域的许多小城市。

　　当勇敢的李氏从事这些壮举时，李世民正沿着渭水北岸前
进，来到离长安只有十英里远的地方。唐军在这次行军中根本
没有遇到像样的抵抗，而每天到营地来投军的新追随者使唐军
的总人数增加到九万。这一阶段加入李世民阵营的有他妻子的
大哥长孙无忌，此外还有房玄龄。房玄龄是一位非常能干的官
员，后来成为李世民的首席民政顾问。②

　　在李氏的军队加入之后，她及麾下的精兵被授予"娘子
军"（Heroine's Legion）③ 的称号。李世民面对西京长安，军

---

① 译注：虽然李氏此后被封为"平阳昭公主"，但她在隋恭帝义宁元年
（617）于鄠县起兵时，严格的时间意义上当称为"李氏"，司马光也使
用了这一称呼。她的出生年月史书未有明确记载，但一般认为她比李世
民年长。

② 译注：房玄龄在入唐之后，官拜中书令、尚书左仆射、司空等职之前，
有十余年都在秦王府担任记室参军。因此费子智这里的"首席民政顾问"
（chief civil adviser）是统称。

③ 译注：出自《资治通鉴》卷一百八十四《隋纪八》："李氏将精兵万余会
世民于渭北，与柴绍各置幕府，号'娘子军'。"

队总人数已近十三万。这一信息送给了李渊，劝他赶紧前来接
受长安的投降，因为长安不太可能撑得住长期围城。这年十
月，当冬季来临的时候，李渊带着唐军主力来到长安城前。然
而，这支所谓的唐军"主力"眼下还没有李世民那支先锋部队
的人数多。经过几天的围城，这座城市被发起狂风暴雨般猛攻
的唐军占领了。至此，唐军第一阶段战役的目标实现了。

当时的长安是亚洲人口最多、规模最大也最壮观的城市之
一，近来由隋朝的开国之君重新修建，并作为他的都城。隋炀
帝则对洛阳和南方更加偏爱，但他还没有来得及去做一些削弱
长安的重要性，或者是减少它的财富的举措。在唐朝的统治
下，它注定将成为亚洲最著名的城市，东方世界首屈一指的大
都会。这座城市坐落在渭水以南十英里，崎岖的南山（Nan
Shan，终南山）山脉以北二十英里处。天气晴朗的时候，从城
市中可以清楚地看到这些山河景色。

今天，长安和群山之间的起伏平原是光秃秃的，甚至是荒
凉的。几棵稀稀落落的树木标志着旷野里的坟墓，略微减轻了
点黄土地里那单调的黄色。在这座伟大的七世纪城市的周围，
它的陵园、花园、寺庙和宫殿几乎没有留下太多的痕迹。出了
长安城东门，从山上流下来的小灞河与渭水交汇，至今还有横
跨其上的著名的东灞桥。① 它是一座壮丽的石桥，在唐代文学
作品中经常被提及。现在的长安县②以南三英里处是大雁塔，据

44

① 译注：现存文献中绝少有"东灞桥"之说，如果从"灞桥"再往东，可
以到"东渭桥"。我怀疑费子智 Tung Pa Bridge 是混淆了"灞桥"（Pa
Bridge）与"渭桥"。
② 译注：费子智出版此书的1933年，民国政府在陕西省的建制，同时存在
西安市与长安县。

45

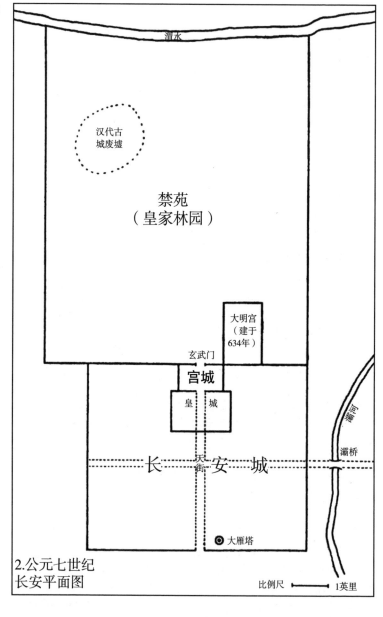

禁苑
（皇家林园）

汉代古
城废墟

渭水

大明宫
（建于
634年）

玄武门

宫城

皇　城

长　安　城
天街

灞桥

大雁塔

2.公元七世纪
长安平面图

比例尺　1英里

史料记载，唐朝时大雁塔就在南门里面，而它现在仍然是这座逐渐萎缩的城市的主要建筑。

古代的长安城确实比现在的西安城大得多。虽然现存的遗迹不多，但它们在中国的文学作品中仍然有完整的描述。① 这座城市此前由隋朝皇帝重新建造，就像此后的都城北京一样，它被分为几个不同区域，每个都被独立的城墙包围着。长安城以一个完美的长方形出现，六英里长、五英里宽，面积为三十平方英里。在东边，它一直延伸到灞河的岸边，其城墙至少比现在的要长两英里。有一条大马路从北向南贯穿这座城市，称天街（Street of Heaven），约有一百步宽，而其他重要街道都以合适的角度穿过这里。这座城市的布局是对称的，约 800 年后明朝的北京城建造者采用的设计与之相似。

在北墙的中间位置，宫城和皇城形成了一个独立区域。皇城是这两个区域中较靠南的，里面有朝廷办公机构以及王公贵族的住宅。普通人不被允许住在这片面积大约是三平方英里的围城中。皇城北面是宫城，后者相当于北京的紫禁城。这个区域比皇城略小一点，大约两平方英里。在李世民建造大明宫②之前，这里一直都是隋王朝与早期唐王朝皇帝的宫阙与住所。在整个唐王朝的历史中，大明宫宫城持续性地被用于各种礼制仪式场合，如新皇登基。

宫城的北门叫玄武门，此后又称元武门。③ 玄武门通往城

46

---

① 如《长安志》和《唐两京城坊考》。
② 634 年，李世民增建了大明宫。它实际上是另一座建在北墙外的宫城，从这里可以一直延伸到皇家林园。大明宫的面积不到三平方英里，这座宫殿成为后来的唐朝皇帝们的惯常住所。
③ 译注：改"元武门"是避清康熙帝玄烨的讳。

墙外面的禁苑和皇家林园。这块乐土被隋朝皇帝封闭起来，面积不少于六十三平方英里。再往北，就到了渭水岸边，那就是长安城的边界了。在林园的区域内，还包括了汉王朝古长安城的废墟。这个巨大的皇家林园里有无数亭台楼阁、小湖泊、花园和小型宫殿。总之，在如此广阔的范围里，就存在着这样一个拥有绝美风景的大林园。

这就是长安，一座面积广阔、气势恢宏的都城，亚洲最伟大、最富裕的城市。

在攻下长安之后，李渊下达了严格的命令，既不准伤害隋朝代王——李渊假装承认他是皇帝，也不准伤害当地的居民。就连隋朝的官员们也安然无恙，除了那些亵渎过李家祖坟的人——他们听到李渊起事的消息后干了这事。这些官员被斩首。在这些被带来的犯人之中，有一位叫作李靖，他曾和李渊吵过架。唐国公下令处死李靖，但这位受害者愤怒地喊道："公起义兵，本为天下除暴乱，不欲就大事，而以私怨斩壮士乎！"①

李世民见到这一幕，积极地替李靖说情。在平息了李靖的怒火之后，李世民把他变成了自己的部下。结果，李靖成为唐王朝最著名的将军之一。

因为李渊还没有准备好称帝，所以他把只有十三岁的年轻的代王杨侑——他是隋炀帝的孙子，此前长安城名义上的最高

---

① 译注：李靖的话出自《旧唐书》卷六十七《李靖传》。费子智对这一段文辞，改动比较多的，一则是说李渊"pretend to be the leader of an army"（假装是军队的领袖），另一则是把《旧唐书》的"壮士"改成"innocent man"（无辜的人）。这可能是费子智为了塑造李渊的性格而进行的改动。

长官——尊为皇帝。李渊被封为唐王并成为拥有全权的大臣和大元帅，负责一切民政和军事事务。我们可以肯定，没有人会怀疑李渊的终极意图，但中国的礼仪和正统性意识要求他一步一步地接近帝座，以免后人以"篡位者"（usurper）之名辱骂唐朝的开国皇帝。

这一准备过程持续了六个月的时间。第二年（618年）的初夏，当隋炀帝惨死的消息传来后，最后一幕终于上演了。这位少年皇帝被劝诱把皇冠献给李渊。唐王根据中国礼仪拒绝了三次，而隋朝皇帝坚持了三次，之后李渊终于正式称帝。隋朝末代皇帝安静地、默默地隐退了，但他没能长久地享受这种受庇护的生活，在下一年（619年）就去世了。当时的史官没有说明他早逝的原因；他是自然死亡的，还是被谋杀的，我们只能对此保持怀疑。

李渊登基之后，举行了惯常的仪式和庆祝活动。所有在这项大业中起过作用的人都被授予了官爵和奖赏。李渊的大儿子李建成，被封为皇太子。李世民的天才和决断使李渊赢得了胜利，因此被封为秦王。这样看来，李建成更有可能登上今后的皇座，但他实际上并没有做什么事。相反，唐王朝真正的奠基者李世民却被排除在皇座之外。这一继承关系中已经孕育了麻烦的种子，后来结出一个邪恶的果实。这个问题当时还不是很尖锐。到目前为止，唐王朝只统治了不到两个区域：山西以及陕西的渭水流域。帝国的其他地方，还有待去统一。

到618年的夏天，君临天下的皇位被十二个觊觎者虎视眈眈，即李渊和其他十一个。没有理由认为李渊一定会战胜他的所有竞争者。因为即使没有人比唐皇帝更可怕，至少有一些人的力量与他不相上下，而且也已经统治着更广阔的领土。头一年，在战场上就存在八支与隋炀帝作战的叛军（参见本书第一章），现在又加上李渊与另外三支。在东南沿海，从长江到福建的区域已经落入李子通手中。

弑君者宇文化及最初承认一个幸存的隋朝王子为傀儡皇帝，但四个月后，宇文化及照样弑杀了这个影子君主（The Shadow Monarch）并篡夺了他的皇帝头衔。宇文化及的总部设在河北的大名府。

隋炀帝派去救援洛阳的将军王世充起初承认越王为隋王朝的合法皇帝。

随之而来的是一场争夺统治权的令人绝望且混乱的斗争。没有一个人可以保持中立，更不用说友谊之类的词了。对一个对手的攻击，肯定会招致另外的对手针对他防守最薄弱的地方的猛攻；如果两个对手联合起来可以摧毁第三个对手，一旦完成了任务，他们就会立即开始互相攻击。人们对倒下的领导者没有丝毫怜悯。每个"皇帝"都认为他的对手是反叛者，忙于处决俘虏，消灭他们的家族。在这场扑朔迷离、暗无天日的殊死斗争中，平安只能通过彻彻底底的胜利来获得，失败则意味着死亡，甚至投降也不能换来安全。李世民几乎是独自一人支撑着唐王朝的事业。李渊自从即皇帝之位开始，就不再统领军队，而将所有对外军事行动的权力直接交给了他年轻的儿子李世民，他自己则只在长安处理一些朝廷政务。在最喜欢的消遣活动打猎之中，李渊不时地从中寻求放松与慰藉。

49

此时十八岁的李世民肩负着打垮敌对的"皇帝们"和击退更强大的突厥人的双重任务。始毕可汗心满意足地看着隋王朝坍塌下去。在突厥人看来，长城之内文明帝国的混乱与分裂是一件无比美好的事情。边界将无人守卫，这就为掠夺者突袭提供了一个令人愉快的机会。那些虚弱的中原割据君主，如梁师都、刘武周都在寻求突厥人的帮助，而且这些突厥人的附庸可能会被用来阻碍任何新力量的统一努力。最终，中原王朝的软弱和分裂，总是有可能为一场北方游牧民族政权的大规模进犯打开方便之门。突厥人将征服华夏的全部或部分地区，建立一个突厥王朝。

突厥人的威胁像一团黑色的、不祥的乌云，悬在北方的天空中。在李世民接下来的所有战役中，这种危险始终如影随形，是草创的唐王朝软弱和焦虑的一个长期根源。

第三章　西部征伐
(618～620 年)

　　李世民作为唐军元帅①所进行的第一次战役，是在占领了长安之后立即进行的。这次战役针对的是薛举，一个在甘肃地区称帝的霸主。薛举曾经从渭水流域入侵陕西地区，他希望在唐军到来之前占领长安，将之作为战利品。虽然这一企图受挫了，但他的军队一度到达了扶风城以西六十英里的地方。扶风城给唐王朝②发了求救信，许诺举城向唐王朝投降，并请求援助。李世民被委以打退包围此城敌军的重任，他大获全胜。在扶风城城墙下一次激烈的遭遇战中，薛举的部队被击败了，只能撤回甘肃。

　　唐军没有继续推进这一军事行动，主要因为东部边境仍然不安全，故而李世民不敢贸然带领军队的主力进入西部偏远的高地，尤其是在隆冬时节。李世民和治理这个地区的萧瑀都参加了这场战役。我们应该还记得，萧瑀是隋炀帝的小舅子，当

---

① 译注：《资治通鉴》卷一百八十五《唐纪一》："以秦王世民为元帅，将八总管兵以拒之。"后一卷又云："以秦王世民为元帅，击薛仁杲。"费子智这里英译为 Commander-in-chief，元帅在隋末唐初出军征战时是临时性军衔。

② 译注：扶风之战发生在 617 年十二月，一个月前，隋恭帝封李渊为唐王，但尚未禅让。但在平定薛举父子的过程中，隋唐嬗代已经完成。因此，费子智称扶风向唐王朝求救。此外，这次战役发生地点还有扶风郡下的汧源县。

皇帝被包围在雁门之时，他曾经提出了最好的建议。萧瑀后来成为唐朝宫廷中颇具影响力的大臣之一。

前章我们已经指出，在夺取群山围绕的陕西地区的过程中，唐军领导人是按照一个古老的战略计划进行的，这也是历史上所有伟大的征服者都遵循的战略。对这个地区的控制给了新王朝牢固可靠的基础，在此基础上，针对其他地区的远征行动就可以展开了。

从后来诸多战役的过程来看，现在掌管一切军事行动的李世民很可能研究过战国时期（公元前 400 至前 223 年）①的军事史。当时，相互竞争的诸侯国为实现两种不同的政治策略和战略中的一种或另一种而斗争，取得了不同程度的成功。秦国作为最终的胜利者占领了陕西。它的目标是完成两个战略中的所谓"连横"（horizontal）的战略计划。该计划是要征服一个国家带：从陕西向东沿黄河流域，一直到大海。这样就切断了北方对手与其南方盟友合作的一切可能性。

另外那些诸侯国试图实施所谓"合纵"（vertical）的战略计划，建立南北诸侯国的联盟链，形成一道屏障，以阻挡秦国的东进。对中国北方地图的研究将表明，这两个相互竞争的计划，体现了以不变的地理事实为条件的、永恒的战略真理，这一真理在任何时代都是正确的。类似的计划在 1923～1930 年的中国内战中也被制订出来。历史上，在西部山地（黄土高原）诸地区与东部大平原（华北平原）诸地区的每一场较量之中，

①　译注：费子智关于战国的时间划分与国内史学界通常的划分（公元前475至前221年）不一样。费子智只是截取了其中一段来做说明，比如公元前223年是楚国被灭的年份，这或许与其下文讲述的李世民研究合纵连横的史实有关。

东周战国"连横""合纵"的谋略，在本质上都是恒久不变的。

地理位置和历史教训使李世民采取了"连横"的战略，因为他的基地就像当年的秦国一样建在陕西。他的对手们没有他那么高的文化水平，也没有他那么睿智迅捷。他们没有那么快明白，只有迅速完成"合纵"战略，才能使他们免于最终的全体失败。

在 618 年的早春时节，李世民在东部地区排兵布阵。掌管蒲州城的隋朝将军屈突通在唐军攻占长安后被劝降了，这个阻挡唐军向东推进的障碍被清除。李世民与他的哥哥李建成，沿着通向洛阳的大道挺进到河南。唐军没有遇到多大的抵抗就到达了东都洛阳附近，洛阳仍然被李密包围着。如果李密愿意屈服于唐军，那么毫无疑问，李世民与李密的联军就可以如狂风暴雨般地迅速攻下这座城市。但李密野心太大，不愿接受从属的角色。李密的态度非常暧昧，所以李世民决定退兵，他的看法是：即使洛阳能被占领，当遥远的西部战役打响时，唐军也很难保得住这座城市，因为势必要从此地抽调军队。

尽管目前放弃了对洛阳的任何作战计划，唐军还是谨慎地夺下并派兵驻防在通往长安的主要道路沿线的城市群，抓牢了这一条将来可向东方进军的路线。

李世民决定不在河南开展大规模的军事行动，从他班师回到长安后所听到的消息来看，这一选择是有道理的。甘肃的薛举又展开了新的攻势，已经打到了长安西北六十英里处的邠州。在抵御这次进犯之举的路上，李世民因生病发烧而无法行动，不得不把军事指挥权交给刘文静，并严令刘文静不要主动出击。李世民不让主动出击是有理由的。他知道敌人离他们的后勤基地很远，很难获得给养。因此，李世民打算玩一场以逸待劳的游戏，迫使薛举在不利的情况下狼狈出战。

不幸的是，刘文静和其他将军误以为李世民看不上他们的能力，之所以采取守势，只是因为他自己病得太重，不能亲自指挥而已。刘文静等人觉得这是来自一个年轻人的毫无道理的蔑视，他们的自尊心受损，于是没有理会李世民的命令，在邠州附近与薛举展开会战。结果，唐军大败，伤亡惨重，将军们自己也费了九牛二虎之力才逃过一劫。李世民只能把逃亡的残兵败将召集起来，退回到长安。刘文静和他的副将们都被剥夺了指挥权与军事职务。

在刘文静战败之后，薛举得以畅通无阻地向唐王朝都城挺进。然而，这位甘肃霸主死于行军途中，这就让长安解除了迫在眉睫的危机；因为他的儿子和继承人薛仁杲并没有继续向这个方向施加压力。相反，他努力巩固自己在西部的势力。一支唐军被派往甘肃、陕西交界的泾州驻扎，他们所在的这座城市被薛仁杲领兵包围；另一支唐军被派去解救前者，但被击败了，两支唐军被迫挤在同一个城市里。在这座城市里，饥饿的守军在吃了他们的战马之后，被迫碾碎这些动物的骨头为食以续命。

薛仁杲又攻占了陇州的坚固要塞，取得了更大的胜利。陇州是被一个假装投降唐军的官员出卖了，他伺机把这座城市献给了他真正的主人薛仁杲。直到李世民出现，薛仁杲的进一步攻势才被阻止。李世民已从发烧中恢复过来，在晚秋的时候推进到了陇州附近，并在那里挖掘壕沟、安营扎寨。他守在那里有六十多天没有采取军事行动，一直等到冬天来临，敌军的给养出现短缺。薛仁杲的统治是严酷和暴虐的，他在甘肃并不像他父亲那样受欢迎。当他的军队粮食严重短缺的时候，几名军

53

官带着他们的部队倒戈，向唐军投降。

当李世民判断这些逃兵已经足以削弱敌人的战斗力和士气时，他派遣了一部分军队在浅水原边上建了一个新营地，这里是几个月前刘文静被打败的地方。正如他所预料的那样，甘肃的军队为了取得速胜，急忙袭击这个营地。他们一心扑在进攻上，却没有注意到唐军主力部队的移动。其实，李世民已经撤离了他原来的营地，带领部队绕道迂回穿过山区，到达一个可以威胁到甘肃军队后方的位置。敌人终于发现了他们的危险处境，试图紧急撤退，但现在夹在两支部队之间，在猛攻之下被彻底击溃。唐军把逃亡的残兵败将追赶进对方的都城，它坐落在甘肃泾水之畔，靠近泾州①。薛仁杲把逃亡的士兵集合起来，企图再打一仗，但他的追随者们已经没有士气再打下去了。当唐军逼近的时候，许多人又逃走了，薛仁杲只能不战而退，返回城中。然而，围城刚刚形成，守备部队的士兵就趁黑夜滑下城墙向唐军投降。没过几天，追随者们就彻底抛弃了薛仁杲，他被迫无条件投降。根据当时的惯例，他被押送到长安，在市场上被斩首。这样，李世民的第一个对手就被消灭了，西北的所有地区都被纳入唐王朝的版图。

当唐军在西部展开战役之时，河南的事态也有了重要的进展。在那里，李密围攻洛阳，他和隋朝将军王世充的斗争现在被一个共同敌人的来到所打断。弒君者宇文化及在扬州大屠杀之后，带着暴动的帝国军队一起北上。洛阳的隋朝官员们忍受着饥饿之苦，原本没有任何被解救的希望，这时构思了"赦

---

① 这个地方叫折墌（Shē Chih），今已不在。

免"（pardoning）李密的计划，希望如此可以促使他与宇文化及作战。如果这个计划成功，两个危险的敌人将互相削弱，而洛阳也有机会得到粮食补给。

这个计划对李密很有吸引力，从他的角度来看，他认为一旦自己被允许进入洛阳，他将可以很快地打败任何仍然支持摇摇欲坠的隋王朝的人。于是，李密被隋的越王①赦免，并被任命为大将军（Grand-General）②。李密率军向东挺进到黎阳与宇文化及决战。黎阳在黄河边上，靠近大名府。李密连续两次击败弑君者的部队。尤其是第二次遭遇战，战况非常激烈，宇文化及终于被打退到黄河对岸，只剩下两万人。如果不是李密本人在这场战斗中受伤，耽误了他的追击，弑君者可能就无法逃脱了。总之，到这个时候，宇文化及方才意识到他所有的希望都破灭了。在到达大名府的临时避难所之后，他就开始过上酗酒和放荡的自暴自弃的生活。在这样的醉生梦死的日子里，有一天，宇文化及叹道："人生故当死，岂不一日为帝乎？"③于是，他立即下令杀死他在扬州时拥立的隋朝傀儡皇帝，然后自立为帝。

李密在东部战线上的捷报让王世充非常不快。此时的王世充，仍带着他的军队驻扎在洛阳城中。他因屡次败在李密

55

---

① 在炀帝被杀之后，越王杨侗在洛阳被推为皇帝。他在历史上以"隋恭帝"知名。皇帝的头衔也给了他的兄弟杨侑，后者在长安被李渊推为皇帝，不过仅仅只有几个月而已。为了避免混淆，本书还是使用原来的王爵头衔来称呼他们。

② 译注："（册拜）密太尉、尚书令、东南道大行台行军元帅、魏国公。"《北史》《隋书》《旧唐书》和《新唐书》的"李密传"，以及《资治通鉴》卷一百八十五《唐纪一》均记载了此事。

③ 译注：出自《隋书》卷八十五《宇文化及传》。

之手而声誉受到极大损害。看到他的老对手不仅被赦免，而且被任命为最高军事长官，他极度愤恨，对此咬牙切齿。王世充的担心是有理由的，李密从东部回来后势必会凯旋进入洛阳城，而他自己将成为这个拥有强大影响力的前反叛者的第一个受害者。为了保护自己，他决定阻止李密进城。王世充的阴谋传到了隋朝官员们的耳朵里，那些官员惧怕王世充而更喜欢李密。他们觉得最好是撤掉王世充的职务，因为王世充的守城工作已经不再需要了，而且也不能指望他会与李密和睦相处。

56　　他们的计划没有好好制订就被泄露出去了。王世充抢先果断地采取行动，一马当先地率领他的军队袭击了宫殿，制服了皇家卫队，把他的主要政敌从越王面前强行拖走，并立即处决。然后，他屠杀了所有反对他统治的官员，并任命自己为卫戍司令和全权大臣①。这被认为是王世充篡夺皇位的第一步。就像史书记载的那样，"皇泰主拱手而已"。②

　　听到这一兵变的消息，李密率领军队往洛阳回师。他放弃了对越王的效忠，准备重新开始围攻首都。王世充意识到洛阳城已经无法承受一轮新的封锁，决定孤注一掷，冒死一战。在向他的军队灌输了这个城市的绝望困境和胜利的绝对必要性之后，王世充带领部队开出城外，去迎战李密。李密自从战胜了宇文化及之后自信心膨胀，以为自己一定会成功。尽管他的将军们赞成拖延不战，但李密不顾这些明智的建议，轻率地进攻

---

① 译注：此处据英文原文译出。出自《资治通鉴》卷一百八十五《唐纪一》："乃以世充为左仆射、总督内外诸军事。"

② 译注：出自《资治通鉴》卷一百八十五《唐纪一》。费子智将"拱手"译为"with folded hands"可能是受越王去世前礼佛的影响。

王世充的军队。结果，隋军在极度危急的情况下浴血奋战，以非凡的勇气进行厮杀，取得大胜。李密手下的大多数重要将领战死，他自己历尽艰险才从大溃败中逃脱。李密带着他剩下不到两万人的军队逃跑并向唐皇投降。

李渊非常怀疑这种显然只是因为失败和毁灭而导致的投降。李密虽然被邀请到长安并被授予爵位与官职，但被剥夺了对军队的指挥权。从李密的角度看，他觉得唐廷冷落了自己。他在河南东部还有许多游击部队，在他失败后，这些游击部队的动向有很多不确定性。其中一部分人投降了王世充，但最强大的一支由徐世勣（李世勣）率领，他以他的主人为榜样，宣誓效忠于李渊。因此，唐王朝在东部大平原上获得了一块独立的领地。因为这项功绩，徐世勣被赐予"李"的皇族姓氏，此后他在历史中就以"李世勣"而闻名。

李密相信，如果他带着一支军队回到河南，他的老部下们仍然会站在他的一边。故而李密请求任命自己为东征的指挥官，他说，这次远征很容易就可以把东方的土地全部纳入唐皇帝的统治之下。李渊犹豫了很久才同意，然而朝中许多人强烈反对这项计划。大臣们谏言称："李密狡猾好反，今遣之，如投鱼于泉，放虎于山，必不反矣！"[1] 如果李渊不是以一种典型的、优柔寡断的方式去激起李密的恐惧感，那么这种推测也许会被证明是错的。当李密作为征东将军到达潼关以东的时候，李渊决定派使者在他军队的前面召回他。李密收到这个命令时，内心极为震惊和愤怒。他自认为，截至目前，他对他的

①　译注：出自《资治通鉴》卷一百八十六《唐纪二》。可能是出于对李密形象的刻画，费子智并没有把史料中的"狡猾"译出。

新主人一直都是忠心耿耿的，他怀疑有人策划了针对他的阴谋，如果他这时回到长安可能会被处死。除了这些恐惧之外，他的自尊心还使他在当过几年独立的领导人之后，很难服从一个领导能力远不如自己的人的优柔寡断的命令。

于是，李密没有返回长安的朝廷，而是杀死皇帝的信使，再次举起反叛的大旗。但是，幸运女神现在已经彻底抛弃了这个冒险家。驻扎在河南西部城市里的唐军听到李密反叛的消息，在那个地区的黄土山坡的狭谷中伏击了李密的军队。在这次战斗中，李密被杀。随着他的死亡，这次叛乱也最终崩溃。

李世勣没有参与李密的这次叛乱，他把他控制的黄河下游一带的领地献给了唐王朝。这些领地形成一个独立区域，它的西部边境面临王世充的威胁。另外，在宇文化及势力的北部，是夏皇帝①窦建德的势力范围。为了支援这片土地，唐廷派出李世民的堂叔、淮安王李神通统率一支军队奔赴了过去。最初淮安王和李世民在这一地区取得了相当大的成功，他们从弑君者宇文化及手中夺回了大名府。宇文化及被迫躲到一个叫濮州（注意不要和山西的蒲州府混淆）的小城中负隅顽抗。在那里，他被唐军围得水泄不通。

唐军在这个区域取得的进展，引起了一个可怕得多的对手的敌意，那就是夏皇帝窦建德，他的领地已经覆盖黄河以北的大部分东部平原。窦建德听闻唐军对宇文化及军事行动的胜利，

58

---

① 译注：关于称窦建德为夏皇帝（Emperor of Hsia）的时间，我们梳理《资治通鉴》及《旧唐书》的叙事时间逻辑，在王世充废皇泰主称帝之前，窦建德虽然以"夏王"的身份拥有自己的国家及年号（五凤），但尚未称帝。"窦建德闻王世充自立，乃绝之，始建天子旌旗，出警入跸，下书称诏。"（《资治通鉴》卷一百八十七《唐纪三》）因此，在这（619年四月）之后称窦建德为"夏帝"是没有问题的。

决定也要在战利品中分一杯羹。弑君者宇文化及看到自己根本无法长久地抵抗他的敌人，于是主动向唐王朝投降。在唐军与夏军之间，宇文化及认为淮安王李神通是较弱的一方，会乐意接受自己的加盟以一起对抗窦建德。但淮安王宁可把猎物留给夏皇帝，也不愿意与这个被天下人诅咒与憎恨的弑君者和解。

虽然窦建德是第一批反抗炀帝暴政的人，但他也对扬州大屠杀的消息极为震惊与难过。他让自己的宫廷为隋炀帝发丧哀悼，而隋炀帝恰恰是他多年来公开反抗的权威对象。有了这种情绪，那么我们对他会下定决心进攻濮州就不必感到惊奇了。在短暂的围城战之后，窦建德占领了这座城市。弑君者成为俘虏，窦建德同时获得的还有隋王朝皇帝死后留下的财宝与后宫佳丽。窦建德不仅立刻处死了宇文化及、宇文智及兄弟俩，而且处决了俘虏之中所有参与过扬州惨案的人。宇文化及在离开扬州时掳走的萧皇后，此时受到窦建德的礼遇。窦建德后来设法把她送到了突厥可汗之处，在那里，她得到了来自可汗的妻子、隋朝义成公主的庇护。

619年春，王世充明确表示，他也将成为一个逐鹿中原的霸主，不再是一个隋王朝的忠诚臣子。他此前已经获得郑王的头衔，现在他向他的君主越王提出了一个更强硬的要求，要后者放弃帝位。以越王杨侗的勇气与能力，他本可以拥有更加幸福的命运，因此他断然拒绝放弃属于他的隋帝国的遗产。不过，王世充并没有因未得到他的君主的正式同意而却步。他囚禁了越王，自立为帝，然后僭越地用上了皇帝的仪仗，以他的封邑"郑"为国号，命名了他的新王朝。

这一改朝换代之举在洛阳并不受欢迎，因为王世充的武断手法遭到了当年隋炀帝手下那些圆滑大臣的憎恨，他们密谋刺杀篡位者，让越王复辟。不幸的是，由于一些同谋者的粗心大意，他们的计划被新皇帝知道了。在斩尽杀绝了所有参与密谋的嫌疑分子之后，王世充为了防止新的密谋，决定除掉那些可能会对他不利的利益集团。一杯毒酒被人送到了遭囚禁的越王面前。当这个不幸的年轻人意识到来客的任务是如此残酷时，他希望能在临死之前与母亲永别，但他的请求被无情地拒绝了。然后，这位隋王朝最后一位统治者跪倒在佛陀的法坛前，做了令人难忘的祈祷："从今以去，愿不生帝王尊贵之家。"①毒药没有像刺客希望的那样迅速起效，他们只好用丝巾勒住他，加速了他的死亡。

截至目前，中部和东部的霸主们一直忙于实现他们自己的野心，无暇抑制唐王朝在西部和北部的发展。唐王朝的领导者从自己的角度出发，全神贯注地巩固他们在陕西和甘肃的地位。正因如此，李渊并没有足够重视突厥潜在的敌对威胁。鉴于 617 年与始毕可汗签订的和约，李渊忽视了被刘武周袭击的危险。刘武周是山西北部的霸主，他已经承认了突厥的宗主权。从现在开始，唐王朝要在这个地方抵抗猛攻，而这次猛攻比唐王朝在以往任何时候遇到的都更加坚决和持久。

617 年，当始毕可汗接受了唐王朝的示好之举时，他采取了支持尽可能多的中原觊觎者的政策，希望他们之间的不和能为突厥的行动铺平道路。然而，唐军在李世民领导下的快速发展是突厥人不愿意见到的。他们开始担心唐王朝变得太强大。为了维持原有的平衡，始毕可汗决定积极支持他的两个封臣：

---

① 译注：出自《隋书》卷五十九《越王侗传》："（杨）侗知不免，请与母相见，不许。遂布席焚香礼佛，呪曰：'从今以去，愿不生帝王尊贵之家。'"

梁师都，他统治着黄河大拐弯处的陕西北部地区；刘武周，他则支配着山西西北部。619年春，突厥大军的主力穿过黄河大拐弯来协助梁师都。同时，刘武周奉始毕可汗之命，去攻打太原府。

这场可怕的进犯行动即将在整个唐王朝的北部边境上爆发，恰在这时始毕可汗去世了。他的弟弟处罗可汗继位。处罗可汗没有准备好在继位之后就立刻发动一场大规模战役。在巩固他那不稳固的突厥权位之前，处罗可汗仅限于声援他的两个中原臣属。梁师都对唐王朝的边城进行了骚扰，但收效甚微；然而，刘武周的军事行动迅速推进，已经成为挟制唐王朝的最严重威胁。

当李渊在长安称帝的时候，太原府以及山西地区都被交给了与李世民同母所生的最小弟弟①、齐王李元吉管理。事实证明，他是最不合适的人选。李元吉的年龄不明，但由于李世民当时只有十九岁，所以他不可能超过十七岁。在那个年龄，李世民已经策划和指导了唐的兴兵举事；但李元吉和他的二哥几乎没有什么共同之处，当他发现自己成为一个地区的主人、拥有广泛的权力之时，他沉溺于一种穷奢极欲和残酷凶暴的生活。这对唐王朝的龙兴之地造成了最大的伤害。

这位年轻的皇子甚至让他宫殿里的女人武装起来，迫使她们为了他的变态兴趣而进行血腥的、有时是致命的角斗（Gladiatorial Combats）。当他穿过城市的街道时，他会突然向周边民众射箭，只是为了"观其避箭"。② 晚上，他会带着一

_____

① 与李世民同母所生的还有一个三弟叫李玄霸，但除了他的名字以外，历史上没有提到关于他的任何事。因此，他很可能在年幼时就夭折了。

② 译注：出自《资治通鉴》卷一百八十七《唐纪三》。

群泼皮无赖出去，随意强闯私人住宅，行奸淫之事。就像他的父亲一样，李元吉也酷爱打猎，他常常说："我宁三日不食，不能一日不猎。"① 在这项消遣上，他挥霍着全山西的岁入。

太原府的民众与官员被这种野蛮恣意的行径激怒了。他们向皇帝呈请，皇上反应迅速，立即解除了这个野蛮的年轻人的官职。不幸的是，李元吉知道如何利用自己父亲性格上的弱点。他表现出悔悟之情，后得以在太原府复职。皇帝的弱点导致了危险的后果。刘武周察觉到了李元吉的恶行，得出这样一个推论：大概山西民众不会后悔更换他们的主人。于是，在 619 年的初夏时节，他以极强的兵力进攻山西。

李元吉给不出任何理由好让他手下的军官们尊重他的判断，他独断地派了一支装备不精良的小部队去抵抗进犯者，不顾那位带队军官的抗议。这位军官确信他的小部队不可能赢得这场战斗的胜利，而且他也知道如果被打败，他将被那个年轻的暴君处以极刑。为了摆脱这一进退两难之境，他加入了进犯者的队伍，并带领他们攻克了榆次，这是一座位于太原府以东二十英里处的城市。

宋金刚是此次刘武周大军的统帅。他紧接着就包围了太原府，然后又分兵挺进山西高原，夺取了平遥和介休。介休是重要的战略据点，它控制着雀鼠谷山口的北部，是汾河从太原的高原区域流下时必经的关隘之地。与此同时，山西南部的唐军也赶来解救太原府，不料推进到这个地方之后就受阻了。领兵

---

① 译注：出自《资治通鉴》卷一百八十七《唐纪三》。

军官贸然出击，但宋金刚在唐军经过之处设伏兵，又取得了一场胜利，把唐军驱逐到关隘之外。

在这次失败之后，唐军指挥权被交给了裴寂。然而选择裴寂是愚蠢之举，李渊要为此负责。裴寂一领兵就想发动一轮新的进攻以夺回介休，因为如果无法拿下这座城市，他就无法向高原地区挺进。裴寂在城墙前扎营，但他选择的位置太不妥当了，让敌军切断了他的水源。宋金刚一直等到唐军口渴难忍走出来寻找饮水时，忽然突围出击，出其不意地伏击了这位毫无先见之明的将军。唐军再次遭受惨重的失败，而裴寂本人一天一夜狂奔七十英里方才逃回平阳府。

在这场灾难之后，山西平阳府以北的所有城市都向宋金刚投降了。然而，随后无能的李元吉带来了最大的不幸。这一切不幸的起因，在于他惊慌失措地连夜从太原府逃走了。太原府官民一听这位皇子居然逃亡了，就立刻举城向宋金刚投降。李渊听到这个消息很是震怒，因为这座城市有强大的守备部队和充足的补给，可以抵抗长期的围城。这个地方的沦陷意味着可能丢掉整个山西，眼下已经没有什么能阻挡住宋金刚挺进的步伐了。接着是平阳府，山西的第二大城市也被攻陷了，山西西南部的其他小城镇一个接一个地落入他的手中。两年前，唐军曾在同一地区大获全胜，现在似乎又要重现当年的情景了——只不过这次的主角是他们的敌人。

敌人的一连串胜利，很大程度上是裴寂的错误策略导致的。为了阻挡宋金刚的攻势，这位唐朝将军命令当地农民把正准备收割的庄稼全部烧掉，然后全部退入城中。这一政策对农民而言意味着饥饿和毁灭。因此，他们的怨恨是极其强烈的，以致爆发了起义，叛军占领了夏县并把它拱手献给了

63

宋金刚。

山西的丢失似乎是必然的了，而李渊总是容易气馁，也已经放弃收复山西的一切希望。他在朝会上提议将黄河作为唐帝国的疆域，并宣布放弃征服东部的一切雄心壮志。这个胆怯懦弱的主张遭到了李世民的强烈反对。李世民指出，山西是唐王朝的基础，在起事初期，唐王朝正是从这里发展壮大的，唐军也正是从这片土地出发，最终拿下长安的。如果刘武周的势力在那里生根，他同样也会利用山西的资源，来攻打唐王朝。

像往常一样，李渊屈服于他这位年轻儿子的雄辩之下。他没有撤走黄河以东地区的军队，而是任命李世民为一支新军队的指挥官，全权负责与刘武周的对抗。当这支新军由李世民率领，北渡黄河到达蒲州府之时，已是 619 年年底了。他的第一个举措，就是废除裴寂那些使农民疏远、孤立唐王朝的不明智的规定。李世民重新掌权的消息是恢复民众和士兵信心的最有力因素。不久，李世民的营地就获得了充足的给养。

这位新统帅不准备在隆冬时节主动发起进攻。在采取重大行动之前，他希望恢复被 619 年夏天的一系列惨败所严重打击的军队士气。为了早日实现这一目标，他经常与敌军发生一些小规模冲突。在其中一次此类冒险之中，李世民差一点就遇到致命的危险。当时，他带着一队轻骑兵离开营地，去侦察敌人的阵地。随着逐渐深入这片区域，进入狭窄的道路，他的骑兵队慢慢散开，直到秦王身边只有一位军官跟着。接着，秦王一个人驱马来到一个土丘的顶上，想查看敌人的阵地。这时，一大群敌人的骑兵从一个山谷后面冲出来，包围了这个土丘。

如果不是鸿运当头，李世民和他的军官就不会得到警示，那样的话，他俩逃脱的希望就微乎其微了。后来，人们迷信地认为，这是神明保佑。当时，随行的那位军官下马躺在草地上休息，突然被一条蛇吓了一跳。这条蛇正在追捕一只田鼠，恰好从他面前经过。他吓得大叫一声，跳了起来！恰好这时，他瞥见一百多个敌人正在围过来。而李世民和他的同伴得以保住性命，也要归功于秦王精湛的箭术。因为当李世民射杀了率领这队敌人的军官时，其他的敌人就退缩了，让秦王能够逃回他的营地。

正式的大规模军事行动始于对夏县叛军的攻击。这次远征所派遣的唐军，遭到了敌军将领的强力防守。这位将军叫尉迟敬德，唐军被他狠狠地击退了。李世民不允许唐军继续正面反击，而是派出另一支唐军游弋在夏县附近与尉迟敬德交战。秦王自己也带领一支突袭部队，从侧翼包围敌军，在安邑彻底打败了尉迟敬德的部队。尉迟敬德自己勉强逃脱。这次胜利以后，大多数将军赞成继续进攻宋金刚的主力部队，但李世民认为时机未到。

相反，他要一直等到来年春天才准备展开行动。他按兵不动的原因是敌人在维持给养方面遇到了困难。隆冬时节敌军找不到足够的草料喂马，也找不到足够的食物供给士兵。李世民决定让漫长而饥饿的冬天削弱对手骑兵的战斗力，而他将迫使对手在形势有利于唐军时作战。通过黄河及其支流渭水，李世民自己的营地有充足的补给，他能够从陕西源源不断地为士兵、牲畜提供粮草。刘武周担心这一耽搁会影响他的整体计划，他尝试在别处开辟分战场，并引诱唐军分兵出击。于是，他派遣一支突击部队翻山越岭进入山西东南部，其间没有遇到抵抗。起初他取得了一些成功，占领了两个小城市。然而，李世民拒绝分兵，当地的唐朝守军最终也将刘武周的突击部队赶出了山西东南部。

65

春季快结束的时候，也就是 620 年四月，宋金刚的军队已经耗尽了所有的给养，被迫撤退。这正是秦王耐心等待的时机。终于，他开始追击，在一段强行军之后，在灵石追上了敌人的断后部队。灵石是雀鼠谷南部的一个城镇。

他的目标是赶在敌人通过这个关隘之前，与他们交战并击败他们。前面已经提到，汾河从太原府的高原地区发源，流经地势险要的关隘雀鼠谷。在那里，河流和道路蜿蜒近二十英里，穿过一条狭窄的峡谷，峡谷两边是陡峭的岩石和黄土绝壁。如果能坚守这一阵地，任何来自南方的军队都无法强行登上山西高原。

唐军的迅速追击使敌人措手不及；断后部队被击溃打散了，唐军骑兵继续追击。李世民竭尽全力，拼命突入撤退的敌人之中进行冲杀，突破了他们的防线，消除了敌军再次集结的可能性。宋金刚的军队根本没有重整的机会。唐军既不吃饭也不休息，在二十四小时内奔袭了近七十英里，打了十场遭遇战，直到把敌人赶出这片峡谷之地。在对四散奔逃的败兵进行了一场大屠杀之后，秦王终于把宋金刚从雀鼠谷的北口驱逐出去，逼入了介休城。在达成这些目标之前，他不允许筋疲力尽的唐军扎营休息。将军们担心秦王在这场激烈狂暴的追杀中会有危险，请求他自己休息一下。但是，李世民为了这一时刻已经等了好几个月，他回答道："机难得而易失，必乘此势取之。"① 在这次追击中，李世民两天没吃东西，三天没脱盔甲。当军队最终扎营时，这位皇子和他的侍从只能找到一只羊。他们就用剑分而食之。

---

① 译注：出自《资治通鉴》卷一百八十八《唐纪四》。

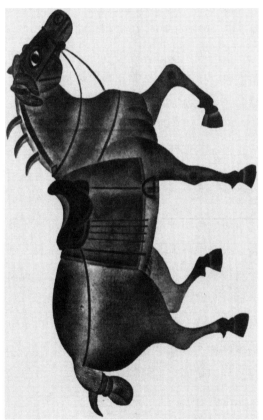

版画一　特勒骠

白色骏马，为李世民在对抗宋金刚的战役中骑乘。

"应策腾空，承声半汉。入险摧敌，乘危济难。"[1]

① 译注：本书版画所引"昭陵六骏"的赞辞，均是四字骈语，现按照《金石萃编》与《唐昭陵石迹考略》等清人著录，还原为古文。下同。感兴趣的读者可翻阅费子智阅原书看对应的英译。

此时，宋金刚手下还有两万名士兵随他在介休城中避难。介休城是一个正方形城池，有着坚固的城墙，矗立在高原边缘，离汾河大约两英里。这座城市是唐军的下一个攻击目标。如果宋金刚再往后撤退，那么他在太原周边广阔的高原上就无险可守了。但是，如果他留在城里，可能会被唐军的偏师封锁，因为唐军现在在人数上已经有极大的优势。面对这两难的选择，刘武周手下的这位元帅，最后决定拼死一搏，希望能夺回对雀鼠谷关隘的控制权。于是，宋金刚让尉迟敬德守城，他自己则率领军队出城，背靠着城墙，在其掩护下摆出一字长蛇阵。

对手摆出这样的阵形使李世民不能使出他惯用的侧翼迂回诱敌战术。于是他命令李世勣——这位早些时候已经投身唐军阵营的将领——率领步兵冲击敌阵，而李世民自己则先稳住骑兵不动，直到他断定敌人已经疲惫不堪了，才命令骑兵开始冲锋，秦王的铁骑席卷了宋金刚阵地上残存的、疲惫的士兵，把他们打得落花流水。指挥官宋金刚带着几名亲信随从设法逃离了战场，但余下的大部分敌军遭到了无情追杀，或被驱散，或被杀死。尉迟敬德从介休城墙上目睹了大溃败的情形，决定投降。他把这座要塞拱手献给了李世民的堂弟、任城王李道宗。李道宗此时还是一位年轻的指挥官，他将在接下来的岁月里获得很大的名声。

雀鼠谷的溃退与介休之战都具有决定性作用。刘武周的军队已经不复存在，这位霸主自己则从太原府逃到了突厥人的领地上；但由于他对处罗可汗来说已经没有利用价值，所以不久就被处死，他的派系和他一起灭亡了。宋金刚的命运也好不到哪儿去，虽然他比他的主人更加坚决，曾试图再组建一支新军

67

队卷土重来，不过没有成功，他只能逃向东北方向，最后在途中被杀。于是，太原府和其他被刘武周占领的城市，在唐军逼近时先后不战而降。

在这次战役中，李世民展现了卓越的军事天赋。他身边也聚集了一群才华横溢的杰出下属。在今后的岁月里，正是这些人以典型的唐军战术，穿越西域广袤的沙漠取得了一系列胜利。除了已广为人知的李世勣之外，山西之战也展现了另外几位将军的赫赫功绩，如任城王李道宗；宇文士及——弑君者宇文化及的弟弟，但他没有参加扬州的大屠杀；还有尉迟敬德，虽然他曾经为敌人效力，现在却被授予唐军的指挥权，日后甚至成为李世民的私人卫队队长。 68

在夺回太原府之后，李世民把安抚边境的任务交给了他的将军们，自己则挥师向南。因为唐王朝在河南东部的既定目标遭受了巨大的挫折，亟须李世民的天赋与决断去修补它（详见本书第四章"汜水之战"）。在行军路上，他经过夏县，这个城市曾经反抗过裴寂的严苛政策并欢迎进犯者。秦王先告谕这座造反的城市立刻投降，当城中居民贸然拒绝时，他命令军队强行攻占这座城市，然后下令处决那些以往犯有叛乱罪、现在又拒绝恢复对唐王朝合法效忠的双重罪行的民众。他的命令得到了执行。对夏县民众的屠杀是史有记载的李世民采取的少数恶行之一。虽然当时的律法和习俗并不反对如此严厉地打击顽固的造反者，但历史学家认为，李世民在这起屠杀事件中的表现辜负了他被期待的、应有的品格。事实上，他对自己的这一残忍行为也感到后悔，在日后的岁月中，当他在高句丽战场上遇到类似的情况时，他宽恕了那里的居民。尽管根据当时的战争惯例，那些居民已经是唐王朝士兵的猎物与战利品。

山西战役的胜利，不仅恢复了唐王朝失去的领地，而且消灭了另一个敌对的皇帝，甚至在遥远之地也留下了唐人深刻的印记。在山东东部推翻隋王朝官员的义军，也纷纷承认李渊为皇帝。他们的投诚先例如今被年轻的领袖杜伏威所效仿，他统治着淮河流域的东部。此外还有高开道，他坐镇永平府，自称"燕王"，统治着河北的东北部。杜伏威被李渊封为"吴王"，然后被全权授予征服与管理淮河以南土地的权力。在这一年结束之前，他从统治着东南沿海的"皇帝"李子通手中夺下南京城，从而证明了李渊的这种信任是正确的。四川则被唐王朝的赵王李孝恭征服了，他是李世民的叔叔淮安王李神通的儿子。①

现在只剩下萧铣了，他统治着长江中游以及南方诸地。此外，唐王朝在北方还有两个更可怕的敌人——窦建德，即东部平原上的夏皇帝，以及王世充，在洛阳新登基的郑皇帝。这两个人受到唐王朝崛起力量的威胁，被迫结成同盟。这一同盟在争夺中原霸主的最终之战中，形成了一股反唐的联合势力。

① 译注：李神通儿子中有名为"李孝逸"者，恐怕费子智将两者混淆了。李孝恭是西平怀王李安之子。

第四章　氾水之战
（620～621 年）

619 年年初，唐军的运气非常差，不仅是在山西，在河南也一样。王世充利用战胜李密的机会，把他的势力向东扩展。到那年年底，他已经占领了开封府和它东部的其他城市，并威胁着黄河下游地区，这一区域之前已经向唐皇帝投诚了。不过，更严峻的威胁来自夏皇帝窦建德的推进。窦建德在摧毁了弑君者宇文化及的军队后，把注意力转向黄河以北地区的城市，而这里是长安朝廷授命淮安王李神通攻占下来的。

窦建德的军队沿北方的大道而下，攻占了广平府。夏皇帝将广平府定为都城。他们接着拿下了更南边的彰德府，到秋天时开始向卫辉推进。如果卫辉城也落入敌人手中，那么东部平原上的唐人领地与长安之间的所有交通都会被切断。淮安王李神通、李世勣，以及其他唐军将领那时正驻扎在黎阳。他们位于受威胁的卫辉城东北方向四十英里处。唐军的人数远远不如夏军，因此他们无法在正面对战中抵抗敌军。于是，李世勣不断袭扰敌人阵地的侧翼，直到窦建德派遣援军把他逐走。

唐军解救卫辉城的战略目的并没有达到，因为窦建德决定先进攻黎阳，试图在南下之前粉碎唐王朝的东部军队。窦建德这一作战计划的改变，让唐军将领们大吃一惊。夏军风暴般地

71 占领了黎阳城，俘虏了东部几乎所有重要的唐军将领。除淮安王李神通外，唐皇的一个妹妹也被囚禁了，此外还有魏徵和李世勣的父亲。李世勣怕父亲受到伤害，因孝心的驱动——这是任何中国人都不能忽视的——而向夏皇帝投降。窦建德对这些俘虏表现出不同寻常的仁慈与人道。淮安王李神通和唐公主被体面地软禁起来。李世勣的才能很受窦建德的敬重，依旧负责黎阳城的守备，不过他的父亲被扣押在夏朝廷做人质，以确保他的忠诚。当这一灾难性的消息传开，卫辉城以及这个地区的其他小城市，都向夏皇帝投降了。

李世勣只是被强迫着、充满内疚地为他的新主人服务。但是，他急切地寻找着机会，想在不使父亲陷入危险的情况下重新效忠于他的旧主人。因此，公开造反是不可能的。于是，李世勣煞费苦心地设计了一个密谋。他假装拥护他的新君主的事业，提议入侵河南。他向窦建德宣称，他可以毫无困难地攻克河南东部和山东南部的唐人领地。如果窦建德落入圈套，当夏军到达黎阳时，李世勣就计划突袭夏皇帝的营地，杀死窦建德，解救自己的父亲。李世勣相信，在这样一个大胆的举动所引发的混乱中，他可以很容易就控制夏的疆域。有了这样巨大的功劳，他可以毫不费力地洗刷自己被迫背叛唐王朝的行为，从而获得唐皇的宽恕。

虽然窦建德落入了圈套并向黎阳进军，试图入侵唐的东部地区，但由于李世勣的一些支持者的鲁莽行动，这个密谋失败了。突袭刺杀意外失败，除了逃跑，李世勣别无他法。他设法骑上一匹快马，穿过夏军占领区域，直到到达唐王朝管辖的土

72 地。李渊赦免了他的临时投敌行为，派他重新加入李世民的军队。如上一章所述，李世民当时正在山西作战。窦建德是个有

骑士精神（chivalrous）的人，他拒绝处死人质。他说："此忠臣也，其父何罪！"①

当夏帝窦建德正在扩张疆土并通过这种宽厚行为赢得民众的拥护之时，郑国的新皇帝王世充似乎决心用他武断专制的行为来疏远他所有的支持者。在这一年，他失去了两个重要人物：秦叔宝与罗士信。他们之前都是杰出的隋王朝军官，打击过山东的盗匪。罗士信年仅十三岁时就因勇猛行为而名声大噪。两人后来都归顺了李密，李密失败之后，他们又归顺了王世充。后者以薄情寡义之举对待他们，以至于二人不再为郑国效力，转而加入了唐军。罗士信被唐廷任命为河南西部地区的军事指挥官。在那里，他经常对他旧主人的领地进行骚扰性袭击。有一次，他甚至在夜间突破了洛阳城的外围防御圈。

这些战术在某些方面是有效的。他们削弱了郑军的士气，郑军官兵一有机会就逃跑投诚。为了防止这些叛变行为，王世充从他的将军和官员家里扣留人质，这些将军和官员要为他们下属的叛逃行为负责。有嫌疑的人及人质被迫居住在洛阳的宫城，那里很快就关押了三万多人。王世充颁布了严酷的法律，针对所有企图叛逃的人。违法者不仅自己会被处以死刑，他的家人也都要被处决。这些重罚只会增加逃亡者的数量，因为只要有一人逃跑，他的家族和亲友都会急忙跟随出逃，免得被杀。不满情绪在王世充的领地上蔓延。

这就是河南的现状。李世民近期在山西的一系列胜利，使

73

---

① 译注：费子智英文原文为节译，出自《旧唐书》卷五十四《窦建德传》："建德曰：'勖本唐臣，为我所虏，不忘其主，逃还本朝，此忠臣也，其父何罪！'"

得他声名鹊起。眼下他从山西南下，指挥着唐军准备攻打郑国，目标是洛阳城。刘武周倒台和唐王朝西部领土的巩固，使李世民得以自由地实施他"连横"的战略设计。他沿着黄河继续朝东进军，希望能在从山陕交界处一直到山东南部的海岸线之间的地方，铺伸出一个由唐王朝控制的地带。那样的话，中原就会被一切为二，北方的征服者就不可能与南方的群雄互相交通、结成联盟了。如此一来，窦建德将被环形包围在唐王朝的领地内，那么他最终将难免败亡。杜伏威的效忠已经在这条环形的包围链条上铸造了一个重要节点，倘若能打败王世充，这条锁链就彻底合拢了。

唐军从陕州向东进军。陕州是洛阳到长安的西部交通线上的重要地点。李世民的军队直到接近洛阳，都没有遇到实质性的抵抗。王世充已经在四处求援，他不愿意这时冒险与唐军大决战。两军经常发生小规模冲突。其中有一次，李世民与他的属下们走散后侥幸逃脱敌军的抓捕，只身回到营地时，满身尘土以至于哨兵都认不出他了。直到李世民开口说话，士兵们才认出他，因为大家都熟悉他的声音。

与此同时，唐军已经在洛阳附近集结。王世充则每天忙于增加补给，力图为接下来不可避免的围城战储备粮食。这位郑皇帝，虽然依旧避免开战，但还是派出一支强大的军队到达洛水，与秦王李世民谈判。王世充提出两家瓜分整个帝国的主张。根据这一主张，唐王朝应该放弃在东方的一切野心。李世民则派出将军宇文士及回复王世充，这些条件是不可以讨论的；但如果王世充立刻投降，秦王可以保全他的性命。郑国皇帝愤怒地拒绝了李世民的这一提议。

相对而言，唐廷更渴望安抚窦建德，唯恐这位强大的夏国

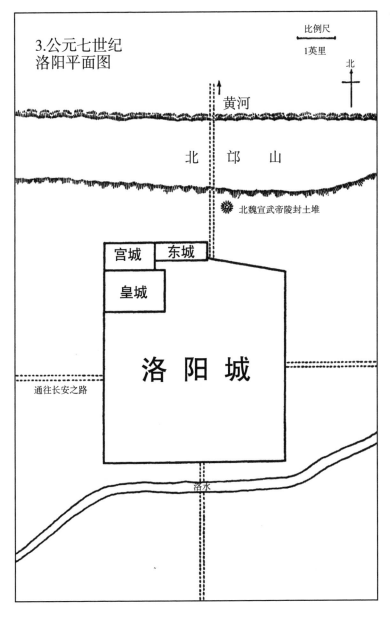

75

3.公元七世纪
洛阳平面图

比例尺

1英里

北

黄河

北　邙　山

北魏宣武帝陵封土堆

宫城　东城

皇城

洛　阳　城

通往长安之路

洛水

统治者前来营救郑国。更令唐人感到危险的是，郑和夏从来没有发生过严重的敌对冲突，它们都同样受到崛起的唐王朝的威胁。唐与夏的一系列谈判结果都是不牢固的。夏皇帝很容易察觉到，唐人征伐河南的任何行动都是对自己领土的潜在威胁。然而，他还没有准备好与唐王朝公开决裂，因此作为展示自己善意的证明，窦建德释放了在黎阳抓获的唐公主。

如果窦建德希望唐军在与郑军的战争中失败，从而避免自己直接参与这场大竞争的话，那么他注定是要失望的。在620年年底，河南东部以及南部大量原属王世充的城市都向唐军投降了。事实上，眼下只剩下洛阳一城归郑国皇帝统治了。王世充对那种普遍的叛逃感到震惊，于是采取了更为激进的惩罚策略。有一天，李世民和尉迟敬德带着五百骑兵在唐军据点的前沿阵地上巡视。为了更好地观察这片广阔的区域，他策马跑上了北魏宣武皇帝巨大的陵墓封土堆。那座土堆今天仍然立在北邙山的山坡上，从上面可以俯瞰洛阳。

王世充看见秦王在这个前沿阵地上如此轻率冒进，便率领一万人突然出击。虽然郑国部队快速推进并包围了封土堆，但李世民和尉迟敬德还是从敌军中杀出了一条血路。恰在这时，屈突通带着大批援军赶到，战斗开始了。李世民猛力反击，把郑国军队赶回城墙里面，郑军阵亡一千人，被俘六千人。这次突击行动的不幸结局让王世充更加小心谨慎，不敢再贸然进攻了。

在接下来的一个月里，一座城市的沦陷①和汜水的阻隔对

---

① 译注：武德三年（620）十月，王世充之子王玄应（也是郑国皇太子）弃守虎牢，奔还洛阳。费子智此处指的应是虎牢。

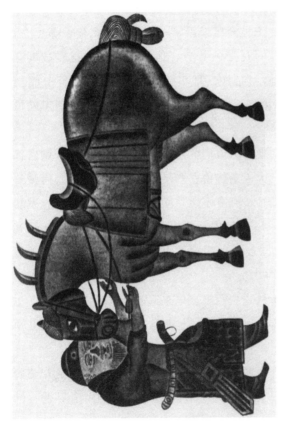

版画二　飒露紫

金色骏马，为李世民在洛阳围城时所骑乘，胸部中了一箭。

"紫燕超跃，骨腾神骏。气詟三川，威凌八阵。"

郑国造成了更为沉重的打击。这座城市位于洛阳城以东五十英里处，控制着通往东方的道路。河南的地势自西向东逐渐下行，到这座城市为止，黄土丘陵地带就结束了，从而可以进入广袤的东部平原。当时这座城市因王世充长子的愚蠢而被遗弃，落入唐军之手。于是郑国与夏国之间的交通就被切断了。在此之前，王世充已经派了一位使节到窦建德那里去，建议两家联合起来对付唐的势力，他的这些请求正在被事态发展的逻辑所强化。此外，夏军也从未停止过对唐王朝幽州①的进攻。幽州由将军罗艺统治，而他此前已经向唐王朝投诚了。

当夏的皇帝向他的大臣们征求意见时，他发现整个朝廷都赞成发动战争。有大臣进言说："天下大乱。（中略）唐强郑弱，势必不支。郑亡，则夏不能独立矣。不如解仇除忿，发兵救之，夏击其外，郑击其内，破唐必矣。唐师既退，徐观其变，若郑可取则取之，并二国之兵，乘唐师之老，天下可取也！"②

窦建德决定听从这一意见。他在调动全部兵力的同时，也派了一个使者到李世民处，要求他解除对洛阳的封锁，离开郑国的领土。但是，李世民没有答复这个使者。

窦建德准备介入的消息传到了洛阳。自从北魏宣武帝陵封土堆突击战之后，王世充就一直按兵不动。现在，他认为自己

---

① 幽州就在今天北平（北京）的位置。后者的名字是如此明确地与明朝建造的首都联系在一起，而在这里，我们最好使用它古代的名字。

② 译注：出自《资治通鉴》卷一百八十八《唐纪四》。作者原文为节译。

可以冒险主动出击了。王世充的第一次出击就在与屈突通的 77
战斗中取得了一些进展，但当李世民带着一千全副武装的重
骑兵护卫队赶到时，郑国的部队就被打得溃不成军，再次被
赶进城去，六千人被杀。这一场胜利，加上王世充努力想运
进城内的大量补给物资被缴获，使李世民决定把对洛阳的封
锁战改为更加收紧的围城战。这一作战行动的改变得到了长
安朝廷的许可。在 621 年二月，李世民下令全面收紧对洛阳
城的包围。

　　当年李密包围这座城市时，王世充经历过洛阳被围困的痛
苦，因此他决定做最后一次努力，争取挫败唐人的围城计划。
他带着他的全部野战部队，也就是大约两万人开出城外。唐军
被调到北邙山去迎战。618 年，就是在这里，李密惨败给了王
世充。关于那次胜利的记忆激励着郑国军队做出孤注一掷的
努力。

　　李世民把他的指挥部设在北魏宣武帝陵的封土堆上，
也就是两个月之前交战的地方。战斗非常激烈。屈突通发
起了唐军的第一次突击，不过被击溃了；李世民以重骑兵
部队为首，向郑军发起多次冲锋，终于重新建立起一条防
线。在大混战中，秦王身下的战马被射杀，他被迫步行作
战，直到一名军官带来替换的马匹。王世充顽强地战斗至
中午，当他对胜利不抱希望时，终于撤退到了洛阳城内。
但即便如此，郑军的损失也不超过七千人，并不比唐军的
伤亡人数多多少。

　　这场战役虽然打得很好，但郑国的军队从此就不打算突围
了。唐军的围城战使用了当时战争科学所知的每一种装备。投 78
石车（catapults）可把一块沉重的石头掷出二百步远，以轰击

城墙。八弓弩（Eight-fold bows）则是一种可连续发射的强弩，能将箭射出五百码远，只要防御者出现在城墙箭垛的位置，这就是直接对付他们的利器。这座城市日夜都受到来自四面八方的攻击，但高大的城墙抵挡住了唐军的轰击，而且守军也没有气馁。洛阳城此前成功防守住了杨玄感、李密的进攻，那时就已证明这座隋王朝的都城不容易被攻破。

唐军将领对这种顽强的抵抗感到很沮丧，并借着仲冬的严寒，力劝李世民解除围城撤军。秦王断然拒绝，此外，他还宣布，任何支持这一提议的人都将以反叛罪被处死。将军们秘密地向朝廷传话，说服了皇帝亲自下令退兵。不过，李世民没有那么容易被劝阻。他也派出信使去长安，说服了优柔寡断的李渊再次下达撤销令，允许围城战继续进行。

当这些密谋在洛阳城外发生时，城内的守军正遭受严重的饥荒。在被王世充囚禁于宫城里的三万名嫌疑人及人质中，目前只有不到三千人还活着。即使是最高级别的官员看起来也脸颊凹陷、身体浮肿，在街上四处游荡，寻找着残存的食物。而那些不幸的和有权势的人的尸体，同样倒在公共道路上。尽管如此，在最后一线希望，即窦建德的援助的鼓舞下，王世充拒绝一切投降的建议，顽强地坚持着。

他的坚持是有理由的。夏皇帝终于开始向这里进军了。夏国的侧翼受到来自山西的攻击，唐王朝想借此转移他的注意力。尽管如此，窦建德在他的战略基地留下了强大的防守军队，然后率领一支估计超过三十万人的大军渡过黄河。他一路占领了很多小城市。夏皇帝沿着大道向西杀赴洛阳，他的补给物资是用船沿黄河运来的。

现在，李世民正处于要做出他一生中最重要的军事决定的时刻。夏军比他自己的军队人数多，装备精良，而且迄今为止战无不胜。他们曾经打败过像淮安王、李世勣这样的唐军名将。这一支势力也不是李世民唯一的敌人，因为还有王世充的军队，后者虽然被困在洛阳城中，但并不是毫无战斗力的。对洛阳城的封锁仍然需要投入大量的兵力。而在河南新占领的城市，也并不是完全可靠。在李世民这颗巨星冉冉升起时，这些地方就向唐王朝投诚了，但如果他撤军或是被打败了，那么这些城市立即就会拥护新的胜利者的事业。

如果坐等窦建德挺进洛阳，那唐军肯定难逃毁灭性的失败。夹在两股火力中间的唐军是不可能取胜的。李世民也不可能获得援军来平衡这场斗争。突厥人受到了唐王朝敌人们的刺激和鼓励，比以往任何时候都更有敌意，他们袭击边境，伺机而动。放在唐军统帅面前的有两条路。第一条是老一辈将军们，就像屈突通这样经验丰富的一代人所极力主张的，解除围城，放弃河南，退守通往陕西的关隘。

采用这一计划意味着最终放弃征服东部和统一整个帝国的一切希望。一旦窦建德占领了河南地区，他将整编吸收已经疲惫不堪的郑国，巩固他对整个中部和东部平原的统治，而这里当时是中国人口最多、土地最肥沃的地区。在东南部，像杜伏威这样的唐王朝支持者，会由于夏军的推进而被孤立，将被迫向新势力屈服，否则就会面临不可避免的失败。因此，撤退对于一统天下的梦想将是致命的，也许最终对唐王朝本身也是致命的。

然而，抵抗作为唯一的替代方案，则包含了更大的危险。在保持对洛阳的围城战的同时，还要能够以一支更小的兵力击败庞大的夏军，这看起来是不可能的。这一失败将带来的惩罚 80

则更加可怕。如果唐军在河南被击溃，那就不会有任何障碍阻止窦建德在取得胜利后继续进军陕西，进而占领长安，最终毁灭唐王朝。尽管如此，恰恰是这一方案，虽然更加危险，却有希望带来更大的好处。正因如此，李世民这位年轻的统帅不顾前辈们的一再警告，准备采取抵抗的计划。

洛阳以东五十英里处有一片地形复杂的黄土丘陵，它从陕北开始沿着黄河南岸向东延伸，直到汜水之滨丘陵地形戛然而止。这条河在大约一英里宽的平坦山谷中缓缓流过，它西邻黄土丘陵，丘陵的尽头则是一段陡坡。往东，在过去的年代里，这条河冲刷出一个低矮、垂直的悬崖，而大平原就是从这里开始的。平原的地势坦荡，一马平川，村庄之中点缀着一些树丛。随着时间的推移，河流从悬崖上往后退移，现今水流在凹陷的河谷中央流淌着，两岸延伸出一片平坦的陆地。通往东部的道路，与通向洛阳、陕西的道路，它们的地势都一直下降延伸到河谷之中，两条道路穿过河流，到达"汜水城"。这座小城位于悬崖峭壁间狭窄的进入黄土丘陵区之前的通道上。

这里是李世民选择的最佳迎战位置，他在这里等待窦建德到来。唐军有双重任务，不仅要在汜水阻击窦建德，还要把饥饿与绝望的王世充围困在洛阳城内。让其中一个前进，或是让另一个逃跑，对李世民的计划是同样致命的。因此，他不得不离开封锁洛阳城的大军，将他们交给弟弟李元吉以及将军屈突通指挥。李世民自己则仅带领挑选出来的三千五百名精兵，骑马奔赴东边的汜水。如果王世充注意到他的敌人的数量减少了，他也会认为这一变化太小，不能作为让他饥饿的军队发动突围作战的理由。

当时唐军在汜水城已经有一支守卫部队，但其人数并未被历史学家确认。即使有李世民的增援，这里的唐军总兵力也不太可能超过一万，但这些增援部队是被一位天才指挥官精选出来的。秦王在汜水的第一次行动是为了鼓舞士气，并向他们表明，他并没有被夏军的庞大数量吓倒。他率领五百骑兵并一马当先地渡过了汜水，爬上了河那边的低矮悬崖，然后向平原骑去，直到距离窦建德的营地七英里远的地方才停止。秦王留下大部分人马，让李世勣与秦叔宝率领他们埋伏起来，自己则骑马，只带着四五个骑兵，其中有他忠实的属下尉迟敬德，骑行到距离夏军军营一英里的范围内。正如李世民对尉迟敬德所说的：“吾执弓矢，公执槊相随，虽百万众若我何！”①他们遇到了一队敌军侦察兵，敌军没料到会有唐军部队敢这样逼近他们的营地，起初敌军以为秦王和他的随从是从己方营地中出来觅食的人。但李世民“我秦王也！”②的大声叫喊使敌军顿时醒悟。与此同时，他射出一支利箭，洞穿了敌军指挥官的胸膛。果然不出他所料，这一大胆的行动惊动了敌人的营地，从那里冲杀出来五六千人的骑兵。

看到这一惊人的场面，李世民几名随从的脸都吓得变了色，但秦王说：“汝弟前行，吾自与敬德为殿。”③当最前面的追兵接近时，李世民就把他们的首领射杀了；当其他追兵还在犹豫要不要进入他那可怕的弓箭的射程时，他和尉迟敬德已经

①　译注：出自《资治通鉴》卷一百八十九《唐纪五》。
②　李世民在唐王朝建立之初就被封为秦王，人们通常用这个头衔来称呼他。
③　译注：出自《资治通鉴》卷一百八十九《唐纪五》。

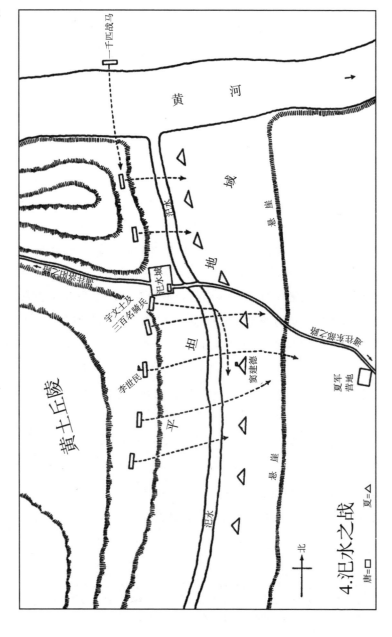

82

4.汜水之战

唐=□ 夏=△

往后退得更远了。敌军骑兵有三次逼近秦王，但每一次他都用手中的弓箭敲响了他们的丧钟，使追赶的人不敢往前靠得太近。李世民就这样引诱着敌军来到隐藏着李世勣与五百名唐军精锐骑兵的峡谷。这些部队突然从埋伏处冲杀出来，扑向惊慌失措的夏军骑兵，杀死三百多人，还俘虏了几名高级别军官。

83

回到汜水城之后，李世民用君主对臣下的措辞给窦建德写了一封信。信中建议窦建德留在自己的国家，让郑国听天由命，以免他自己也遭遇不幸，不然他将后悔莫及。作为答复，窦建德对汜水城发动了一场徒劳的进攻。然而，他发现这一据点固若金汤，无法强行攻下，于是就回到开阔的平原上重新扎营。这样的日子延续了好几周，庞大的夏军在这一中国版温泉关（Thermopylae）前一直无法取得进展。李世民除了派一部分骑兵去骚扰敌人的运输车队外，其余时间都处于守势。

原因在于李世民即使耗在这里也没有什么损失，而洛阳正在忍饥挨饿，夏军却无力救济这座注定要灭亡的城市。在他打过所有的战役之中，李世民对时间这一因素都给予了最多的关注。很少有将领能在战争中如此巧妙地利用时间和天气因素。不仅是洛阳受到了胶着战的影响，窦建德的大军在维持给养方面也遇到越来越大的困难。唐军的补给船队利用夏季的强劲水流，满载着物资顺流而下。但是，夏军的船队则不得不满载货物逆流而上，只有在空船返回时才能受顺流之益。夏军的庞大规模则是另一个难题，他们对窦建德的国库提出一系列越来越难以满足的需求。

在夏军的军事会议上，将军们对这种不利局面印象深刻，并看到了试图强攻一个位置像汜水城这样的据点是徒劳的，于是建议他们的君主改变战术。"穿过这条黄河，"他们说道，

84

"就是唐王朝的山西地区。那里驻军很少，几乎没有什么防御措施，很容易攻下。为什么我们不从现在的位置撤离，只留下足够的兵力阻止唐军追击，然后攻打山西地区？到那时，唐军将被迫去保卫他们自己的领土，洛阳的围城之困亦将解除，而我们也可以在有空的时候重新占领河南。"①

窦建德倾向于采纳这个建议。但是，郑国的使者不停地哭着催促窦建德尽快帮助洛阳摆脱困境，因为他们意识到他们的主人最多只能再坚持几个星期了。

窦建德有着骑士精神。他不愿意采用会使他受到道德谴责的计划，即放弃他的盟友，只为自己的利益去追求征服。因此，他听从了王世充使者的建议，拒绝了自己宫廷谋臣的策略。那天晚上，他的配偶曹夫人，一个具有非凡洞察力的女人，敦促他按照将军们的计划行事。她说："（今大王自滏口）乘唐国之虚，连营渐进以取山北，又因突厥西抄关中，唐必还师自救，郑围何忧不解！若顿兵于此，老师费财，欲求成功，在于何日？"

窦建德一定知道他的妻子是对的，但他已经下定决心，不会动摇。他只是这样回答她："此非女子所知！吾来救郑，郑今倒悬，亡在朝夕，吾乃舍之而去，是畏敌而弃信也，不可。"② 夏皇帝并没有攻打山西，而是准备对唐军据点发动更

---

① 译注：这段夏国将军的建议据英文原文译出，史料出自《资治通鉴》卷一百八十九《唐纪五》："凌敬言于建德曰：'大王悉兵济河，攻取怀州、河阳，使重将守之，更鸣鼓建旗，踰太行，入上党，徇汾、晋，趣蒲津，如此有三利：一则蹈无人之境，取胜可以万全；二则拓地收众，形势益强；三则关中震骇，郑围自解。为今之策，无以易此。'"费子智英译时对其进行了删裁加工。

② 译注：以上对话出自《资治通鉴》卷一百八十九《唐纪五》。

大规模的进攻。

在这年的五月初，夏季开始的时候，李世民已经猜到敌人很快就要被迫发动进攻了，便按自己的计划做了准备。他带着一部分军队和一千匹战马渡过了黄河，这些马和它们的马夫被留在北岸。这是为了欺骗窦建德，使他相信李世民已经把他的军队分开了，以防备夏军进犯山西。然后，秦王在夜幕的掩护下把所有的部队又从北岸撤了回来。这一策略起效了。窦建德相信李世民的力量被这种分兵作战计划削弱了，认为进攻汜水城的机会终于来了。他拔营而起，带军冲进汜水之畔凹陷的河谷中。

夏皇帝窦建德这次并没有攻击唐军的据点，他希望引出李世民在旷野决战。因此，夏军从黄河的南岸沿着汜水的河谷，排出一条长达七英里的直线战阵。夏军之所以没有渡过汜水，是为了在他们的阵地前留下一条天然的壕沟。李世民的部队集结在汜水河谷西边的高地上，他自己则带数人骑到一个视野开阔的地方指挥全局。在研究了敌军的部署后，他对他的军官们说："贼起山东，未尝见大敌，今度险而嚣，是无纪律，逼城而陈，有轻我心；我按甲不出，彼勇气自衰，陈久卒饥，势将自退，追而击之，无不克者。与公等约，甫过日中，必破之矣！"[①]

窦建德急切地想让唐军与自己作战，他相信压倒性的兵力

---

① 译注：出自《资治通鉴》卷一百八十九《唐纪五》。这里费子智对史料解读的最大特色，是将"未尝见大敌"改写译为"have never fought in hill country"（此前从未在山地打过仗）。这一推测是正确的，也与前文对汜水地形的描写呼应。

85

版画三 什伐赤

栗色骏马，为李世民在对抗窦建德的汜水之战时所骑乘。它因被从前飞来四支箭、从后面飞来的一支箭射中而负伤。

"瀍涧未静，斧钺申威。朱汗骋足，青旌凯归。"

可以让自己轻易获胜，于是派出三百骑兵渡过汜水去唐军防线前挑衅。一个传令官向李世民发出挑战，要他派一支同样人数的部队来与这支骑兵中队对决。秦王只是想找个借口来拖延最后的大战，同时让夏军继续待在6月①骄阳的暴晒下备战，于是便派出两百长枪士兵去迎战敌人的骑兵中队。然而这一次对阵并不是决定性的，这两股力量在汜水之畔的平坦草地上往复奔驰厮杀，直到他们都筋疲力尽了，然后分别退回到各自的阵地。

　　一位夏国军官有匹非常漂亮的马，这匹马是从隋炀帝的皇家马厩里得来的。紧接着，他骑着这匹马在唐军阵地前来回驰骋，炫耀身下骏马优点的同时也是向唐军挑衅，看他们是否敢攻击他。李世民观察这匹马，觉得它很骏美。尉迟敬德马上请命去捕获它。秦王没有同意，他说："岂可以一马丧猛士。"但尉迟敬德并未从命，他和两名同伴骑马冲下斜坡。在夏军还没意识到发生了什么之前，这三名唐军将领已经俘虏了这匹骏马以及它的主人，随后快速安全地返回了唐军阵地。

　　李世民已经下令把黄河北岸的一千匹战马运送回来。他一直在等待它们的到来，然后才计划开启大决战。快到中午的时候，从黎明起就一直全副武装的夏军开始感到疲乏了。有一些士兵坐在草地上，另外一些则走到汜水边取水，或是来回走动取食物。这正是李世民苦苦等待的机会，黄河北岸的马匹也正好在这时运到，所有的骑兵都可以上马冲锋了。秦王传唤宇文

86

---

①　译注：费子智此处原文为 the hot June sun，这可能是为了让西方读者理解在炎热之下决战而用。实际据司马光系年，是"五月己未"，因为到六月，整个夏国的领地已被唐军控制了。

士及，让他带领三百骑兵渡河之后沿着夏军阵地奔驰，从敌人阵地的右翼沿着汜水河谷一路骑行。李世民告诫道："贼若不动，尔宜引归，动则引兵东出。"

当宇文士及的骑兵队逼近夏军阵地时，后者的队形松散得不成形，行动混乱起来，一些人往后撤退，另一些人又企图重整阵形。李世民看到这一切，大声吼道："可击矣！"秦王一马当先，亲自率领一支重骑兵队杀了出去，在他们身后是倾巢而出的唐军士兵。唐军铺天盖地冲下陡峭的斜坡，穿过平坦的河谷，渡过浅窄的汜水，向混乱的夏军冲杀过去。

唐军进攻的消息传来时，夏皇帝窦建德正在他的营帐里召开宫廷会议。他命令他的重骑兵队进行反攻，以给步兵争取时间重新列队。不幸的是，夏军的将军们当时都在宫廷会议帐篷里开会，不能及时回到他们的战时岗位。唐军的猛攻使夏军陷入更大规模的混乱，让夏军将领的命令无法传递给士兵。窦建德试图控制局面，但他发觉自己有被俘的危险，便退到汜水河谷东边的低矮悬崖边上。背靠着这道天然的墙，夏军暂时重新集结起来。在这场战争尚未尘埃落定时，李世民的堂弟、淮阳王李道玄，一位年仅十八岁的年轻人，狂暴地撕裂了夏军阵线，一直杀到敌军的背后，然后转过身来，再杀回唐军主队。通过重复这一壮举，他又一次打通了追杀敌军的通道——"飞矢集其身如猬毛。"[①] 直到他的坐骑被射杀后，李世民给他重新换了一匹战马。然后，李世民让骑兵队跟在自己后面，冲入混战的中心。

---

① 译注：出自《资治通鉴》卷一百八十九《唐纪五》。

87

当时"尘埃涨天"，遮盖了两军混战的战场，夏军将领无法观察战况。秦王和他的骑兵队一路奋勇杀敌，直冲到夏军后方的高地上，他们在那里挥动着唐王朝的大旗。当夏军士兵看到这一切，觉得唯一的逃生通道也受到威胁时，他们便开始四散逃跑。这次溃败是灾难性的。唐军追击这群飞奔逃散的乌合之众达十英里之远，边跑边杀。虽然被杀的人数不超过三千，李世民却俘虏了五万人，而庞大夏军的其余部分则散落在旷野乡间。窦建德接下来的命运标志着他的大业的灾难性终结。窦建德在溃败的压力下失去了理智，他神志恍惚地被甩下马背，步行逃跑时遭到两名唐军军官的追杀。当他们正要用枪刺死他的时候，窦建德大喊了一声："勿杀我，我夏王也，能富贵汝。"于是，两名唐军军官下马，把这个宝贵的俘虏抓了起来，带回给李世民。

窦建德被俘使他的军队再也无法集结了。几百名骑兵逃回了夏的都城广平府，规模庞大的夏军已经不复存在。在获得这一惊人的大胜利之后，来自东方的一切威胁都已经消除了。李世民把他的军队和俘虏都带回到洛阳城外。一些夏国官员被派进城里面，告诉郑国他们这次灾难的严重程度。窦建德自己也被押到洛阳城城墙脚下，告诉他的盟友，一切都结束了。王世充爬上城头，从他那位救星盟友的口中听到了这一悲哀的失败故事，这才知道自己的最后希望已经永远地破灭了。两位皇帝在这种悲惨的情况下第一次见面，他们再也抑制不住自己的感情，大哭起来。

经过短暂的讨论，郑国宫廷会议敦请王世充无条件投降。饥饿的洛阳已经没有展开进一步抵抗的可能了。王世充及其臣属既没有逃到另一个避难所的希望，也没有从其他盟友那里得到解救的可能。在郑国的整个朝廷队列的首位，王世充的身旁有人抬着一口棺材。身穿丧服的王世充领着这支凄凉的队伍走出洛阳城的城门，向唐军投降。当失败的皇帝被带到李世民面前时，郑国皇帝不自觉地浑身冒汗。李世民对他说："卿常以童子见处，今见童子，何恭之甚邪?"① 王世充赶紧顿首谢罪。

除了一些被认为是唐王朝叛徒的郑国官员被处决之外，洛阳城内的居民没有受到任何伤害。一些极其华丽的宫殿是当年隋炀帝耗尽民脂民膏修造的，这些建筑被李世民下令烧毁。秦王说，这些奢侈之物是用百姓的鲜血换来的，它是隋王朝灭亡的真正原因。作为对时代的警示和后世子孙应吸取的教训，这些建筑应该被摧毁。然而，尽管奢华的宫廷里还存有大量的战利品和宝藏，隋帝国的宫廷文书记录却早已被王世充烧掉了。

总之，洛阳的陷落宣告了这场战争的结束。郑国已经不复存在，对夏国的占领也没有遇到任何抵抗。窦建德的残余部队在洗劫了广平府的财宝之后，把这座城市留给了唐军，然后四散而逃。伟大的汜水之战把从吐蕃一直延伸到海边的广袤土地都置于长安朝廷的统治之下。现在只剩下南方的割据者萧铣与李子通还独立于新帝国之外了。

李世民举行了凯旋仪式，进入长安城，回到宫廷。这位年轻的征服者身穿黄金甲，骑着骏马穿过整个城市，后面押着两个被俘虏的皇帝和他们的宫廷伪官，而他麾下二十五位赫赫有名的战将以及一万全副武装的重骑兵紧随其后。这就是著名的

① 译注：出自《资治通鉴》卷一百八十九《唐纪五》。

汜水之战的成果。汜水之战奠定了唐王朝不可动摇的基础，也使中国的再次统一成为可能，因此，它应该被视为世界历史上最重要的、最具决定性的战役之一。①

---

① 李世民的胜利并不是汜水岸边发生的第一场决定性战役。在同一地点，汉高祖刘邦——这位汉王朝的奠基者，也在此赢得了一场战争（公元前203年）。这场战争是他与他的对手争夺王位的转折点。因此，一个神奇的巧合是，中国历史上两个最伟大的王朝在同一地点都取得了胜利，并巩固了它们的地位。译注：关于汜水之战的重要性，费子智在《为什么去中国：1923～1950年在中国的回忆》（郇忠、李尧译，山东画报出版社，2004年，第163页）中也说："汜水之战虽然完全不被西方世界知道，但它的重要性却可以与阿克提姆海战（Battle of Actium）相提并论。"

第五章　和平及其巩固
（622～624 年）

　　尽管汜水之战确实建立了唐王朝不容置疑的霸主地位，但要使整个中国在长安的统治下得到和平并且巩固这一和平，还有相当重的军事任务要完成。

　　南方的政权仍然在炫耀自己的独立，长久以来的分治使南方不太可能被北方征服。梁帝萧铣是这些地区中最著名的霸主。梁王朝曾经在 503 年至 555 年[①]统治南方。作为这一皇室的后裔，萧铣不仅仅是一位凭借军事实力夺取了王位的暴发户、冒险家。在南方，萧铣以一个古老王朝的合法继承人的身份出现并被人们接受。这一古老王朝在被篡夺之后，现在终于复辟了。他的权威在很大范围内是公认的，辖区包括今湖北、湖南、江西、广东以及广西诸地，其中后两者是北方汉族南下新开垦的地区。

　　然而，东南方沿海一带并没有被萧铣统治。在隋炀帝被杀之后，这片区域（包括今天江苏的南部、浙江、福建）落入李子通之手，他最初把都城设在南京。

---

　　① 译注：502 年四月，梁武帝改元天监元年，非 503 年，原文疑有误。一般认为梁王朝亡于 557 年十月，而费子智将梁亡定于 555 年，推测其理由，可能是因为分崩离析的梁王朝在 555 年出现了三个君主：由北齐册立的"梁主"贞阳侯萧渊明，由王僧辩、陈霸先拥立的梁敬帝萧方智，以及在西魏保护下登基的后梁第一代皇帝萧詧。

621年夏，唐王朝下达了全面进攻梁帝萧铣的命令。当时，唐王朝已经占领重要的内陆地区四川。四川在长安被攻占之后不久就屈服了，没有什么抵抗。唐王朝因此控制了长江和汉水的上游区域。这给了它一个很大的优势，让它在任何对抗梁国的行动中都能顺流而下。 91

萧铣意识到了他的后花园在唐军占领四川之后所面临的危险。早在619年，他就试图迫近长江三峡以攻打四川，但这是一次不成功的尝试，以失败告终。从那时起，他就忙于镇压在湖南境内发生的反对他统治的小型叛乱，而没有对他的危险邻居采取进一步的重大行动。

这种不作为对梁国的事业来说是最不利的，因为它使唐王朝的将军们得以在不受干扰的情况下，为征伐长江下游地区做长期的准备。然而，如果没有相当于海军意义上的长江舰队，要想在长江沿岸发动战争是不可能的。为了确保这一点，唐军将领打造了一支由四川水兵驾驶的大型战斗舰队。因为上游是长江水域中最危险的一段，所以四川水兵是中国所有沿河、沿江百姓中最熟练、最勇敢的"领航员"（navigator）。当一切准备就绪时，联合远征军由李靖①全权指挥，舰队则由赵王李孝恭统率。赵王是李世民的堂兄，也是淮安王李神通的儿子。②

虽然意识到唐军正在备战，但梁帝萧铣并不认为在严冬季节到来之前，自己会有任何被攻打的可能。因为在冬季枯水期

---

① 李靖，读者应该会记住他是那个曾经被李渊怨恨过的人。在长安陷落于唐军之手时，由于李世民的调解，他被赦免了（参见本书第二章）。

② 译注：关于李孝恭的父亲，请参见本书第三章最后一条译注的说明。

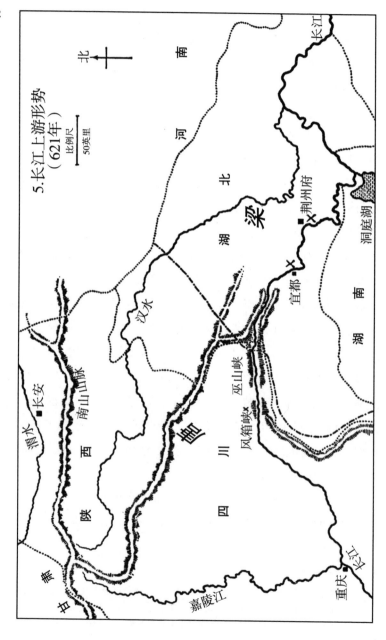

92

5.长江上游形势
（621年）

比例尺

50英里

北

南
河
北
湖
梁
宜都 ×
荆州府 ■×

洞庭湖
湖
南

长江

长安 ■
渭水
南山山脉
陕
西
汉水
巫山峡
巴
川
四
风箱峡 ×

甘
肃
嘉陵江
重庆 ■
长江

到来之前，陡峭峡谷和磅礴急流是无法安全通航的。① 赵王和
李靖知道萧铣的主力部队在更遥远的南方之地，需要数周时间才能
抵达长江流域。为了在战争中出其不意，占得所有宝贵的先机，赵
王和李靖决定冒着高水位的风险出航。这样的话，梁国的都城荆州
府②就可以在梁军从遥远的南方之地赶来长江边上救援前被攻克。

　　那是在621年十月深秋，尽管湍急的江水水位仍然很高，三
峡通行的风险多多少少还是降低了一些。赵王带着两千多艘战船
作为先锋出发了，他让李靖率领主力部队跟在后面，直到先锋舰
队安全通过长江水道狭窄危险的地方。完全出人意料的是，赵王
的舰队安全地穿过了急流，那条把四川和湖北分开的阴森的峡谷
水道也没有危险。萧铣没有派兵去防守该峡谷，而这本是世界上
最容易防守的地方之一，它的地理位置让敌军非常难以通过。这
一极严重的愚蠢之举，对他的霸业是致命的。当威风凛凛地成功
驶入开阔的长江中游水域之后，赵王占领了峡谷下面的第一座城
市宜都，这个地方离梁国都城荆州③只有五十英里。

　　梁国朝廷听到这个意料之外的消息，坐立难安。他们急忙
派舰队逆流而上，以阻挡赵王的进攻。两支舰队在宜都以西几
英里的地方交战。赵王巧妙地利用他所处的顺流位置，击溃了
梁军舰队，使他们遭受惨败。唐军俘虏了对方三百艘战船，杀

---

①　现在，自1896年记录的新滩急流形成以来，危险反而只存在于枯水季。
因此，现今选择夏季还是冬季航行，风险系数是差不多的。但对于古代
的舢板船来说，在形成这个非常危险的急流之前的枯水季节，要比夏季
安全得多。因为古代夏季之时，峡谷被汹涌澎湃的漩涡急流填满；而在
冬季，峡谷水流很平静，很少有出事故的危险。

②　译注：《新唐书·萧铣传》及《资治通鉴》皆云武德元年（618），萧铣
"徙都江陵"。胡三省注云："炀帝改荆州为南郡，江陵带郡。"

③　尽管长江的改道已经降低了荆州的重要性，但它今日仍存。如今它离河
岸有十英里之远，最新的港口是沙市，外国商人很熟悉这里。

93

死了超过一万人。现在什么也阻挡不了唐军攻向敌人的都城了。等到李靖率领的主力部队也穿过峡谷加入先锋舰队之后，唐军联合部队迅速顺流而下。梁国从南方之地调来的增援部队，则不得不对抗着长江强大的水流力量，疲惫地逆流而上，无法赶在唐军之前到达荆州。

94

在整场战役中，两位唐军主将虽然是北方人，却对南方水战的战略表现出了非凡的把握能力。其中，南方水系中的强劲湍流和季节性波动历来都是最重要的因素。①

在荆州，唐军发现有另一支梁军舰队在等着他们。李靖意识到任何拖延都会对敌人有利，因为对方正在焦急地等待南方援军的缓慢推进，于是他立刻发起了战斗。宜都的故事在荆州又重演了一次。梁军舰船被俘虏或烧毁，溃败的军队慌乱地逃进城内，荆州随即被包围了起来。荆州是一个守卫森严的城市，有大量守军。在梁国南部军队赶来勤王之前，唐军中有人担心围城战不会成功。李靖为此想出了一个计谋，他希望用这个计谋来阻滞援军的推进。他把所有俘获的梁军船只都给解开了，船被水冲着顺流而下。

梁国南部援军的将军们并不了解上游的真实战况，他们无法向手下士兵隐瞒这些可怕的预示着灾难的证据。散乱漂浮在长江宽阔水面上的船只，似乎在诉说着他们的君主的彻底失败和都城的陷落。沮丧和忧虑的情绪在部队中迅速蔓延，将军们也犹豫着是否要继续前进。其中有位将军叫高士廉，他是李世民配偶长孙氏的舅舅。高士廉之所以归顺梁国，是因为他原本

---

① 甚至蒸汽船只的出现也没有消除这些因素。一艘蒸汽船从重庆到上海的1400英里航程只要七八天就能顺流走到；反过来，即使是最快的蒸汽船逆流而上，十六七天内也是无法抵达重庆的。

在隋王朝统治下的安南为官，隋王朝崩溃时，他发现自己被隔 95
绝在那个遥远的帝国封地里，于是只能降梁。当率领军队北上
勤王的命令下达时，这实际上为他提供了一个机会，使他能够
臣服于与自己联姻的新王朝。因此，高士廉毫不犹豫地利用了
这个机会。

　　总而言之，梁国援军因纷争和不满而陷于瘫痪，没有取
得任何进展。而荆州在唐军士气高涨的猛攻之下，似乎也不
可能经受得住长时间的围困。萧铣对援军莫名其妙的拖延感
到绝望，他担心他们已经背弃自己投向敌人，失去了所有的
希望。于是萧铣决定向唐军投降，不过他也很清楚这样做会
让他付出生命的代价。梁帝在这种极端的情况下表现出一种
道德上的勇气，虽然这种勇气在他那有点不公正的统治中迄
今几乎没有得到证实。他说："天不祚梁，不可复支矣。若必
待力屈，则百姓蒙患，奈何以我一人之故陷百姓于涂炭乎！"

　　萧铣下令打开城门，然后带领他的朝臣向唐王朝的将军投
降。当他被带到赵王面前时，他仍然要求对方饶过梁国的百
姓。他说："当死者唯铣耳，百姓无罪，愿不杀掠。"①

　　唐军将领们明智地采纳了萧铣的这个建议，他们意识到仁
慈将使梁国的其他地区更容易归顺。如果荆州被唐兵蹂躏，那
么梁国的其他城市就会因为害怕遭临同样的命运而奋不顾身地
拼死抵抗。事实证明，这项政策是完全正确的。梁国的其他城
市在听到君主已被擒获，以及唐军对荆州军民的宽大处理后，
都在唐军逼近时就迅速投降了。最后慢慢推进到荆州的那支强
大的援军，也放下了武器没有抵抗。李靖作为帝国大员继续南

---

　　①　译注：出自《资治通鉴》卷一百八十九《唐纪五》。

巡，梁国最偏僻的地区以及安南和西江流域也都向他投降了。①

96 　　彻底平定南方是在这个胜利之年（621 年）的最后一个月，由年轻的东南统帅（淮南安抚大使、东南道行台）杜伏威完成的。他领命攻打李子通的领地。李子通是东南沿海地区的皇帝，他在离南京不远的战场上被杜伏威打败。李子通自己也被俘虏了，这场灾难结束了他的臣民的抵抗。因此杜伏威并未再战，就把沿海诸地区都纳入了唐帝国的版图。李子通被押往长安，起初得到了宽恕，因为他不被认为是一个可怕的人物。但是，他很不明智地想逃回南方去，结果在路上被俘，又被带回了长安，并在集市上被斩首。

　　这种命运也降临到窦建德和萧铣身上。夏帝灭亡的命运在华东与华北地区引发了一场叛乱。他的旧有领地构成了李世民必须面对的最后一个严重的国内威胁。东部平原上的民众对唐王朝仍然怀有毫不妥协的敌意，即便是汜水之战打破了他们所有的希望。他们所敬爱的君王之死，以及王世充的命运，导致了他们对唐人承诺的极度不信任。这种不信任感使他们再次努力争取独立。

　　洛阳失陷之后，王世充被带到长安。考虑到李世民曾经做出的承诺（如果他投降，就饶他一命），以及王世充并不被认为是危险的征服者（河南人不会为了他而奋起反抗），李渊赦免了这位郑国的前皇帝。他和他的儿子被贬为平民，并被流放到四川的一个偏远地区。俘虏们要走的路是漫长而艰险的。负责护送他们到流放地的军官独孤修德对这一令人生厌的任务愤

---

① 译注：据《大唐故尚书右仆射特进开府仪同三司上柱国赠司徒并州都督卫景武公碑》云，李靖当时的官职以及南巡范围是："敕授岭南道安抚大使、检校桂州总管，东渐闽区，南逾象浦。"此碑存于昭陵博物馆。

愤不平，因为这将耗费好几个月的时间穿越荒凉的山脉。当他们到达长安南部山区一个偏僻的村庄时，这名军官伪造了一项勒令处决俘虏的诏书。在把不幸的王世充和他的儿子处死后，他回到了朝廷并编了一个故事，说这是因为犯人试图逃跑。当真相大白后，凶手被剥夺了公职，并被撤销了继续为唐王朝工作的资格（"诏免修德官"）。然而，这种宽大的处理并没有展现出唐皇帝的声望与诚信。 97

那些在汜水被俘获，又在长安被释放的犯人，亲眼见证了窦建德的悲惨命运，也听到了王世充被阴险杀害的传闻。他们回到东部平原上的村庄时，四处讲述这些故事。被遣散的夏国士兵和被辞退的夏国军官们，听到这些之后义愤填膺。在所有这样的事件中，一个政权的垮台都会使许多曾为它服务的文武官员流落街头。因此，在原先夏国的领地上，不满者人数并不少。没过几个月，窦建德军中原来的将军刘黑闼就领着一群军官发动了起义。

唐廷显然没有意识到东部平原上的民众仍然怀有如此强烈的敌意。他们对起义军得到的大力支持感到十分惊讶。几周之内，起义军首领就占领了好几座城市，打败了河北齐州（南齐州）附近的唐军。唐廷意识到事态很严重，于是命令此前曾在东部地区（山东、河北）总负责的大将——淮安王李神通，与在幽州的总管罗艺一起联手镇压叛乱。淮安王李神通曾被囚禁在广平府，直到汜水之战胜利后才被释放。他并不是一个特别高明的将军，但这一次他却碰到了几乎无法预见的一桩倒霉事。

当唐军在河北饶阳附近与刘黑闼交战时，已是隆冬。这里位于河间府东南三十英里的滹沱河畔。淮安王拥有五万人马，兵

98 力远远超过他的对手。由于唐军在数量上占绝对优势，尤其现在正是下雪的时候，有微风吹向起义军，所以淮安王毫不犹豫地下令进攻。淮安王希望利用环境之利，使敌人陷入困境。但在这一天，上苍的各路星宿神明都站在刘黑闼一边。在战斗最激烈的时候，风向突变，开始猛烈地向相反的方向吹去，把雪打到唐军士兵的脸上。刘黑闼得益于这一好运，此战大获全胜。唐军损失了三分之二的兵力，只有罗艺的部队完好无损地逃回了幽州。

这场战役的失败对唐王朝的事业而言是灾难性的。除幽州之外，刘黑闼占领了华北平原东北部的其他城市。高开道的反叛进一步巩固了刘黑闼的地位。燕王高开道此前是一个独立的君主，后来一度归顺唐王朝。突厥人历来奉行帮助弱小政权的策略，于是急忙向叛乱分子提供援助。刘黑闼继续南下，又在广平府附近打败了李世勣。在占领了这座城市后，他重新夺回了彰德府和卫辉城，从而重建了夏政权。①

这些灾难迫使李渊向李世民求助，后者是唐王朝事业的指导天才，没有他，什么事都做不成。李世民被任命为帝国的大将军，地位高于所有的王子和大臣，作为总司令和东部地区统帅拥有绝对的权力。李世民带领他的精锐部队沿着东路前进。622年元月，他渡过了黄河。当听到他接近的传闻时，起义军就放弃了卫辉城和彰德府，撤退去保卫义军的都城广平府。李世民的战略目标是用两股力量夹击叛乱分子并摧毁他们。他自己的军队从南部发动进攻；罗艺领导的北部军队，从幽州基地南下。有一条北方大

99 道越过黄河向北，穿过广平府，可以到达幽州与高句丽。当这

---

① 译注：据《资治通鉴》卷一百八十九《唐纪五》，621年年底，刘黑闼"尽复建德旧境"。第二年正月，刘黑闼自立为汉东王，改元天造。

两支唐军在北方大道上会师的时候，起义军将被困在东部的沿海地域，与他们唯一的盟友——突厥人隔离开来。

为了应对这种威胁，刘黑闼被迫分兵迎战。经过短暂的犹豫之后，他让手下将军们去对抗罗艺，自己则指挥防守广平府的军队。当李世民的军队挺进到这片区域时，广平府东北十英里处一个叫曲周的小城镇向唐军投降了。李世民立即派人进驻，因为曲周是战略要地。掌控了这座小城，秦王就可以控制从广平府到东北方向河间府的要道，而河间府恰恰是起义军获取补给的地方。

刘黑闼也意识到了曲周的重要性，他下定决心要夺回这座城市。然而，就在他试图占领曲周的时候，李世民绕过广平府的北部，占领了北路上的另一个大城市——顺德府。李世民通过这一行动将广平府包围了。为使唐军取得更大的胜利，有消息传来，称罗艺已经打败了北路的义军，正在向南进军，准备加入李世民的行列。与此同时，刘黑闼正在狂怒地攻打曲周。这座城市被一条五十步宽的护城河牢牢地保卫着，为了克服这个障碍，刘黑闼开始修建堤道，当它完工后，他就可以使用他的冲车猛撞城门了。

由于进攻广平府投入了大量兵力，李世民目前还不能让部队全面解救曲周。因此虽然做了多次努力，但唐军还是没能突破敌人的包围线进入曲周，无法成功地解救这座城市。为此李世民召开了一次军事会议，会上他提出，如果让刘黑闼成功修好堤道，那曲周就会陷落了。然而他也认为，即便如此，如果守军能够得到增援，曲周还能再坚持一段时间。年轻的将军罗士信在离开王世充之后加入了唐营。他提出用一小批精锐部队强行闯进该城镇进行增援，他相信这是可以做到的。如果城中

100

守军配合以突围出击的话，增援的突袭部队会在同一时间发起进攻，并抄近路进入曲周。

李世民决定一试，并在唐军阵线内一个土堆上发出信号将这一计划通知了城中守军。① 这次突袭增援很成功，守备部队果然按照计划进行了一次出击。在混乱中，曲周的前守卫指挥官②突围回到了唐军主阵，而罗士信和他的增援部队则冲进这座城市换防。鉴于此，李世民打算在几天内就对起义军阵地发起大规模进攻，他的主力部队已经集结完毕。因此，罗士信只需要坚守住曲周很短一段时间即可。

不幸的是，天气变得非常糟糕。眼下正值隆冬时节，北方刮起了大风，带来了铺天盖地的暴雪，风力不减地持续肆虐了一个星期。迎着这样的风雪来进攻，这就是此前淮安王遭遇灾难性失败的原因。李世民被迫等待好一点的天气，但在变天之前，曲周陷落了。刘黑闼本想征召英勇的罗士信为他服务，但年轻的罗士信坚决拒绝了这一橄榄枝，于是被处死，死时只有二十岁。几天之后，李世民率全军进攻，逼迫刘黑闼放弃了曲周。但对罗士信来说，李世民来得太晚了。

虽然刘黑闼被迫放弃了这一块到嘴的肥肉，但他还远没有
101　被彻底打败。他在附近重新扎营，守卫通往河间府的东北路线。唐军则分成两队扎营，李世勣率领一支部队驻扎在洺水的北面，李世民与罗艺率领另一支在南面下营。由于唐营所处的

---

① 这一事实证明，唐军可以使用某种"摩尔斯"代码系统。因为一个复杂的联合军事行动是不可能都预先安排好的，特别是唐人的计划必须对敌人保密。

② 译注：此前李世民临时命令右武卫将军、彭国公王君廓增援驻守洺水（曲周），并不是曲周的常备军，因此费子智谓之 Garrison Commander。

位置，刘黑闼无法和广平府取得联系，或者袭击其中一个唐军营地而不遭受另一个营地的反击。而李世民则准备在此过冬，他知道自己的力量不会随着时间的流逝而减弱，而起义军的力量则必须依靠连续的胜利。

刘黑闼也知道这一点，因此他渴望与唐军一战。他在获得补给物资方面遇到的困难，是另一个促使他采取行动的因素。唐军可以利用整个帝国的资源，而起义军只能依靠河间府地域的补给，河间府是迄今唯一一处还完全由他们掌控的地方。在氾水之战，以及在甘肃和山西的战役中，李世民都采取过拖延战和饥荒战，迫使敌人在他选择的时机到来时交战。对这次而言，这一时机就是春天，天气无法再用某种奇怪的方式改变这一天的命运，就像在饶阳战场一样。春天也是敌人的补给处于最低水平之时。与此同时，李世民不断骚扰渡河而来的敌军运输船，还烧毁了对方的辎重马车队。

刘黑闼曾试图通过攻击李世勣的营地来迫使唐军与自己交战。但是，他发现李世民军营的部队正在威胁他的侧翼，因此他不得不中断这一行动。在这次交战之中，李世民和他的堂弟、淮阳王李道玄被重重包围，直到尉迟敬德以及唐军的重骑兵来解救，他们才死里逃生。此后，两军在两个多月的时间里都按兵不动，而李世民则在等待温暖的天气。

在停战期间，秦王做了一些准备工作。他让手下的工程兵们在洺水上游开工，建了一座大坝来蓄水，但它一旦被拆除，洪水便可倾泻而下。李世民下令，如果起义军过河进攻，那就拆除大坝。李世民确定，当敌军给养耗尽之时，他们会再次发动攻击。对于刘黑闼来说，如果此时下令撤退，那就再也没有希望了。他已经无路可退，撤军将让他的部队确信失败是必然

102

的，随即就会溃不成军。

不久之后，这位起义军的统帅看到他的补给物资快要用完了，决定孤注一掷，发起一场战斗。过了河之后，他把他的部队排成一字长蛇阵，兵力大约有两万。李世民接受了这一挑战。唐军的骑兵首先向起义军阵地发起冲锋，将敌人的骑兵逐回他们的步兵方阵。刘黑闼赶紧重新集结兵力，进行了顽强的抵抗。李世民下令拆毁大坝，但没想到一直战斗到黄昏，起义军才开始撤退。最后，天快黑时，一位起义军的将领对刘黑闼说："我们的军队已经疲惫不堪，无法突破唐军阵线了。如果继续留在这里，你会在溃败中灭亡。最好趁我们的防线还稳固的时候尽早快速撤退，这样或许我们可以在其他地方再召集一支军队。"① 刘黑闼接受了这个不明智的建议，带领少数手下悄悄遁走了。被他抛弃的军队中无人知晓此事。

刘黑闼弃军而逃的确选择了一个适当的时候。他刚离开战场，洺水的巨流就从溃坝中奔流而出，以咆哮之势淹没了这支在劫难逃的军队。前面是唐军，后面是水位暴涨的河流，起义军惊慌失措地四散奔逃。一万人死于刀剑之下，而余下几乎所有从唐军刀剑下逃出来的人，都被淹死在洺水的洪流里。刘黑闼全军覆没。

义军的领袖逃亡到突厥人那里，而唐皇帝的统治权威在整个华东与华北地区再次得到承认。李世民继续挺进到了山东南部，当地支持刘黑闼的义军仍未被镇压下去。然而，仅仅是对李世民之威名的恐惧，就足以使这些地区恢复对唐王朝的忠

103

---

① 译注：此处据英文原文译出。《资治通鉴》卷一百九十《唐纪六》载："王小胡谓黑闼曰：'智力尽矣，宜早亡去。'"费子智英译时增加了大量根据史实做出的推断。

诚。此外，洺水之战的胜利给人留下了深刻印象，以至于杜伏威认为，如果他到长安朝廷来，表明自己对唐王朝的忠诚，他会更安全些。当这个区域被平定后，李世民被召回陕西，通过他的存在来震慑突厥部落的骚扰。

不幸的是，当秦王离开这些地区后，东部平原的情况变得更糟了。刘黑闼集结了一支突厥军队。他率领着突厥人，一马当先再次出现在河北大地上。不久，他的追随者就再次集结在他旗下，使他兵力大增。由此可见，东部各州县对唐王朝的敌意仍未平息。留在这一区域的唐军将领之间的妒忌，导致起义再次爆发。河间府再次落入刘黑闼的手中，然后他继续向南进军，大军推进过程中不断有追随者加入。

在齐州，刘黑闼遭遇年轻的淮阳王李道玄率领的唐军。此时，一位更年长、更有经验的将领担任李道玄的副将。不过，这位将领嫉妒李道玄如日中天的声誉，只把年轻的王子当作少年而已（李道玄当时十九岁），并阻碍他的行动。当两军遭遇时，这种从属关系使淮阳王失去了支持，直到他被敌人彻底包围，在混战中被杀。其余的唐军官兵，见此败局士气大减，在义军进攻之际仓皇而逃，刘黑闼大获全胜。李世民对李道玄的死极为伤心，因为他对李道玄有一种特殊的感情。这位青年的确是追随李世民，并以李世民为偶像的精英团体中最有人格魅力的人物之一。

刘黑闼相信这一胜利将让自己重获幸运，他领兵一路向南，沿途占领了很多城市。就连广平府也再次落入刘黑闼的手中，这座城市被李世民的弟弟、挥霍无度的齐王李元吉弃守了。在这次胜利后，起义军转向东南围攻大名府。但在这里，命运终于抛弃了刘黑闼。这座城市被牢牢地守住了，并在两个

104

多月的时间里挡住了起义军的所有攻城努力。与此同时，太子李建成率领的一支新的唐军部队正在逼近。

迄今为止，这位皇储在战争中从未有过突出表现。当李世民为唐帝国浴血拼杀之时，李建成只能在长安城里消磨时光。魏徵是东宫的官员，他注意到李世民声望日隆。魏徵给太子提出建议，称如果太子在作战领域表现得很生疏是不行的。他敦促主人主动请战，这将为其赢得一些军事声誉，以抵消年轻的秦王的辉煌战功。魏徵对东部地区的真实情况有着非常敏锐的判断，他知道，要驱散追随刘黑闼第二次起义的良莠不齐的杂牌军，并不需要太多的军事技巧。

当唐军逼近大名府时，太子李建成根据魏徵的建议，发布了一项赦免令，承诺将赦免所有背弃起义军的人。为显示这一赦免令的诚意，他释放了监狱里的政治犯。魏徵意识到旧夏政权最后的精锐部队已经在洺水之战中全军覆没了。现在，刘黑闼的新追随者主要是一些曾被监禁的罪犯，他们拿起武器是为了逃避唐王朝法律的惩罚，因为他们大多是在后期叛乱中有共谋罪嫌疑的人。魏徵相信，一旦唐人诚心大赦的消息传开，这些只想拯救自己生命的人就会抛弃起义大业。

他的判断完全正确。起义军的进攻势头已经在大名府的强大守备部队面前受挫。现在，他们又听到了有一支新的唐军在逼近的消息，这时的他们已不可能再长久坚持下去了。他们急忙利用这次特赦，大批的人背弃了刘黑闼。起义军营地的食物短缺进一步刺激了大范围的叛逃行为。刘黑闼因既无法迎战唐军，又无法继续保持对大名府的围城战，不得不撤退。刘黑闼被山东河北交界的馆陶县的卫河阻挡，但还没等他把桥修好，唐军就追了上来。

　　起义军在渡河时被攻击得首尾难顾，虽然刘黑闼自己再次逃脱，但他现在成了一个没有支持者的亡命之徒。在唐军的追击下，他疲惫不堪、饥肠辘辘地来到饶阳，这是一座曾经被他控制的城市。但是，刘黑闼现在非常怀疑自己的部下，对于饶阳地方官的入城邀请也不太相信。直到这位地方官满眼含着泪水，恳请他进城休息和吃饭时，刘黑闼才勉强答应。其实，这位起义军领袖最初的不信任是正确的。刘黑闼刚刚进入城内，还在街上走着，匆匆忙忙地吃着别人给他的食物时，那个奸诈的地方官就把他逮捕了，随后将其交给了唐王朝的追兵。623年元月，刘黑闼在广平府的菜市场上被处死。刘黑闼死后，长期饱受战争摧残的华东与华北地区最终恢复了平静。

　　第二年，也就是624年，反抗唐王朝的最后一点火花也被扑灭了。在北方，高开道被他手下一个军官谋杀；在南方，杜伏威麾下的将军辅公祏的叛乱也失败了，他原本想利用杜伏威远赴长安之际起事。这位将军在南京自立为王。但是，他的军队在芜湖被赵王李孝恭的舰队打败，后者占领了南京。李世勣继续追击叛军，直至在江苏苏州附近将叛军首领杀死，帮助唐王朝取得了最终胜利。

　　随着内战的止息，隋炀帝去世以后的群雄割据局面至此画上了句号。从青藏高原到大海之滨，从万里长城到遥远的安南，唐王朝的权威终于得到了全面的承认。除了在北部边境与突厥人对峙之外，后来的几年，唐王朝还在中亚地区进行过一些疆域的拓展。总而言之，从624年开始，一个伟大的和平时期终于来临。这一和平时期持续近一百三十年，滋养了中国艺术和文化最伟大的时代。

　　这一伟大的成就，即在不到七年的时间里建立一个巨大且统一的帝国，完全是李世民取得的。他的父亲李渊，也就是被他拥立为皇帝的人，对这一光荣的成果可说是几乎没有任何贡献。提到李渊，他的政策是无力、犹豫不决而且优柔寡断的。如果没有李世民的远见、决心和勇气，唐王朝不可能战胜它所有的对手，中国则有可能继续处于群雄纷起的混乱之中。

目前，李世民的军事生涯已告一段落。不过，摆在他面前的是更艰巨的任务，那就是用明智的政策来维持靠武力赢得的统一，以及重建在长期动荡和混乱中消亡的文明政府的机制。

第六章　玄武门之变
（626 年）

623 年唐王朝扫灭南方的割据政权，恢复了整个中国的和平。从此以后，整个国家再次归于一统。在恢复和平之后的几年里，新生的唐王朝仍然不得不与北方的游牧政权——由精力充沛的君主颉利可汗统治的难以捉摸的东突厥汗国——进行一系列令人烦恼的战争。在李世民忙于保卫边地、抵御突厥人进犯的同时，国家的安全以及来之不易的帝国一统，则受到了位于政治体制核心的内部敌人的致命威胁。

李渊的长子李建成在唐王朝建立之时就被封为太子（世子）。不幸的是，他并不具备统治一个帝国的品质，除了生为长子的优势之外，他没有任何资格要求继承皇位，而这个皇位的存在和巩固要归功于他那位天才弟弟。因此，新王朝存在一个潜在的缺陷。当时在位的皇帝李渊不仅优柔寡断，轻信人，易受骗，而且年事已高。在他死后，这个被李世民统一起来的庞大帝国将会移交给李建成，而后者没有做任何事就将获得这样巨大的权力，也没有天赋来明智地运用和掌控它。

如果李建成胸怀宽广，慷慨而有雅量地承认是李世民替他完成了本该是他去尽的责任与义务，并寻求李世民的帮助、建立兄弟间的友谊，那么很有可能他的这个弟弟将作为大臣或将军，不带其他野心且忠心耿耿地为他服务。但实际上，这位皇太子生性善妒多疑，而且是个沉溺于吃喝嫖赌的浪荡子。对于他迷恋的那些恶习，实干家李世民既没有时间也没有兴趣去做。

108　　兄弟俩的对比是极其鲜明的。李建成开始觉得弟弟的存在，就是对他自己阴暗人格的无声谴责。

　　皇太子的嫉妒是由李渊与窦氏所生儿子中最小的李元吉的恶意阴谋激起的。李元吉在精力充沛和领导才能方面有点像李世民，即便缺乏他哥哥那般的勇气。但在私人生活方面，和李建成一样，李元吉也是堕落放荡之人，这一点在他担任山西地方长官时已有记录（参见本书第三章）。皇太子和弟弟李元吉成了亲密的朋友，他们之间的关系因对李世民的共同仇恨而更加牢固。

　　李世民在与刘黑闼的洺水之战中获得的新桂冠，使他们兄弟之间日益增长的嫉妒之情升级到了激烈敌对的地步。在622年年底的时候，李建成与李元吉兄弟俩开始策划一系列阴谋诡计，目的是离间李世民和皇帝的感情，让李世民垮台。几位皇子的母亲、李渊的妻子窦氏在唐王朝建立之前就去世了。为了替代她在皇帝心中的位置，后宫一大群嫔妃急不可耐地前去争宠。随着年纪增长与宫廷生活的糜烂，李渊变得愈加宠幸美人。于是，两兄弟利用这些女人作为他们诽谤李世民的渠道。两位皇子奉承、贿赂这些长年生活在宫廷里的嫔妃，甚至在其他方面也满足她们的欲望。这样一来，嫔妃们很容易对那个长期征战在外的年轻士兵一样的皇子产生厌恶之情。当李世民偶然在长安短暂露面的时候，他既没有花时间，也没有花金钱去讨好这些宫廷女性。

嫔妃之一的张婕妤①是皇太子在内宫中最亲密的朋友。这个女人对李世民怀有个人仇恨——这和李建成的妒忌没有直接联系。张婕妤曾经奉皇上之命，在被唐军占领的城市中为她父亲讨得一处富裕之地作为封地。然而，李世民已经把那块土地赏给了自己的叔叔淮安王李神通，以作为对他在战争中所做贡献的奖励。

两位皇子听闻此事之后，就指使这位嫔妃控告李世民，说他因为自己的喜好，在皇帝已经分给别人的土地上签署颁布令，破坏了皇帝的敕命。除了这个完全不顾事实的指控外，他们又加上一项对这位征战大将军常见的指控，说李世民把洛阳的战利品据为己有，而这些战利品本应收进国库。李渊总是会轻信别人，因此勃然大怒，从此开始怀疑李世民。虽然这些指控被证明是子虚乌有，但皇帝对这个儿子的坏印象仍然存在。

张婕妤积极煽动李渊的阴暗情绪。凡是能使李世民蒙羞丢脸的事，她都以歪曲的形式向皇上报告。李世民有位叫杜如晦的家臣，某次有事去拜见张婕妤的父亲，他按照官衔，骑着马进了张家的院子。杜如晦立刻遭到张家仆人的袭击，他们把他从马背上拽拉下来殴打，并大声叫骂："汝何人，敢过我门而不下马！"② 张婕妤把她自己对这场争吵的看法添油加醋地告

---

① 中文的"妃"，意味着成为帝王的嫔妃（imperial concubine），这一头衔低于皇后，可以翻译为"princess"，但这个英文单词更对应汉语的"公主"，后者适用于皇帝的女儿。

② 译注：出自《资治通鉴》卷一百九十《唐纪六》："阿鼠家童数人曳如晦坠马，殴之，折一指，曰：'汝何人，敢过我门而不下马！'"阿鼠实际是尹德妃的父亲，不过她和张婕妤一样，都站在太子与齐王一边，对李世民极尽诋毁之能事。

109

诉了皇帝，诬陷说李世民派手下军官来欺辱她的父亲。李渊把李世民传唤过来解释此事，但他并不相信李世民对此事的说法。

美艳迷人的张婕好从李世民父亲那里得到了非常多的宠爱，这对李世民来说自然是一个悲哀的来源，因为他非常依恋他那已去世的母亲。对于他父亲的软弱性格，以及对于张婕好蛇蝎心肠企图取代他母亲位置的行为，李世民都表现出无法掩饰的愤怒与怨恨。在唐王朝的一次国宴上，李世民看见这个女人坐在原本属于他母亲的位置上，他陷入了痛苦的沉思之中。他认为，如果母亲还活着，一定会坐在那里。帝国眼下的一切荣光和盛况都要归功于李世民的战功，可惜来得太晚了，自己的母亲来不及享受；李渊却把他的宠爱浪费在没有价值、淫荡无耻的女人身上。想到这一切，泪水涌上李世民的眼眶。整个宴会期间，他一直保持沉默，沉浸在忧郁之中。

张婕好时刻紧盯着李世民行为上的缺点，自然不会放过他那忧伤的神情，这一神情引起了张婕好新的暗示与联想。国宴结束之后，她哭着来见皇帝，说秦王那种阴郁、凶狠的态度证明了他对自己的仇恨。她还说担心李渊百年之后，李世民肯定会无情地屠杀李渊的嫔妃和她们的孩子。同时，她盛赞李建成和李元吉的温文尔雅。然后她叹了口气，又补充说，恐怕这些皇子永远也逃不出邪恶的李世民的魔掌。听到这里，皇帝再也无法掩饰他与儿子之间不断增长的敌意。于是，他相信了张婕好对李世民在国宴上行为的描述与分析，心中非常不高兴。

如果不是因为边境防守的紧急需要，他们要把李世民从长安派出去参加对抗突厥人的战役的话，那么朝廷中的这些勾心斗角很可能在更早的时期就酿成了暴力悲剧。623年，秦王在山西北部度过了大半年的时间，他的盛名所拥有的恐惧震慑力阻止了突厥人的进犯。正如本书第五章所记载的，皇太子为此主动发起了对刘黑闼的最后一役。由于所有的兄弟都不在长安，对他们之间纷争的控诉暂时消停了一段时间。

第二年，皇太子返回长安的宫廷。因轻易战胜刘黑闼残部而获得的声誉，他骄傲得自我膨胀。恰好李世民也从山西的边境返回，他已经成功地牵制住了突厥人，对于长安来说，这比俘获东部叛乱分子的余党更受欢迎。太子和齐王这两个皇子失望地发现，他们憎恨的兄弟仍然是平民的偶像和军队的英雄，于是决定采取极端手段。两人秘密在外招募亡命之徒与刺客，让他们寻找机会去暗杀李世民，同时不让自己与这一犯罪行动有直接的牵连。

624 年夏，李渊在李世民和李元吉的陪同下迁入夏宫，皇太子则留守都城长安。从这一安排可以推测出，皇帝已经害怕在自己缺席的情况下，让李世民与李建成两人待在一处。他的担心完全有道理。皇太子和李元吉决定利用这个机会在旅途中杀死李世民。直到最后一刻，暗杀计划的意外改变让其功亏一篑，并让阴谋暴露。

留守长安的李建成听说他父亲已经知道了整个阴谋，非常尴尬为难。有那么一瞬间，李建成试图占领都城，宣布废黜皇帝，篡夺帝位；而在下一刻，他的理智又平衡了这一想法，转而直接向李渊祈求原谅。前一个大胆的篡位计划，其实极具危险性。只要李世民还活着，军队就会听从他的命令，支持皇帝。而李建成在将军之中没有什么朋友，迄今为止也没有得到士兵们更多的爱戴与拥护。另外，李建成也担心如果主动认罪，他的罪行将会受到剥夺太子之位甚至被处死的惩罚。

最终，皇太子选择了更为谨慎的做法。李建成骑马赶到皇帝的行营，匍匐在父亲的脚前，承认自己的罪行。李渊终于睁开眼睛看清了事实，起初提出要采取坚决的行动。皇太子被关在营地里，李世民则被召唤到皇帝面前。李渊随后告诉儿子李世民，自己从来没有忘记这个家族的崛起要归功于他。因为李世民策划了最初的起义，并在随后的几乎每一场战争中都取得了胜利。故而，继承皇位其实是他应得的。李建成已被证明是不配享有继承权的，他将从尊贵的皇太子被贬为普通的皇子，以四川为封地。"那个地方的士兵是软弱的，没有战争精神，因此他将永远不能威胁你的权力。如果他发起叛乱，你可以轻而易举地镇压他。这是我的决定。因为我不想像隋文帝（杨坚）一样，我永远不会同意杀死自己的儿子。"[①]

李元吉与张婕妤虽然逃过了阴谋共犯的嫌疑，但亦感到很绝望，对他们来说，事情在朝着灾难的方向发展。于是，他们竭尽所能、千方百计地努力改变皇帝的决定。就李世民而言，他从来没有对他的兄弟们耍过阴谋诡计，因此也就没有采取任何措施来反对他们的劝说。李渊总是没有主心骨，也总是愿意接受最后一个人的建议。他最终屈服于这种不断的祈求，撤销了他的命令。他恢复了李建成的爵位与头衔，相反李世民并没有被授予皇太子之位。除了一些不称职的皇太子随从被流放之外，整起阴谋的主犯们并没有受到惩罚。这位软弱的君主徒劳

---

① 隋文帝，也就是隋朝的建立者杨坚，以阴谋罪将他自己的长子处死。这一指控是由他的次子虚构的，就是此人，后来以"炀帝"的名义统治天下。译注：此处据英文原文译出，出自《资治通鉴》卷一百九十一《唐纪七》："上曰：'不然。文幹事连建成，恐应之者众。汝宜自行，还，立汝为太子。吾不能效隋文帝自诛其子，当封建成为蜀王。蜀兵脆弱，他日苟能事汝，汝宜全之；不能事汝，汝取之易耳！'"费子智英译时有改写。

地劝诫他的儿子们要和睦相处，以此来获得心理平衡。①

可以想象，两位皇子毫发无损地逃脱了他们应受的惩罚，其后果就是，他们被鼓励策划新的阴谋来终结他们兄弟的生命。现在没人知道他们之间的敌意会发展到什么程度。与嫔妃们的争斗再次上演，李世民的一举一动、一言一行都被以歪曲的方式报告给皇帝。皇太子没有公开他要谋杀弟弟的企图，他竭力想以一种似乎是偶然事故的方式让他弟弟死。

当三位皇子陪着皇帝去郊游打猎时，一个机会出现了。李建成送给李世民一匹特别好的骏马，可是它的性子很烈。他希望李世民在设法制服这头野兽的过程中遭遇一场致命的事故。事实上，李世民也觉得这匹烈马很难驾驭。他被这匹马甩下来三次，直到宇文士及前来劝阻他放弃征服这匹烈马。李世民回答说："死生有命，庸何伤乎！"② 李建成无意中偷听到了这句话，便把它重复给张婕妤听。

这位蛇蝎美人很快就从李世民那显然是无辜的话中看出了陷害的机会。她去找李渊，声称李世民说"我有天命，方为天下主，岂有浪死！"③ "天命"的英语是"Mandate of Heaven"，在中国等同于神授之权力，这是皇室的特质。关于李世民的这种

① 李渊是汉语里面典型的那种"好好先生"，英文就是"Mr. Very well, very well"。他总是随时准备说服自己，在理想的世界中一切都是为最美好的目的而设。

② 译注：出自《资治通鉴》卷一百九十一《唐纪七》："（世民）顾谓宇文士及曰：'彼欲以此见杀，死生有命，庸何伤乎！'"

③ 译注：《资治通鉴》卷一百九十一《唐纪七》载："建成闻之，因令妃嫔潜诉之于上曰：'秦王自言，我有天命，方为天下主，岂有浪死！'"在费子智原书中，前一处李世民的原话"死生有命"译"Death and life are foreordained"，这里张婕妤造谣的"我有天命"译成"I have the Mandate of Heaven"。两处对"命"的不同英译，体现了费子智对史料的准确把握。

被歪曲的说法，在李渊听来，好像是他宣示要继承皇位似的。皇帝盛怒之下召见李世民，狂暴地斥责他。秦王回答说，如果被指控不忠，他愿意接受审判，相信自己是无辜的。听到这里，皇帝非常生气地拒绝继续讨论这一话题。

625年，一项保卫边疆的敕令让李世民得以远离长安的朝廷。该举措推迟了一场现在已不可避免的危机。当他再次回到长安时，他的兄弟们已经准备好一个新的阴谋。太子制订了一项肯定会成功的计划。李建成这次非但没有敌意，反而以友好的态度接待了他的弟弟，似乎是在寻求和解。李建成要举行一场宴会来庆祝李世民的归来，他假装得如此真心实意，以至于秦王毫无防备地就去赴宴了。宴会上果然没有暴力袭击的企图，但李世民被献上了一杯毒酒。结果他喝了之后就倒在地上，大口吐血。幸亏他的叔叔淮安王的镇定处理，救了他一命。淮安王不允许太子府中的任何人上前来抢救秦王，然后亲自护送李世民回府。多亏了他那强健的体格和长年野外生活的锻炼，李世民逐渐康复了。如果李建成没有错误地给他的弟弟下过量的毒药，从而导致李世民严重的恶心并呕吐，那么他很可能会完成那个阴险的计划。

这是李世民第二次险些被谋杀，此事引起了很大的骚动。虽然无法证明皇太子做了此事，但他竟公然宣称李世民是因为喝多了。李渊对所发生的事情没有产生真正的怀疑，说："秦王贪杯！"[1] 不过，皇帝再一次下定决心，要找个明确的解决

---

[1] 译注：此处据英文原文译出。据《旧唐书》卷六十四《隐太子建成传》载："高祖幸第问疾，因敕建成：'秦王素不能饮，更勿夜聚。'"费子智为了塑造李渊不明事理的形象，将史书中"素不能饮"改为"could not hold his wine"（秦王贪杯），也就是李渊完全听信了李建成的说法。

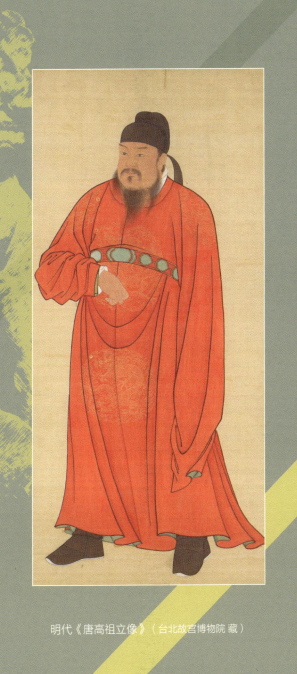

明代《唐高祖立像》（台北故宫博物院 藏）

阎立本《历代帝王图》所绘隋文帝像（美国波士顿美术馆 藏）

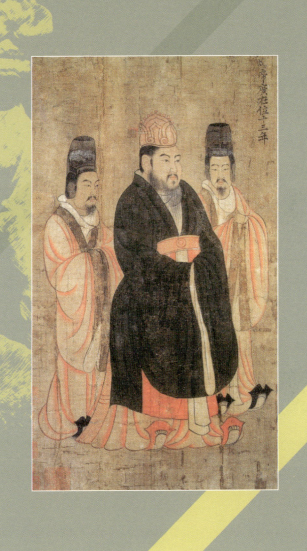

阎立本《历代帝王图》所绘隋炀帝像（美国波士顿美术馆 藏）

上图：阎立本《步辇图》（北京故宫博物院 藏）

下左：李渊献陵石犀，1960 年入藏西安碑林博物馆。重约 10 吨，右前足石座侧面有三行字，磨泐严重，依稀可见为"高祖怀远之德"（方框内文字原已阙损，现为推测之字）。

下右：李渊献陵石虎，四神门外原各有一对，本图为朱雀门外西侧石虎，已于 1959 年入藏西安碑林博物馆，有四五吨重。东侧石虎尚在陵寝，其颈下有"武德拾年九月十一日石匠小汤二记"铭文。

上图：天之子李世民昭陵，位于礼泉县东北二十余公里的九嵕山，气势磅礴，山川雄伟。（童岭 摄）

下图：昭陵享殿遗址及昭陵九嵕山主峰。贞观十年冬，唐太宗为长孙皇后修建昭陵，诏文称"因九嵕山而陵"，这样可以不费民力，以表皇后及自己的爱民节俭之意。（童岭 摄）

清陕西巡抚毕沅书"唐太宗昭陵"。（童岭 摄）

上图：昭陵北司马门遗址。2002 年前后，陕西省考古研究院与昭陵博物馆对此进行了考古发掘与复原。(童岭 摄)

下图：从昭陵九嵕山俯视礼泉县。(童岭 摄)

上图：昭陵东石刻廊坊遗址，原由上至下置：特勒骠、青骓、什伐赤。（童岭 摄）

下图：昭陵西石刻廊坊遗址，原由上至下置：飒露紫、拳毛騧、白蹄乌。（童岭 摄）

上图：昭陵的陪葬墓，目前可以确定墓主的有六十余座。从昭陵九嵕山主峰可以俯瞰右侧的魏徵墓，它也是目前考古探测离李世民"最近"的功臣墓。（童岭 摄）

下图：美国宾夕法尼亚大学博物馆藏"二骏"的展厅。

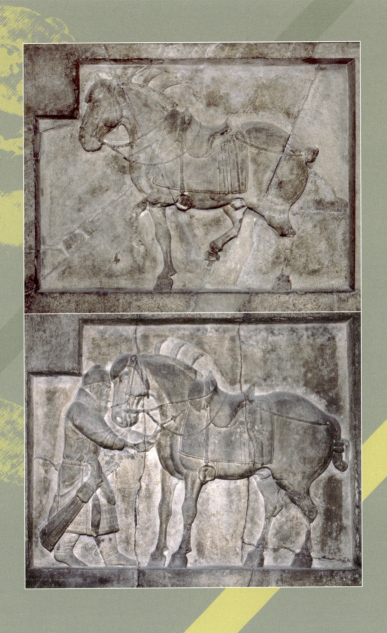

上图：昭陵六骏之拳毛䯄。（美国宾夕法尼亚大学博物馆 藏）

下图：昭陵六骏之飒露紫。（美国宾夕法尼亚大学博物馆 藏）

上图：昭陵六骏之什伐赤。（西安碑林博物馆 藏）

下图：昭陵六骏之青骓。（西安碑林博物馆 藏）

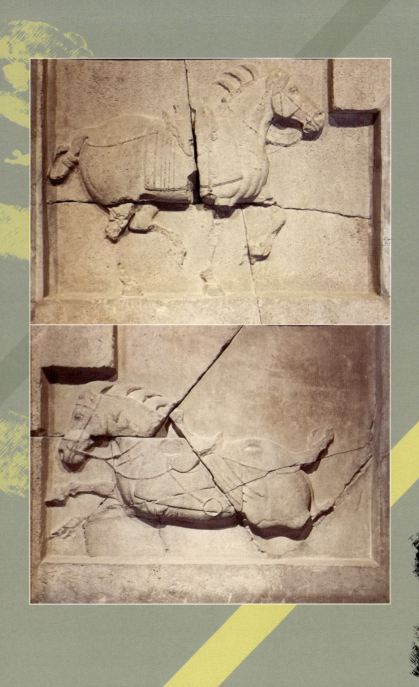

上图：昭陵六骏之特勒骠。（西安碑林博物馆 藏）

下图：昭陵六骏之白蹄乌。（西安碑林博物馆 藏）

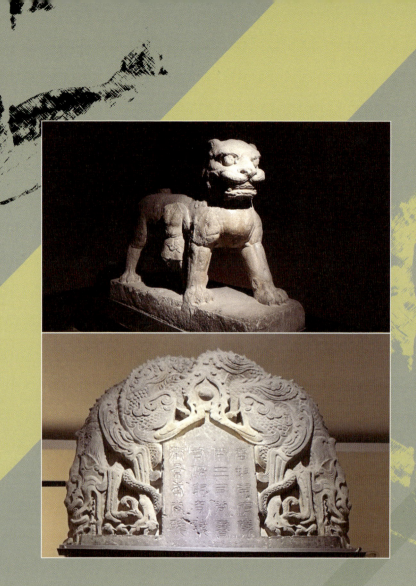

上图：昭陵石狮，1959 年移入西安碑林博物馆。贞观九年（635），西域康国进贡狮子，阎立本绘有《职贡狮子图》。这尊昭陵镇墓石狮鬃毛后卷，可能是一种母狮形象，四肢强劲；身侧所立石人可能为粟特胡人或突厥人。（童岭 摄）

下图：《李靖碑》碑额，全称《唐故开府仪同三司尚书右仆射司徒卫景武公碑》。（昭陵博物馆 藏）

上图：李靖墓，位于礼泉县烟霞镇官庭村。李世民武将的墓多为山形墓，如李靖、李世勣、阿史那思摩、阿史那社尔等。李靖墓筑阙，象征突厥的燕然山与吐谷浑的碛石山。（童岭 摄）

下图：李世勣（徐懋功）墓，现位于昭陵博物馆内。据其神道碑碑文，李世勣的山形墓用以象征唐帝国征讨突厥等游牧民族的阴山、铁山、乌德鞬山等。（童岭 摄）

《李勣（徐懋功）碑》，全称《大唐故司空上柱国赠太尉英贞武公碑》，碑高 6.65 米，是昭陵最高的一方神道碑，凸显了李世勣作为大唐"战神"的地位。（昭陵博物馆 藏）

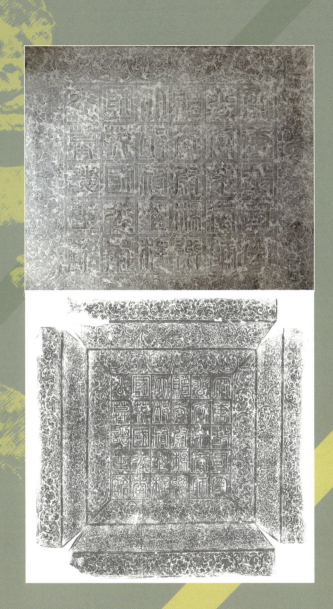

上图：《李世勣墓志盖》，全称《大唐故司空公太子太师赠太尉扬州大都督上柱国英国公李公墓志之铭》，其中扬州大都督一职是李世勣死后的追封。（昭陵博物馆 藏）

下图：《李世勣墓志盖》拓片。（昭陵博物馆 藏）

《尉迟敬德碑》，全称《大唐故司徒并州都督鄂国忠武公之碑》。
（昭陵博物馆 藏）

上图：《尉迟敬德墓志盖》，全称《大唐故司徒并州都督上柱国鄂国忠武公尉迟府君墓志之铭》，它是昭陵陪葬功臣墓志中唯一用"飞白体"的墓志。（昭陵博物馆 藏）

下图：《尉迟敬德墓志盖》拓片。（昭陵博物馆 藏）

尉迟敬德墓出土虎头盔武士俑。费子智本书第九章提到唐代的精锐骑兵"飞骑",又据《资治通鉴》卷一百九十五记载,飞骑中善骑射者可"以虎皮为鞯"。所以,尉迟敬德墓出土的虎头盔武士俑,可能反映的是唐代皇家近卫武士实际所穿的铠甲。

上图：《李建成墓志盖》，全称《大唐故息王墓志之铭》。（西安博物院 藏）

下图：《李建成墓志盖》拓片。

上图：《李建成墓志铭》，其中可以清楚看到玄武门之变的时间"武德九年六月四日"。（西安博物院 藏）

下图：《李建成墓志铭》拓片。

上图:《李承乾墓志盖》，全称《唐故恒山愍王墓志铭》。
（昭陵博物馆 藏）

下图:《李承乾墓志盖》拓片。（昭陵博物馆 藏）

上图：《李承乾墓志铭》，从铭文中可知，到了唐玄宗"开元廿五年"方才将李承乾归葬于父亲李世民昭陵附近。（昭陵博物馆 藏）

下图：《李承乾墓志铭》拓片。（昭陵博物馆 藏）

上图:《李承乾碑》,碑首及碑身上端残缺,碑文篆书。(昭陵博物馆 藏)

下图:昭陵博物馆藏李贞墓出土彩绘白陶天王俑。李贞是李世民第八子,在其异母弟唐高宗去世五年后,正式起兵反对武则天,但兵败自杀,到唐玄宗时方才正式下葬。这两件天王俑威严无比,正是盛唐气象的表征。(童岭 摄)

上图：《李思摩墓志盖》，即突厥阿史那思摩的墓志，篆书全称《唐故右武卫将军赠兵部尚书李君铭志》。（昭陵博物馆 藏）

下图：《李思摩墓志盖》拓片。（昭陵博物馆 藏）

上图：《薛延陀真珠毗伽可汗石像座题名》，毗伽可汗在唐太宗征高句丽的贞观十九年（645）去世，其石像座约在唐贞观末年至永徽初年刻成，隶书。（昭陵博物馆 藏）

下图：《薛延陀真珠毗伽可汗石像座题名》拓片。（昭陵博物馆 藏）

上图：《高昌王麴智勇石像座题名》，麴智勇是高昌王麴文泰之子，抵抗唐军失败后，麴智勇被侯君集送至长安，并在唐廷任职，其石像座约在唐贞观末年至永徽初年刻成，隶书。（昭陵博物馆 藏）

下图：《高昌王麴智勇石像座题名》拓片。（昭陵博物馆 藏）

盖苏文

高句丽泉盖苏文（清代《绣像说唐后传》绘图）

雨復得大內書不見
双表耶耶急弘恨死少時
間急游双手書辢娘子
惡夏惶一時頻解弦以
死而更生今日已後但頭
風發信汝已辢耶耶著
少有疾急以一三具辢今
浮遼東消息錄狀送
憶双弦死不知何計使
還具耶耶勃

唐太宗李世民《兩度帖》，这封给皇太子李治的信中提到"今得辽东消息，录状送"。
（明拓《淳化阁帖》）

昨令今旦引高麗
使人辭明日彷彿
楊二日

唐太宗李世民《引高丽使帖》。（明拓《淳化阁帖》）

南京市鼓楼区北京西路41号，中英文化协会（又叫英国文化协会，British Council）旧址小洋楼。1946~1950年，费子智本人在此担任英国驻南京国民政府文化官员。（童岭 摄）

办法，消除这场致命争吵的根源。现在，他提议让李世民作为最高长官（陕东道大行台）统治中国的东部地区，并把总部设在洛阳；通过划分东西两片区域，今后会使两位皇子成为共治皇帝（co-emperor）。这道法令的正式颁布，让李世民的朋友们都松了一口气。他们担心，如果李世民继续留在长安，他的兄弟们的暗杀阴谋会层出不穷。

　　但是，有关皇帝这一决定的消息引发了另外两位皇子最强烈的焦虑。他们知道，一旦李世民在洛阳建立据点，他们就再也伤害不到他了。此外，当李渊死后，李世民将处于一个非常有利的位置来争夺皇位。有了军队的支持和在东部都城的一个独立基地，可以肯定的是，无论李世民选择何时进军长安，都可以战胜他那两位不熟悉行军打仗的兄弟。所以，皇太子和李元吉决定不惜一切代价阻止这种东西分治的政策。在张婕妤花言巧语的巧妙协助下，他们又一次达到了目的。李渊被告知，李世民的追随者们在听到新的分治方案后表现出难以言表的狂喜，并公开炫耀称他们一到洛阳就打算举事。于是，优柔寡断、摇摆不定的皇帝不仅撤销了自己的分治令，还决定逮捕李世民。

115

　　不过，这最后一件蠢事被陈叔达的强烈抗议阻止了。他不仅强调了李世民对唐王朝的杰出贡献，而且敦促皇帝根据他早先颁布的法令给出适当的解决办法。然而接下来，这个虚弱的君主又被他的儿子李元吉步步紧逼。李元吉希望趁热打铁，要求立即处决他的哥哥李世民。对于这个违反人伦的要求，李渊坚决地拒绝了。

　　626 年的那个夏天，即将到来的危机的阴云笼罩着长安城。皇太子李建成成功地挫败了每一次原本会对他有利的和解，增加了他的追随者的力量。所有相信未来一定会掌握在公认的继承人手中的人，都聚集到了两位皇子的周围，他们的势力似乎支配了愚笨的皇帝。在受到威胁的李世民的府中，只剩下一些久经考验的真朋友。甚至在秦王的这些至亲知己中间，也毫不掩饰地存在着沮丧的情绪与不祥之感。帝国继承人的公开敌意、皇帝的软弱和易骗，以及后宫嫔妃们不间断的阴谋诡计，给李世民的生命蒙上了厚厚的阴影，而李世民的追随者同样也受到毁灭和死亡的威胁。

这些恐惧由于秦王本人的冷淡态度而更加强烈了。尽管他早就知道自己是他的兄弟们暗杀阴谋的目标，但他从未试图给他的敌人定罪，或是保护自己不受他们的阴谋诡计的侵害。这种克制与忍耐似乎只会使他的敌人处于一种更加有利的地位，现在要想避免这种打击已经太迟了。

李世民的重要民政顾问（秦府行台考功郎中）房玄龄首先提出了有力的应对措施。他找到李世民的大舅哥长孙无忌，这两个人的意见完全一致，后来杜如晦也加入进来，他们三人一起找到李世民，要他保护好自己。杜如晦更加激进，他明确表示，李世民应该抢在他的兄弟们完成暗杀计划之前，反过来先杀死他们。但是，李世民还没有准备好仅仅为了消除兄弟们的敌意而手足相残。

就李建成与李元吉而言，他们没有这种顾虑。他们的下一个计划是试图贿赂李世民的近卫队队长（秦府左二副护军）兼密友尉迟敬德。这位忠诚的军官断然拒绝成为皇太子一伙的党羽，也不收他们的金银财宝。相反，他把他们的阴谋告诉了李世民。两位皇子向尉迟敬德这样的人提出如此肮脏的计划，绝对是一个败笔。为了掩饰踪迹，他们企图暗杀这位军官。

尉迟敬德知道了他们的企图，就把大门故意打开。刺客们看到这一点，无法断定这是粗心大意的征兆，还是什么狡猾的圈套。最终他们没敢进入尉迟敬德的那间房子。

皇太子认为李世民手下那些忠诚的军官是一种阻碍，于是试图把这些忠实的朋友从弟弟身边逐走。他以谋逆罪控告尉迟敬德。不过，李世民仍然有足够的影响力来平息这些指控。但是，他没能阻止他属下的忠实官员被一一派遣到遥远的地区。这是李建成想出的一个更阴险的办法，如此可以使李世民失去保护，并再次威胁到他。其中一名军官警告李世民此举对他十分危险，这位军官说："大王股肱羽翼尽矣，身何能久！"①

这位军官并不是唯一一个敦促秦王采取行动的朋友，此外还有长孙无忌、秦王王妃的舅舅高士廉、尉迟敬德以及其他军官。其中，侯君集夜以继日地来逼李世民杀死那两个已经多次企图谋害他的兄弟，以保护秦王自己。但是，秦王仍然拒绝采取极端措施。

这一拖延很可能是致命的。李建成和李元吉策划了一个新的阴谋，他们自认为这次应该会成功。皇太子利用突厥人进犯的机会，为李元吉取得了将要派去对付犯边者的军队的总指挥权。皇太子还获得了一份诏书，命令李世民麾下身经百战的宿将老兵和文官都服从李元吉的指挥。李建成与李元吉希望，在这一抵抗突厥人的任务执行完毕后，李世民将会没有朋友，也没有军队，并将任由他们摆布。

幸运的是，李世民不仅在军队中很受欢迎，而且作为那个

117

---

① 译注：出自《资治通鉴》卷一百九十一《唐纪七》："知节谓世民曰：'大王股肱羽翼尽矣，身何能久！知节以死不去，愿早决计。'"程知节本人被李建成谮害，从秦府左一马军总管，外放为康州刺史。

时代的英雄，他也深受广大民众的爱戴。如果有一点儿风吹草动传到那些忠于李世民的人的耳朵里，那么他的敌人的阴谋就不可能得逞。有一位侍奉皇太子的近卫官（即太子率更丞王晊），对他主人的奸诈性格深感厌恶。一天晚上，这位近卫官秘密地来到李世民的宫殿。在那里，他把自己设法偷听到的李建成和李元吉之间的对话告诉了李世民。看来如下对话，是皇太子对他的弟弟李元吉说的："一旦李世民的将军和猛士离开长安，加入了抵抗突厥人的军队，那么我会在你去北方之前给你办一场壮行宴，邀请李世民赴会。宴会将在城外的一个花园举行。我所养的死士们将在那里埋伏，在发出特定的信号后，他们会迅速杀死李世民。然后我们将立即向皇上报告，说李世民是被叛乱的士兵谋杀的。"①

暗杀行动完成之后，为了给这一说法添油加醋，李元吉要立即处死李世民的所有密友，理由是叛乱。如果李渊不接受这一悲剧性的解释，那么两位皇子将率领军队返回长安，发动一场政变，并拥立李建成为皇帝。

现在，李世民不再怀疑自己已经身处极度危险之中。他把他的密友召集到一起开会。在长孙无忌的带领下，大家一致要求他先下手为强。李世民没有被轻易说服。他提议先等他的兄弟们采取敌对行动，然后他可以律法的名义和对皇帝的忠诚来反对他们，这样做会更正当一些。尉迟敬德以他直率的性格对

① 译注：此处据英文原文译出。据《资治通鉴》卷一百九十一《唐纪七》载："率更丞王晊密告世民曰：'太子语齐王：'今汝得秦王骁将精兵，拥万之众，吾与秦王饯汝于昆明池，使壮士拉杀之于幕下，奏云暴卒，主上宜无不信。吾当使人进说，令授吾国事。敬德等既入汝手，宜悉坑之，孰敢不服！'"费子智对"暴卒"二字，推淮译为"Shih-Min was murdered by mutinous soldiers"（李世民是被叛乱的士兵谋杀的）。

这些律法上的细节拘泥之处置之不理。"除非你能保护自己，否则我们做不到引颈就戮。"他说道，"那样的话，我不会再效忠你。"①

长孙无忌声称他也要被迫采取和尉迟敬德一样的做法。李世民接着问尉迟敬德他有什么建议。那位忠诚的武将说话从不拐弯抹角，他说："王今处事有疑，非智也；临难不决，非勇也。且大王素所畜养勇士八百余人，在外者今已入宫，擐甲执兵，事势已成，大王安得已乎！"

李世民又问道："那么，应该杀掉谁呢？"

在场的人都异口同声地喊道："齐王凶戾，终不肯事其兄。"有人又补充说，他听到有人曾对齐王李元吉这样说："大王之名，合之成唐字，大王终主唐祀。齐王喜曰：但除秦王，取东宫②如反掌耳。"

为了使论据更有说服力，军官们对秦王说："大王以舜③为何如人？"

"圣人也。"李世民回答说。

他们这样解释道："使舜浚井不出，则为井中之泥，涂廪不下，则为廪上之灰，安能泽被天下，法施后世乎！是以小杖

---

① 译注：此处据英文原文译出。《资治通鉴》卷一百九十一《唐纪七》载："敬德曰：'人情谁不爱其死！今众人以死奉王，乃天授也。祸机垂发，而王犹晏然不以为忧，大王纵自轻，如宗庙社稷何！大王不用敬德之言，敬德将窜身草泽，不能留居大王左右，交手受戮也！'"费子智英译时有改写。

② 东宫是皇太子的府邸。李元吉的言论被解释为他将使用与对付李世民相同的方法，来除掉李建成。

③ 舜是中国上古黄金时代半传奇色彩（semi-legendary）的帝王之一。据说他在公元前 2255 年执政。

则受，大杖则走，盖所存者大故也。"①

秦王没有直接回答军官们利用这个典故提出的请求。相
119 反，他要求抽签卜卦。但在他们还没来得及投掷抽签之前，一
个近卫兵军官就冲进了会议室，掀翻了桌子，把所有的签都扔
在地上。他大喊道："卜以决疑；今事在不疑，尚何卜乎！卜
而不吉，庸得已乎！"于是他们开始制订行动计划。

李世民拖延了这么久，其实是为了考验朋友们的忠诚度。
当他确信他们会坚定不移、毫不退缩地支持他时，他抛弃了一
切犹豫，重新成为一个机警、足智多谋的指挥官，开始计划一
场将取得胜利的战斗。长孙无忌被派去接房玄龄和杜如晦，他
们俩没有出席这次会议，也不敢明目张胆地靠近李世民的宫
殿。事实上，这两个人对李世民之前无动于衷的态度感到很沮
丧，而且现在对他的事业也感到很绝望。因此，他俩拒绝接受
传唤，说道："敕旨不听复事王；今若私谒，必坐死，不敢
奉教！"

当李世民被告知这个回答时，他那在沙场上令敌人敬畏
的、但在这场不那么光彩的宫廷阴谋战中久已不见的品质，终
于重新被愤怒点燃了。他把自己的佩剑给尉迟敬德，冷冷地对
后者说："玄龄、如晦岂叛我邪！……公往观之，若无来心，

---

① 译注：以上对话出自《资治通鉴》卷一百九十一《唐纪七》："世民访之
府僚，皆曰：'齐王凶戾，终不肯事其兄。比闻护军薛实尝谓齐王曰：大
王之名，合之成唐字，大王终主唐祀。齐王喜曰：但除秦王，取东宫如
反掌耳（中略）。'世民犹未决，众曰：'大王以舜为何如人？'曰：'圣
人也。'众曰：'使舜浚井不出，则为井中之泥，涂廪不下，则为廪上之
灰，安能泽被天下，法施后世乎！是以小杖则受，大杖则走，盖所存者
大故也。'"费子智英译时把"泽被天下"改为建立"贤明的政府"
（wise government），应是为了与全书他对李世民的核心评价——为后世塑
造高效政府——呼应。其他地方费子智英译时亦有改写。

可断其首以来。"①

　　当尉迟敬德带着这则可怕的口信再次来到的时候，两位政治家终于听到李世民真正的心声，于是不再犹豫地听从了召唤。他俩穿着道士的长袍，先后从监视者眼皮底下秘密逃脱了。他俩在黑暗的城市中穿行，最终偷偷地来到李世民的宫殿。在秦王府邸紧闭的大门背后，他们整个夜晚都是在极度兴奋的策划活动中度过的。他们准备了一封上表文，并将之秘密地呈送给了皇帝。这份文件详细阐述了那两位皇子的罪行和密谋。李渊虽然对这一指控感到震动和惊恐，但仍然推迟了应有的果断决定。他回答说他将在第二天调查此事，并召见李世民出席第二天早晨的皇宫申辩。

120

　　然而，秦王终于厌倦了这些拖延，因为拖延只会增大他自己的危险。他从过去的经验中知道，李渊可能会许诺，但永远不会履行。而且他也知道，他们兄弟间的宿怨，永远也不会弥合了。另外，同意皇帝新的协调也是没有用的，那只会给他的敌人提供新的密谋机会。因此，李世民已下定决心，他的计划已经准备好了。

　　黎明时分，李世民骑着马，在尉迟敬德、长孙无忌和他的五十名全副武装的精锐士兵护卫下来到宫城的北门，即玄武门。② 李世民让他的人在城门旁的树林中埋伏起来。李世民知道皇太子和李元吉如果上朝，定会从这扇门进入宫城。尽管他的行动是秘密的，但张婕妤的密探还是发现了一些蛛丝马迹。

————————

　　① 译注：以上对话出自《资治通鉴》卷一百九十一《唐纪七》。
　　② 玄武门后来改名为元武门。后一个名字，标注在《长安志》与《唐两京城坊考》的地图上。它位于皇家林园——禁苑与宫城之间。在大明宫没有建成之前，宫城在当时是皇帝的住所（参见本书第二章）。

她警告那两位皇子，李世民已经带着武装随从离开了府邸，而且显然他在准备采取什么强有力的行动。

一听到这个消息，李元吉谨慎地建议李建成假装生病，或宣称守卫阻止他们进入皇宫，总之，这天早上他们不应该参加皇宫申辩，而应该等待事态的发展。但皇太子还记得他失败的第一次密谋，当它暴露时，他自己差一点就被削爵革职了。因此，他担心如果李世民得到单独觐见皇帝的机会，他会揭露他们的所有罪行，并获得逮捕他们的诏令。皇太子决定必须不惜任何代价亲眼见到李渊。他说："兵备已严，当与弟入参，自问消息。"①

121　　李建成和李元吉认为有军队跟在后面，自己不会有危险，因此就轻轻松松地往宫城走。他们以为李世民还没有到，就准备先进宫去。然而，玄武门之外有什么东西好像在提醒着李建成，一切似乎不太好。这也许是因为他没看见惯常的宫城警卫，或者是感觉到了某种不祥的预兆。于是，他勒住马，突然转身，回头往他来的路上策马飞奔。但他还没来得及逃远，李世民就从埋伏的地方杀了出来，他大吼一声，这是向他自己的手下发出的信号。李元吉反应迅速，是第一个动手射箭的，他向哥哥李世民接连射出三支箭，但一箭都没射中。李世民则不然，他有长期的作战经验，加上他那无与伦比的箭术，使他处于有利地位。他的第一箭就射中了李建成的心脏。尉迟敬德和秦王的士兵们看到这一幕，从树林里冲杀出来，切断了李元吉的退路。这时，李元吉也被箭射中了，从马背上摔了下来。这

---

① 译注：出自《资治通鉴》卷一百九十一—《唐纪七》。费子智对"自问消息"的英译是"keep watch on the progress of affairs"（密切关注事态的进展）。

个绝望的年轻人看见李世民的一匹马系在树旁，于是想骑上去。但那匹马受到追杀而来的尉迟敬德凶恶吼声的惊吓，又立又跳。李元吉无法骑上那匹马，于是赶忙逃跑。身后的尉迟敬德拉满弓瞄准，一箭就射穿了他，李元吉倒地而死。见此情形，两位皇子的随从慌忙逃离了现场。

这座城市很快就骚动起来。皇太子的党羽数量众多，他们一开始并没有得到太子的死讯。他的两千近卫军骑马赶到玄武门，猛攻宫城。在一片混乱中，尉迟敬德爬上墙头，高高地把李建成和李元吉的头颅举了起来，从而使皇太子的近卫军相信他们正在为一个已经失败的事业而战。在证实两位皇子业已死亡的消息之后，他们的追随者立刻四散奔逃，有的从城中逃到山里避难，有的躲在亲戚朋友的家里。

当这一血腥的事件在玄武门发生之时，皇帝李渊正在萧瑀、陈叔达的陪同下，荡舟在皇宫里的湖面上享受着夏日早晨的清爽。李渊得到的宫外事变的第一次暗示是尉迟敬德的出现。尉迟敬德受李世民之命，进入宫城向皇帝报告情况。当时他仍然穿着盔甲，手里拿着他那把沾满鲜血的剑。李渊被这位凶神恶煞般的将军吓了一大跳，叫了起来："今日乱者谁邪？卿来此何为？"[1]

尉迟敬德回答道："秦王以太子、齐王作乱，举兵诛之，恐惊动陛下，遣臣宿卫。"

这位皇帝，一时之间难以承受这一天降之灾，只能低声嘀咕："不图今日乃见此事，当如之何？"[2]

122

---

[1] 在皇帝面前全副武装是一种严重的罪行，除非是作为侍卫执勤。

[2] 译注：以上对话出自《资治通鉴》卷一百九十一《唐纪七》。

萧瑀、陈叔达两人都对李世民充满好感，急忙抓住这一机会。他俩抨击两位死去的皇子的种种恶端与罪行，认为他们对国家的兴盛繁荣毫无贡献，与李世民的赫赫战功形成鲜明对比。李世民在建立唐王朝的所有战争中都站在第一线，身先士卒、奋不顾身。在他们两人的建议下，皇帝签署了一项诏令，批准了李世民的行动，并任命他为帝国所有武装力量的大元帅（generalissimo）。这个诏令一公布，城里的骚乱很快就平息了，皇太子剩下的支持者也躲了起来。

李世民于是进宫面见他的父亲。也许因为这一事件解决了李渊最困难的问题而使他松了一口气，他激动地对李世民说："近日以来，几有投杼之惑。"①

这位皇帝似乎没有意识到，正是他自己的软弱无能和优柔寡断才让这场悲剧变得不可避免。

李世民听从了尉迟敬德的建议，敦促皇帝大赦所有为死去的两位皇子服务的文武官员，这在那个时代是非常罕见的慷慨之举。在逃脱出来的皇太子臣僚之中，魏徵是最引人注目的。他是一个具备非凡勇气和直言不讳的人，当他被带到李世民面前时，他没有卑躬屈膝。在被问到他为何要为皇太子卖命时，魏徵单刀直入地说："皇太子若从徵言，必无今日之祸。"②

李世民很欣赏他的坦率，也深知他的才能。令大家吃惊的是，他把魏徵带回了自己的府邸，让魏徵做了自己的机密顾问

———————

① 译注：出自《资治通鉴》卷一百九十一《唐纪七》。"投杼之惑"按其典故出处《战国策》，最初是指因传言而对亲子的猜疑。南北朝史书均有使用。费子智将"投杼之惑"英译为"clear up all my doubts"（消除了我所有的疑虑）。

② 译注：出自《旧唐书》卷七十一《魏徵传》。

（詹事主簿）。

　　然而，有一群人被排除在大赦之外。根据中国的习俗和律法，个人犯罪之后，其所在家庭（家族）必须承担连带责任。因此，这两位皇子的孩子们和他们的父亲一样都是有罪的。为了防止这些后代长大成人之后复仇，或者让他们成为今后阴谋叛乱者的核心，李建成的五个儿子与李元吉的五个儿子都被处死了。这种对无辜者的屠杀，在我们的时代和角度来看是有些不人道；但对公元七世纪的人来说，似乎是天经地义的和不可避免的。①

　　或许可以这么认为，这些处决给李世民的声誉和品格留下了污点。但是，如果用唯一的公正标准，即那个时代的信仰和习俗来评判他，那么，在宽恕和任用那些曾为他的敌人服务的文官武将方面，他将被认为表现得极为宽大仁厚。

　　李渊已经接受了"投杼之惑"的事实。他很快就放弃了所有的权力，把它传给李世民。李世民最初被封为皇太子，全权统管帝国所有的民政与军事事务。这些事务在被呈给皇帝观看之前，已经全部由李世民定夺了。但是，李渊甚至对这种仅剩的权力外衣也不再有任何欲望了。在玄武门之变两个月后，他让位给李世民。李世民时年二十六岁，他的艰苦斗争和远见卓识终于得到了充分和公正的回报。

124

------

　　①　通过谴责李世民在夏县的大屠杀（参见本书第三章），《资治通鉴》的作者与注释者在这里对这种屠杀儿童的行为已经无话可说了。但是，马基雅维利（Machiavelli）在他的《君主论》（*The Prince*）中则建议，应该灭绝那些被废黜的君主的继承人，斩草除根。

插曲 李世民的性格

　　李渊诸子之间手足相残的悲剧故事，既揭示了李世民性格上的缺陷，也反映了其兄弟们的罪恶。这位最后的胜利者，成功打败了当时最有经验的将军，并对他的军事对手们的想法表现出深刻的洞察力。但也正是这位最后的胜利者，曾经是宫廷阴谋中最无助和最绝望的受害者，直到最后一刻才被他的支持者的赤胆忠诚和慷慨激昂所拯救。当时，李世民确实很晚才意识到自己的危险处境，他采取了一种符合他性格的、迅速而有力的典型的补救办法。

　　这里存在一个明显的矛盾之处，值得我们探究。李世民是实干家，作为战场上的将军，或是作为宫廷议事厅里的战略家，他都是刚毅的、机警的、敏锐的。然而，作为试图挫败对手阴谋的政治家，他是笨拙无能的、毫无防备的、反应迟钝的。李世民本质上不是一个政客。因为中国人善于运用政治手腕，善于处理复杂的阴谋诡计，善于巧妙地利用个人因素，这些在权术方面都极为有用。这种能力在一个人的早期生活中就会得到发展，并在覆盖面极广的中国宗族式家庭生活中不断得到锻炼。在一个大家庭中，几代人和许多旁系亲属住在同一个屋檐下，作为其中的个体，很快就能学会密谋的艺术和看似优雅的机智。

　　李世民显然缺乏这些有利于内斗的特质，而这些特质在他的同胞中可说是普遍存在的。这个奇特的事实在某种程度上或许可以用他的成长环境和早年的生活经历来解释。李世民从十五岁起，自他的军事生涯开始于与突厥人的边境战争时，他就从未离开过军队。他的少年时代和青年时代有十二年是在军营里度过的。他在那里长期担任最高军事长官。因此，他对中国人普通意义上的家庭生活可谓一无所知。他多年来一直指挥军队，习惯于给军官们直接下达命令，却没有在宫廷中耍手腕的经验，也没有奉承嫔妃宫女或安抚朝中大臣的技巧。

尽管将导致玄武门之变的悲剧事件集中到一个章节是很方便的做法，但应该强调的是，这些针对他的阴谋多年来就一直在进行着。在这几年里，李世民常常连续好几个月待在边境地区。他很少到长安来，也很少在宫廷中逗留。由于唐帝国需要强大的军事支持，故而李世民不间断地在边境上指挥军队。这些军事支持是不可避免的，李世民不可能逃避这些义务，因为没有他，唐王朝的处境将岌岌可危。

然而很明显的是，在那些征战四方、驻防在外的年月里，他没有采取任何政治措施来对抗他的兄弟们的阴谋诡计。李世民默认了他们通过皇宫嫔妃们的各种重要渠道去获得皇帝的重视。像魏徵这样的干练能人——若得到他的政治支持则是无价之宝——也不知不觉地被皇太子吸纳进自己的集团之中。而且，也没有证据表明李世民意识到了这种对政治的麻木态度将会给他带来厄运。

最终，那个能够说服犹豫不决的李渊公开反抗隋炀帝并采取冒险之举的少年，在他取得了所有伟大胜利的荣誉之后，却无法在涉及他自身安全的、至关重要的事情上影响他的父亲。在唐王朝建立后的几年里，李世民在朝廷中的影响力逐渐减弱。虽然他的兄弟们那层出不穷的阴谋诡计无疑是李渊态度变化的主要原因，但如果我们按照皇太子一党的描述来看待这场危机的起因，那么很可能会把更多的注意力放在李世民的专横作风，以及他对东宫那些彬彬有礼的臣僚几乎毫不掩饰的蔑视之上。

127 　　李世民早已适应了战争前线和军营的生活，那些军官对他誓死效忠，而他则为他们带来了爵位与财富，并与他们一起度过了无数出生入死的日子。因此，李世民已经养成一种独断的权威作风和直接发号施令的习惯，然而这对于皇太子，甚至皇帝本人都是一种极大的冒犯。在太原府，当他的父亲还只是太原留守之时，李世民就已经显示出谈话技巧和理解能力，获得了他父亲对起兵一事的认可。但是，当李渊被扶持到一个孤独的、高高在上的帝王的位置时，李世民似乎已经无法适应这些变化了的情况。因为李世民在战场上太成功了，他的威望使皇帝相形见绌，他的功绩也使皇太子显得荒唐可笑。然而，他似乎从未意识到让这些重要人物"丢脸"（loss of face）可能导致的危险。

　　李世民政治上的笨拙和缺乏技巧，在最后的玄武门之变中，与前几年被人阴谋算计时，是同样明显的。当陷入敌人的阴谋时，他几乎每天都冒着生命危险，甚至即将失去在军队中的地位，于是他采取纯粹的军事手段来解决他遇到的所有困难。他的兄弟们从李世民政治上的无能下手，却没有预见到此举将导致军事行动的可能性，故而他们犯了一个致命错误。皇太子被朝臣的行政观点所感染，忽视了首都发生军事政变（coup d'état）的风险。李世民本质上是个军人，当在政治竞争中无法取得进展时，他就采取了中国人所说的"马背上的

方式"（horseback way）①　来解决问题。他于是运用他熟悉的　128
军事手段，去应付他不了解的政治世界。因此，他为后世留下
了一个成功的、肆无忌惮的公开使用暴力的先例。

在后来的生涯中，作为皇帝的他，拥有了更广泛的经验。
在他的朝廷里，他具备了关于政治策略的更宽阔的视野。这
时，李世民有理由为他当年所采取的、毫不掩饰的用军事暴力
夺取皇位的手段感到后悔与遗憾。他将认识到，这样的例子撕
开了通常用来掩盖政治犯罪的合法性（legality）和礼仪性
（decency）的面纱，往往会鼓励今后有野心的人，去撼动既定
律法的稳定性。李世民到那时才发现，政治上的虚伪不仅是不
可避免的，而且是有价值的和值得称赞的——但为时已晚。

李世民是个高瞻远瞩、视野开阔的人，然而他却从来不能
理解小人物的小心眼。他可以有技巧地选择他的民政官员和军
事将领，并有区别地驾驭他们，但他无法理解耍阴谋诡计者们
的心理。在军队和秦王府议事厅里，他没有遇到过这种人，如
果有人表现出策划阴谋之嫌，也很快会被李世民革职。

不过，在他自己的家庭里，他不得不对付的不是他所选择
的人，而是那些生来就与他有血缘关系的人。李世民无法改变

---

①　"马上"这一关于暴力以及不受法律制约行为的习语，可能来自一个关于
汉高祖的故事。这位皇帝是伟大的征服者，但他出身于农民家庭，而且
几乎目不识丁。有一天，一个儒生扑到皇室仪仗队的面前，向皇帝献上
儒家的四部经典，称："陛下您要按照儒家的方式来治理国家！"高祖骑
在马上，用手掌拍拍马鞍说道："马上得天下。"——"乃公居马上而得
之，安事诗书！"这位儒生如此回答，"居马上得之，宁可以马上治之
乎？"译注：出自《史记》卷九十七《郦生陆贾列传》。此处的儒生应指
陆贾。费子智谓陆贾献上了 classical Four Books，实际上陆贾只是向汉高
祖陈述了《诗经》《尚书》，而费子智将宋学兴起之后的"四书"用在此
处，可能是为了方便告诉英美读者陆贾所述均为儒家经典。

他的兄弟们和儿子们的性格，他既不了解他们的行为动机，也不了解他们的处事方法。相反，在军事生涯中，他需要面对的是客观局势，或是与他一起行动的人——无论是盟友还是敌人——分享或分析他们的动机、思维过程以及和自己的相似之处。在这一点上，李世民的能力是无人可比的，他的天赋和直觉从来没有出错。然而，他的这一才能，并不适合在宫廷的阴暗回廊里展开的秘密斗争。

第七章　征服突厥
（624～630 年）

李世民登基后，唐王朝面临的最紧迫问题是抵御突厥人进犯其北部边境。将近四千年以来（直到十九世纪游牧民族的迅速衰落才最终消除了这种危险），中原王朝对外政策的主要问题，且几乎是唯一的问题，就是处理蒙古草原游牧政权的事务。一边是中原地区的农耕民族，一边是驰骋在蒙古和中亚北部广袤草原上的游牧民族。他们之间能建立起怎样的关系呢？这个问题以稍微不同的形式也困扰着罗马帝国的皇帝。它甚至与今天印度西北边境地区需要英国统治者密切注意的情况并无不同。[①]　那就是：一个文明而和平的帝国，如何与不安分而好战的蛮族保持共同的边界。

与罗马和印度相同的是，古代中国也存在三种政策，它们在不同的时代被中央政府采用，并取得了不同形式的成功。第一种是"进取型"政策（forward policy），也就是当前英属印度采取的方式，是由汉朝（公元前 206～公元 220 年）伟大的征服者皇帝[②]首先使用的。该政策是基于这样一种假设，即游牧民

---

① 译注：英属印度（Britain ruled india），指 1858～1947 年英国在印度次大陆建立的殖民统治区。费子智撰写本章时，提到的"今天""现在""当前"大约是指 1930 年前后印度的情况，彼时印度属于英国殖民统治时期。这一时间点请读者留意。

② 译注：费子智将汉朝的皇帝们称为"The Conquering Emperors"主要是为了论述他的"进取型"政策，即对游牧民族采取"征服"与"驱逐"策略。后来国际学界的"征服王朝"理论，虽然同样用了"征服"一词，但内涵是不一样的。

族永远不可能成为中原王朝的好邻居。因此，基于这一假设的唯一解决办法，就是征服他们并将他们的领地纳入直接管辖，把游牧民族赶到西伯利亚的荒原——在那里他们永远不能威胁到中原王朝的边境。

然而，后来的朝代采用了英属印度官员所称的"半进取型"政策（half-forward policy）。在中国，这种政策是指：试图通过谋划或有限规模的战役来瓦解北方的大型部落，并建立一个帝国边缘的附属政权——"驯服"部落作为缓冲性的防波堤（breakwater），用来将更野蛮的部落排斥在外。

130　　　最后一种是"纯防御型"政策（pure defence policy）。1400 英里长的万里长城这一宏伟的历史遗迹，就是这种政策的体现。长城经常被不加思考的批评家嘲笑为中原王朝在军事上无能的证明。这些批评家应该想想罗马人——罗马帝国作为一个军事国家，也在英格兰和德意志南部地区建造了长城。此外，尽管万里长城本身并没有像许多人设想的那样，完全防御住游牧民族的进犯，但它起到了非常有效的遏制作用。当时人可谓是不顾重重困难，把它建在陡峭险峻的山巅上，几乎成了骑兵无法逾越的障碍。鞑靼人的军队可以随时出现在一些无人防守的地区，然而，他们不得不在强攻这堵墙——这绝不是一项轻松的任务——或牵着马规规矩矩地绕过这道难以逾越的障碍中做出选择。而当他们满载着战利品，驱赶着掳获的成群牲畜，从突袭地回来的时候，除了少数几道城门外，鞑靼偷袭者几乎不可能通过这种边界障碍，而城门处有中原王朝的驻军在等着他们。

当长城上驻扎着足够多的守军时，它被证明是一个能完全胜任的防御工事。长城是"纯防御型"政策的象征和主要工具，而反对这一政策的主要理由是成本。因为守住 1400 英里长的长城，需要维持一支有足够人数的常备军，其兵力绝不能少于统一整个内蒙古地区所需的人数，也不能少于将戈壁沙漠真正纳入帝国管辖所需的人数。因此，防守住长城的成本争议，是支持"半进取型"政策的最佳论据。全面的"进取型"政策同样遭到了强烈反对。外蒙古地区无边无际，人迹罕至，大部分是贫瘠的沙漠，而且远离中原王朝的边境。对这片荒野的征服，其本身就是一项规模巨大的事业，它可能会使游牧民族的威胁永久地，或者至少长期地消失。但是，要实现这一目标，必须投入大量的金钱和人力，并且在成功之后只有依靠庞大的军队驻守遥远的荒漠才能长久地维持下去。征服本身并不会给帝国增加任何有用的郡县，也不会产生任何收入来弥补巨额军事费用。

李世民采取了"半进取型"政策，目的是通过征服戈壁沙漠以南的整个区域来确保帝国边疆的安全，从而保证持久的和平，而且不会使国库亏空。当我们具体考察此政策的性质时，即便是这个有限的目标，似乎也是一项艰难的大业。内蒙古地区当时由突厥人统治，几个世纪后，以他们为祖先的民族的军队打到了拜占庭帝国的地域。[①] 这些突厥人以及他们之前

① 根据中国古代文献的说法，突厥人是匈奴（Hsiung-Nu）或匈人（Huns）部落的后裔，后者在被另一个鞑靼部落击败后向西逃亡。他们在阿尔泰山下的一个产铁区域定居下来，在那里成为熟练的金属锻造者。"突厥"（Turk）这个词，在他们的语言中是头盔的意思，取自他们居住地附近的一座头盔形山之名。545 年，在第一任可汗土门的统治下，他们成为大草原上的主导力量，之后分裂为东西两支。译注：此处据英文原文译出。《周书》卷五十《突厥传》载："突厥者，盖匈奴之别种，姓阿史那氏。别为部落。"又载："臣于茹茹（柔然）。居金山（阿尔泰山）之阳，为茹茹铁工。金山形似兜鍪，其俗谓兜鍪为'突厥'，遂因以为号焉。"

132

的游牧民族，是近四个世纪以来长城之外土地的无可争议的主人。自汉王朝灭亡以来，中原地区的统治者从未想过要向戈壁沙漠进军。事实上，这些游牧民族多年来一直可以任意袭扰中原王朝的北部地区，而中原王朝对蒙古大草原的反攻则被认为是不可能的事。

鞑靼人历来都是可怕的对手。根据希罗多德（Herodotus）的说法，他们完全依靠自己的骑兵和弓箭兵，采用了与他们的亲属、俄罗斯大草原上的斯基泰人（Scythians）一千年前对抗波斯大流士（Darius of Persia）时完全相同的战术。他们很少能被说服去进行阵地战。相反，他们喜欢骑着快马绕过对手，用密集的箭矢袭击敌人。一旦遭到对手的猛烈攻击，他们就会分散；但一旦对手的追击松懈，他们就又会变本加厉地反扑过来。他们没有可以被占领的城市。除了在北方无边无际的大草原上临时扎营外，他们没有任何基地。他们只有一个弱点：他们靠放牧牛羊的畜牧业来维持生计，靠非常少的溪流和水井获得珍贵的水源。常常与游牧民族作战的、经验丰富的中原王朝将领们，总是试图在战斗中捕获牛羊群，而不是直接打败对手；去占领水井，而不是在大草原上疯狂追杀行踪难以捉摸的对手。

中原王朝的正规军队，通常由骑兵和步兵组成，然而他们在这种特殊的战争中用处不大。可以用来对付其他中原王朝军队的战术，或者对付像高句丽这样的小政权的战术，在大草原上是根本行不通的。因此，李世民在这些战役中使用了重骑兵，它结合了突厥骑兵的机动性和中原步兵的重型防护铠甲。但即便如此，对中原王朝军事力量最有利的因素，其实是突厥部落体系中的嫌隙，这给他们的对手提供了很多机会，可在不同的部落之间挑起纷争和敌意。

公元七世纪初，隋唐王朝边疆的鞑靼人被分成三个主要的族群。东突厥汗国占领了戈壁沙漠两侧的区域，从满洲地区一直延伸到隋唐王朝边境的西端；西突厥汗国定居在天山山脉以北的西域地区；最后一支是吐谷浑，他们从东部迁移到位于青海湖或青海一带的山区，越过了甘肃的西部边界。其中，西突厥人远离唐王朝的边境，在李世民统治时期，他们与中原的关系并不构成问题。东突厥人才是唐王朝的主要对手，他们被分成十五个部落，所有部落都承认大可汗的宗主地位。大可汗维持着一种核心权威，并任命或批准其属下的小可汗。

自从隋炀帝试图在部落间挑拨离间以来，突厥统治者一直对中原王朝怀有敌意。我已经在本书的第二章提到，始毕可汗一直援助唐人的起兵大业，直到攻陷长安之后，他才开始害怕这个新王朝崛起得过于强大了。然后始毕可汗改变了主意，把他的恩惠赐给唐王朝的对手们。刘武周、梁师都都接受了突厥人的援助。一位逃亡的隋朝王子被突厥人承认为皇帝，突厥人还把麾下所有的中原人都交给他管理，这些人当初或是因为犯罪，或是为了寻求和平，都逃到了长城之外。①

突厥人对唐王朝怀有敌意，并不仅仅限于帮助唐人的竞争

134

---

① 译注：据《资治通鉴》卷一百八十八《唐纪四》载："突厥处罗可汗迎杨政道，立为隋王。中国士民在北者，处罗悉以配之，有众万人。置百官，皆依隋制，居于定襄。"胡三省注云："杨政道，齐王暕遗腹之子。"所以费子智称隋炀帝之孙杨政道为"Sui Prince"。但是，杨政道并没有被突厥人奉为帝（emperor），他只是被突厥可汗册立为"隋王"。

对手。619年，始毕可汗率领整个部落进犯山西地区，显然是想在中原北部建立一个突厥王朝。他在行军途中去世消除了这一危险，因为他的兄弟和继任者处罗可汗没有那么野心勃勃。处罗可汗死于620年，继位的是另一个兄弟颉利可汗，他则是一个更强大且可怕得多的对手。

颉利得以登上高位、执掌大权，得益于隋朝义成公主的密谋。这位女士拥有非常卓越的婚姻经历。她最初嫁给了突利可汗①；丈夫死后，她嫁给了他的儿子始毕可汗；接着她又先后嫁给了始毕可汗的兄弟处罗和颉利。只要隋王朝统治中原，她就利用自己的影响力使突厥人保持友好，就像隋炀帝被围困在雁门时一样。但在家族覆灭后，她成了唐王朝的顽敌，不断敦促她的几任丈夫采取敌对行动。

从即位的那一刻起，颉利可汗就显示了他对唐王朝的敌意。他袭击边境地区，支持刘黑闼的起义和高开道的叛乱。最后，在622年，他率领十五万突厥骑兵，一马当先攻打山西地区；而另一个突厥部落也在甘肃以西越过了边界。李世民这时刚刚从镇压刘黑闼第一次起义的战争中返回，立刻就被派往边境抵御这一威胁。同时，唐王朝的另一支军队封锁了现在的北平（北京），西北方向的通道。突厥人面对唐王朝的这些军事准备，也害怕与著名的李世民直接遭遇。李世民刚刚获得了洛水之战的胜利，尽管这一战并不是百分之百的成功。突厥人的一个分遣队在山西汾州附近溃败，损失了五千人，在此之后，颉利可汗愿意接受唐王朝的和平协议。特别是当他得知他在甘

135

---

① 译注：据《隋书》卷八十四《突厥传》载："时沙钵略子曰染干，号突利可汗。"这里的突利可汗是启民可汗的另一个名字，并非指下文与李世民关系密切、后人唐的突利可汗（两位突利是祖孙关系）。

肃的另一支军队也被击退时，颉利可汗对战争的厌恶之情就更加强烈了。他的盟友梁师都在唐王朝的大将军任城王的手下遭受了巨大的失败。任城王就是李世民的堂弟李道宗。至此，颉利可汗发现这场行动已经没有获得任何收益的可能性了，于是就撤退，以等待更好的机会。

第二年，唐军将领们不得不抵挡另一个地区的鞑靼人的进犯。这一场行动是吐谷浑发动的，因为唐王朝的麻烦就是他们的机会。623年，吐谷浑从他们在青海湖的山区据点下来，袭击甘肃。李氏——李世民那勇敢的姐姐——的丈夫柴绍现在是这一边境地区的军事统帅。他向袭击者发动反击，但不幸发现自己几乎被包围在一座山上，山上没有水，想要长时间抵抗是很困难的。然而，如果从非正统的战术来看，柴绍称得上是位足智多谋的将军。在他们被围困之处另一边有座孤零零的小土丘，如果从唐军阵营那边出发，目前还可以走过去。柴绍派两位美艳的歌女爬上这座小土丘。当她们到达土丘顶上时，她们在吐谷浑军队的面前跳起了他们从没见过的、奇异且充满挑逗意味的舞蹈。吐谷浑人完全被这一不寻常的景象弄得心猿意马。当他们散漫的战士成群结队地涌向小土丘以便更好地观看美艳舞蹈时，唐军突然从山的另一边冲下来，杀向漫不经心的敌人。那些毫无防备的吐谷浑人溃不成军，被赶回了他们所在的山区；在战争中，让自己的心思停留在和平时期的享乐上，这是最不明智的。

颉利可汗没有长久地遵守他与唐王朝达成的停战协定。在吐谷浑人进犯的同一年，也就是623年时，李世民不得不去往前线，尽管并不需要他打仗；他在边境地区的出现，足以在不冒双方交战危险的情况下，迫使突厥人撤退。但

136

当秦王一回到长安，突厥掠夺者就像以前一样又频繁地越过边界。到了 624 年，袭扰变得如此严重，一群胆小懦弱的人建议李渊放弃长安，把都城迁到其他地方。他们宣称是长安的财富引来了突厥人，如果城市被摧毁，他们就会停止越境袭击行动。

这个建议在唐王朝全体重要大臣出席的会议上被提出，得到了皇太子李建成和齐王李元吉的支持，他俩在战场上从来没有表现得勇猛无畏过。支持者中还有裴寂，当年他在抵抗刘武周时的灾难性经历，使他对突厥人产生了致命的恐惧感。萧瑀并不赞成迁都，但他总是畏首畏尾，因此他没有发表意见。皇帝则总是容易接受任何态度强烈的劝告，他已经派宇文士及选好了南山山脉以南的一个新地方。但是，李世民再次提出这个问题，并在一次谏言中表达了坚决的反对。他说："戎狄为患，自古有之。陛下以圣武龙兴，光宅中夏，精兵百万，所征无敌，奈何以胡寇扰边，遽迁都以避之，贻四海之羞，为百世之笑乎！彼霍去病汉廷一将，犹志灭匈奴；况臣忝备藩维，愿假数年之期，请系颉利之颈，致之阙下。若其不效，迁都未晚。"①

137　　李渊被这个谏言说服了，不再考虑放弃长安的事。相反，他让李世民指挥军队去对抗突厥人。李元吉被派去协同他作战，以便获得一些战争经验。在长安西北方向七十英里的陕西与甘肃交界处的邠州，唐军遭遇了在两位可汗——颉利与突利——领导下的突厥最强兵马。始毕可汗的儿子突利可汗原先

---

① 译注：出自《资治通鉴》卷一百九十一《唐纪七》。费子智将前面的"戎狄为患"英译为"contend with the Northern Savages"（与北方的野蛮人斗争）更有一种主动的气势。

在可以继承大位时，选择了支持颉利可汗并让位给他。虽然如此，颉利可汗对他侄子的忠诚度还是有些怀疑的。更重要的是，突利在山西地区度过了童年时代，他之前与李世民的关系非常友好。

李世民在那些年的战争与和平岁月中，对突厥人的习俗有了很深入的了解。他估计突厥人这一次也会避战，因此推迟了所有的军事行动。现在，秦王决定利用颉利可汗的猜疑和嫉妒。他建议李元吉向两位可汗发出单打独斗的挑战。不过，李世民提出这个建议，与其说是一个严肃的计划，不如说是为了暴露他弟弟的懦弱。果然李元吉不愿冒这样的风险，拒绝了这个建议。李世民随后独自骑马来到突厥军队的面前，让颉利可汗出来一决雌雄。颉利可汗哈哈大笑，但还是拒绝接受挑战，他不知道李世民的真正意图。然后，秦王派了一名传令官到突利可汗的营帐，问突利可汗为何忘记了他们以前的友谊，以及他们曾经发过的要互相帮助的誓言。突利可汗害怕颉利可汗怀疑自己不忠，于是没有回答。

李世民接着又虚张声势。他独自骑马继续向前，开始穿过那条把他的军队和突利可汗的部落分开的小溪流。颉利可汗凝视着这一切，意识到这一举动似乎是李世民出于对与突利可汗之友谊的信心，他立刻怀疑有人背叛自己。特别是从他所在的位置上，颉利可汗断断续续地听到了一些关于旧时友谊和援助誓言的对话。① 于是，颉利可汗派人去请李世民不要穿过溪流。他还补充说，他愿意讲和，而为了证明诚意，他将把部队

138

---

① 虽然当时没有人称李世民可能会说突厥语，而且颉利可汗与突利可汗同样可能会说一些汉语，但很明显可以确定的是，两位可汗和李世民会使用某些共同的语言。

后撤一小段距离。颉利可汗这一举措的真正动机，是怕突利可汗会和李世民暗中约定出其不意地攻击他。

李世民发现自己的计划进展得很顺利，可汗们之间不和的种子已经结出果实，于是就策马返回唐军军营。当天晚上天降大雨，李世民向他的军官们指出，如果被雨淋了，鞑靼人的弓弦就会松弛，而弓箭是他们唯一可怕的武器。李世民向突利可汗发出一个警示，让他不要担心自己的部落；然后，他在夜间突袭了颉利可汗的部落营地。突厥人大吃一惊，弓也用不上，只好放弃战斗、逃之夭夭。颉利可汗现在确信了突利可汗和唐军是一伙的。两位可汗都撤回了蒙古草原，而从突利可汗的角度来看，他非常愿意与唐王朝建立持久的和平。

虽然这次可怕的进犯被李世民用巧妙的策略驱散了，但突厥人并没有放弃对边境地区的袭扰，他们在625年整年都继续着这种行动。李世民在山西度过了那一年的部分时间，但没有机会与这个小心翼翼的、避免硬碰硬的对手进行战斗。在西部，任城王打败了突厥人的一个部落，给陕西地区带来了短暂的和平。

626年夏天唐廷的玄武门之变，被突厥人理解为是可以大规模进犯的新机会。颉利可汗一听说李建成和李元吉都死了，李世民夺嫡成功并已经登基，就率领十万突厥骑兵杀进了陕西地区。虽然这支军队的一部在长安以北二十三英里处被尉迟敬德打败了，但颉利可汗自己的部落仍继续推进，直到他在渭水北岸扎营。那里就在皇家林园的对面，离都城只有十英里远。在那里，他派传令官进城去"察看那一片土地上的兵力和荒芜程度"。颉利可汗认为坐上帝座还不满两个月的李世民会因

139

地位不稳而不对自己采取敌对态度。

他大错特错。这位唐王朝的新皇帝，听了突厥传令官的吹嘘自夸之后，平静地回答道："吾与汝可汗面结和亲，赠遗金帛，前后无算。汝可汗自负盟约，引兵深入，于我无愧！汝虽戎狄，亦有人心，何得全忘大恩，自夸强盛！我今先斩汝矣！"①

这一慷慨陈词的回答，令突厥传令官痛苦不堪、心惊胆战，他洋洋自得的吹嘘很快变成了畏缩无比的恐惧。李世民最终没有杀他，将他关进了监狱，作为对他的突厥同胞惩一儆百的警示。

第二天，年轻的皇帝骑马来到渭水的桥上，就在颉利可汗营地的对面。只有六名官员陪同前往，在他们之中有高士廉和房玄龄。李世民驱马来到岸边，要求跟颉利可汗谈判。突厥人对这种英勇大胆的举动无比惊骇，他们认为这一定是有强大的唐军埋伏在附近。这位遐迩闻名的中原大地的征服者，以如此形式出现，让突厥人极受震撼，于是所有的突厥骑兵都下了马，拜倒在地，以示礼敬。随行的几位重臣担心突厥人会搞突然袭击，试图阻止李世民接近突厥人。可是李世民不理他们，只是回答说："吾筹之已熟，非卿所知。突厥所以敢倾国而来，直抵郊甸者，以我国内有难，朕新即位，谓我不能抗御故也。我若示之以弱，闭门拒守，虏必放兵大掠，不可复制。故朕轻骑独出，示若轻之；又震曜军容，使之必战；出虏不意，使之失图。虏入我地既深，必有惧心，故与战则克，与和则固

---

① 译注：出自《资治通鉴》卷一百九十一《唐纪七》。这位突厥传令官叫执失思力，是颉利可汗的心腹。突厥人被打败后，执失思力一直在唐王朝效力，随唐军征战过薛延陀等部落。

矣。制服突厥，在此一举。卿第观之！"①

140 　　正如李世民所预料的，颉利可汗在远离家乡的大草原时，并不急于与如此强大的对手作战。在那一天天黑之前，他派了一位使者前去求和。第二天，皇帝再次驱马出来，在渭水桥上与颉利可汗会面，并缔结了和平条约。按照突厥人的习俗，牺牲一匹白马作为条约封印的祭品。然后，突厥人从陕西撤出，这一次，和平条约得到了认真遵守。只有当中原王朝内部分裂为若干敌对的势力，变得虚弱混乱而又丧失勇气时，突厥人的力量才是令人生畏的。然而当重新统一的中原王朝，处于像李世民这样极有才能的皇帝统治之下时，突厥人的危险相对来说是无足轻重的。自渭水之盟缔结之日起，两者之间的力量对比就向着有利于中原王朝的方向倾斜。主动权从突厥传到了唐帝国，被内部不和与分裂困扰的游牧民族从此处于守势。

　　627 年，即渭水之盟订立后的第二年，蒙古草原上的冬天异常寒冷。厚厚的积雪覆盖着大地并极其罕见地持续了很长一段时间，这使得突厥人很难喂饱他们赖以为生的牛羊。饥荒加上极度的严寒，横扫了成千上万不幸的游牧民众，他们已经没有粮食来源了。不出所料，遭受这种巨大灾难的突厥人开始指责他们的统治者。尤其是颉利可汗，他独断的统治和对来自中亚的外族谋士的偏爱，遭到了游牧部落酋长们的强烈怨恨。他的行为被认为导致突厥人遭此厄运。因为突厥人和汉人一样，认为饥荒和恶劣的天气是上天对统治者不满的征兆。然而，颉利可汗没有去安抚其他部落，也没有减少或暂停他们应交纳给

---

① 　译注：出自《资治通鉴》卷一百九十一《唐纪七》。力谏李世民勿孤身犯险的是萧瑀。另，胡三省在"国内有难"句后注云："谓方有杀建成、元吉之难。"

他的贡品，反而加剧了对他们的压榨，以弥补自己正常的收入损失，从而导致各个部落的反叛达到了高潮。

唐廷知道了突厥的这些麻烦，尽管有一群朝臣敦促皇帝借此机会消灭突厥人，但李世民拒绝撕毁和平条约。与此同时，心怀不满、愤愤不平的游牧部落都爆发了公开的叛乱。这些部落大多生活在戈壁沙漠以北，沿着现在将西伯利亚和外蒙古分隔开的山脉放牧。这些部落联盟——薛延陀、回鹘和拔野古①——彻底打败了颉利可汗派来镇压他们的突厥军队。事实上，这位大可汗被迫迁徙到靠近长城的位置，以逃避他们的联手报复。与此同时，恶劣的天气仍在继续，蒙古草原上的饥荒变得更加严重。

在长安的军事会议上，朝臣又一次试图说服李世民去进攻他们的世仇，因为此时对方遭遇太多的灾难并丧失了战斗力。李世民是个非常守信用的人，而且他还意识到，中原朝廷的崇高威望只能通过切实履行所有的条约来建立。他对这些谏言做了这样的回答："新与人盟而背之，不信；利人之灾，不仁；乘人之危以取胜，不武②。……必待有罪，然后讨之。"③

---

① 在翻译突厥语名字时，我采用了我的朋友克劳森先生（Mr G. L. M. Clauson）建议的正字法。关于突厥语单词的真正发音，中文汉字只能非常模糊地显示出一点信息。因为没有同时代的突厥碑刻铭文，故而克劳森先生明确表示，除了"Bilgä"和"Bayirqu"是由后来的鄂尔浑铭文（Orkhon inscription）确立之外，所有这些部落的名字，虽然符合古突厥语的形式和已知的公元七世纪的汉语发音，但在相当程度上只是猜测而已。这些突厥语名字的汉字，就像《资治通鉴》中所书的一样，可在本书的索引中找到。

② "不武"（Pu Wu），这句话的意思当然是指绅士间的战争法则，而不是军事上的权宜之计，认为对手虚弱之时才是战争的真正机会。

③ 译注：出自《资治通鉴》卷一百九十二《唐纪八》。费子智将"不武"英译为"unchivalrous"（没有骑士精神）。

对颉利可汗而言，他最好也恪守同样的盟约，但鲁莽的突厥人并不懂得尊重诚实的智慧。当西突厥汗国派使者去长安，想为他们的可汗迎娶一位唐朝公主之时，颉利可汗阻止西突厥的使者穿越他的领地，并警告他们，任何对唐王朝的友好姿态都将被视为对他的敌对行为。

142 　　第二年，即 628 年，颉利可汗部落遭受了更大的灾难。他的侄子突利可汗曾被派去镇压叛乱的部落联盟，但被彻底击败，只能逃跑，几乎是独自一人，仅靠着他胯下宝马的速度才脱险。颉利可汗对这一失败感到非常愤怒，也对突利可汗非常严厉，鞭打和监禁了他。突利可汗和李世民关系一向很好，他对颉利可汗的这种态度心有怨恨，就给长安送去了密信。信中恳求皇帝派人协助他，把突厥人从颉利可汗的暴政下解救出来。如果不是颉利可汗自己愚蠢地破坏了渭水之盟，激起了唐人的愤怒，李世民可能会对这些请求与呼吁置之不理。

　　梁师都，这位仅存的隋末群雄，仍然坚守在长城以北的区域，位于黄河的大拐弯内。尽管他曾是突厥可汗的盟友和附庸，但他并没有参加渭水之盟。因此，李世民认为自己有攻击这个对手的自由，于是就派他的姐夫柴绍去镇压这些叛军。在梁师都的恳求下，颉利可汗派了一支突厥军队来对抗唐军。不过，这支突厥援军被柴绍打败了，柴绍随即又包围了梁师都的都城。经过几天的围攻，这位最后的霸主被他的一个亲戚谋杀了，后者把这座城市献给了唐王朝的将军。从此事可知，颉利可汗使自己受到了唐王朝的公然敌视，却无法向他的老盟友和附庸提供任何有效的援助。

　　他很快就明白了这种愚蠢行为的后果。反叛的部落联盟——薛延陀、回鹘、拔野古——推选出了新的最高领袖：毗

伽可汗。毗伽可汗成了颉利可汗的最强竞争对手。唐廷公开承
认这位漠北雄主为合法的大可汗（legitimate Great Khan）。皇
帝通过迂回的途径派遣了一名使节，赐予毗伽可汗相应的印绶
等仪仗。作为回报，毗伽可汗承认了唐帝国皇帝的宗主权。①
于是，在各游牧部落之间制造纷争，并册立友好的附属政权的
"半进取型"政策正式拉开了序幕。

颉利可汗虽然对对手的极速崛起非常震惊，而且李世民也   143
公开表现出对毗伽可汗的恩宠，但颉利可汗并不寻求与长安和
解。相反，颉利可汗又采取了从前的偷袭边境地区的计划。这
些敌对行为，只会使他深陷因为他自己的不忠与违约所招致的
灾难之中。由于颉利可汗首先破坏了渭水之盟，然后又采取了
其他敌对行动，所以在629年时，李世民决定，他与颉利可汗
之间的盟约不再具有任何约束力，他可以自由地发动战争，以
解决突厥问题。

李世勣被任命为十万唐军精锐部队的最高指挥官②，这些
士兵隶属于李靖、任城王李道宗、柴绍这种久经战场考验的将
军。关于做好准备应对即将到来的战争的传言，使一些对颉利
可汗不满的小可汗纷纷投降。这其中就有突利可汗，他来到长
安宣誓效忠。然而，当颉利可汗真的听说李靖领导下的一支唐
军正在北进时，他似乎非常吃惊。在越过长城到达马邑之后，

---

① 译注：这位薛延陀可汗原名夷男，唐廷给他的正式封号是"真珠毗伽可
汗"，简称毗伽可汗。在得到封号后，夷男大喜，立刻遣使入贡。"薛延
陀真珠毗伽可汗石像座"在昭陵北司马门，2009年移入昭陵博物馆。

② 译注：费子智谓李世民为"supreme command of an army"。检核史籍，李
世勣时任通汉道行军总管。李靖为定襄道行军总管，柴绍为金河道行军
总管，皆受李世勣节度。

唐军发动突袭并占领了定襄。① 自隋王朝灭亡以来，定襄一直由突厥人控制。

这是几百年来中原军队第一次越过长城出击蒙古大草原。这一消息给颉利可汗的追随者留下了深刻的印象，以至于他手下的一个军官抓住了萧皇后和被始毕可汗扶植来统治中原流亡者的隋朝王子，并把这些重要的俘虏都献给了唐军。他们被带到长安，李世民允许他们在那里过着平静的隐居生活，因为隋王朝复辟已经不可能了。萧皇后经历了令人惊叹的沧桑一生，如隋炀帝的奢华时代；扬州的恐怖弑君之夜；被囚禁在宇文化及暴动军队中的悲惨遭遇；在突厥营地多年的流亡生活。现在这一切都结束了，她终于要在这个她当过皇后的城市里安静地度过接下来的许多岁月，直至 648 年。

李世勣率军从东边进入蒙古大草原，在大同府附近、今天归化城周边的一处地点追上一支突厥部队。两军相遇，唐军取得了胜利，颉利可汗率领四万骑兵撤退到铁山。铁山位于阴山主脉以北。因为这场溃败，突厥人派了一名使者到唐军军营中求和，并且提出，作为诚意的象征，可以让这位使者直接到长安谈判。皇帝在派出使臣进行洽谈的同时，命令军队继续追击。李世民太了解那些突厥人了，不相信颉利可汗的承诺。

事实上，颉利可汗并没有屈服之意。他谈判的目的是要拖延唐军的进攻步伐，直到春天的草长出来，新牧场上的马长得足够强壮，可以穿越戈壁沙漠的时候。因为他的计划是先回到

---

① 定襄的资料收录在日本所编的历史地图集《支那疆域沿革图》之中，它位于山西北部，在今天朔平府（即朔县）西北数英里处。

外蒙古北部荒僻的地方避难，唐军的势力无法到达那里。① 李
靖与李世勣没有被突厥人的虚张声势吓倒，他们意识到一旦让
颉利可汗越过戈壁沙漠，唐军就无法再追击截杀突厥人了。因
此，他们策划了一次突袭。李靖带足二十天的给养，率部向突
厥人的驻地进行了强行军。

　　唐朝皇帝派来与颉利可汗会晤的使者已经到达突厥人那
里。颉利可汗对自己外交上的成功感到非常高兴，相信自己是
安全的，不会受到唐军的任何追击。接下来只要等到春天，待
他的马群足够强壮，他们就可以穿越戈壁沙漠了。然而，唐军
在浓雾的掩护下突然发起进攻，这完全出乎他的意料。颉利可
汗骑着快马逃跑，但他的部落被彻底打败了。一万突厥士兵被
杀，十万男女被俘。对游牧民族来说，更可怕的损失是无数的
牛、马和骆驼被唐军掳获，而这些都是突厥人赖以生存的畜
群。在溃败时被杀的人当中有隋王朝的义成公主——颉利可汗
的妻子，她曾是唐王朝最顽固的敌人。

　　颉利可汗带着剩下的一万余人逃跑，试图穿越戈壁沙漠，

---

①　巴克尔在《鞑靼千年史》一书的第二章中考证了"铁山"的位置，认为
　　这座山在克鲁伦河河谷，位于外蒙古戈壁沙漠的北部。然而《资治通鉴》
　　的文本并不能证实这一观点。注释者胡三省认为铁山"盖在阴山北"。但
　　是，从李靖和李世勣对军事行动的描述中可以清楚地看出，它仍然位于
　　戈壁以南。《资治通鉴》明确指出："颉利既败，窜于铁山。（中略）欲
　　俟草青马肥，亡入漠北。"司马光进一步记述，唐朝将军们决定在颉利可
　　汗越过戈壁之前攻击他。"若走度碛北，保依九姓，道阻且远，追之难
　　及。"突厥军队的覆灭之战最终发生在碛口——"沙漠之口"——李世
　　勣在那里切断了突厥人的撤退之道，使颉利可汗"不得度"。很明显，铁
　　山是戈壁沙漠南部的一个地方，因为颉利可汗的整个计划是把沙漠挡在
　　他和唐军追兵之间，而唐军的战略是在突厥人达成这个计划之前，直接
　　截杀他们取得胜利。如果铁山被认为是位于戈壁以北，那么随后唐军将
　　领的行动是无法理解和没有意义的。

但没有成功。他发现，李世勣已经从另一条路线抢先一步列阵在"沙漠之口"——碛口等候着自己。在那里，突厥军队的力量终于被彻底击溃了。当许多突厥人投降或被俘时，颉利可汗再一次带着几名随从逃脱，飞奔向西，试图逃到吐谷浑的领地去。然而，这一希望注定是要落空的。李世勣派出任城王李道宗追击。李道宗马不停蹄地紧跟着逃亡的可汗，直到把他抓获，并将其作为一名囚犯带回。

通过这场胜利的战役，整个内蒙古直到戈壁沙漠的边缘，都彻底臣服于唐王朝的皇帝。居住在这里的突厥部落成了唐王朝的附属政权。在臣服的游牧部落诸可汗的建议下，李世民接受了"天可汗"（Heavenly Khan）的称号，这是一种相当于唐朝皇帝头衔的突厥语名称。为了维持新臣服的游牧部落的秩序，两座军事要塞被建立起来。一座在甘肃边境地区的灵州，一座在归化城。支离破碎的部落被留在那里，处于他们自己的可汗的管理之下，这些可汗现在作为唐王朝委任的军官来统治部落。在这些可汗之中，突利可汗是最著名的。此外还有阿史那思摩，他曾是颉利可汗最忠诚的副官。①

除了毗伽可汗这位蒙古戈壁以外的薛延陀的统治者，其余的游牧部落则沿着唐朝北部边境驻扎下来。李世民的"半进取型"政策至此获得了圆满成功，虽然这距突厥大军在离长安城不到十英里的渭水岸边安营扎寨只过了四年时间。这一巨大成就，既是由于皇帝的英明准备，也是由于他的将军们的作战策略。凯旋的将军们在长安受到市民们夹道的疯狂欢呼和至

① 译注：阿史那思摩原为颉利可汗的"夹毕特勒"，在突厥大溃败之时，只有阿史那思摩自始至终追随着颉利可汗。李世民非常欣赏阿史那思摩的这一品质，入唐后任命他为右武候大将军。

高礼赞。

传位退隐之后很少露面的李渊，宴请了他的皇帝儿子和全体朝臣。年迈的君主看到这一疯狂欢庆的场面，深深地叹了口气说："汉高祖困白登，不能报；今我子能灭突厥，吾托付得人，复何忧哉！"[1] 李渊在李世民跳舞的时候亲自弹奏琵琶来为盛宴助兴，豪饮狂欢，通宵达旦。

当颉利可汗作为一无所有的犯人被带到长安的时候，皇帝接见了他。皇帝坐在高高的宝座上，周围全是富丽堂皇的帝国宫廷饰品。李世民庄严郑重地列举出这位堕落可汗的罪行与愚蠢，后者向皇帝公开认罪。李世民饶了他的命，让他在皇家机构里担任一个次要的职务（右卫大将军）。但鞑靼人血液里的野性，使颉利可汗在这种囚禁生活中变得郁郁寡欢。他在这一陌生的文明氛围中日渐消瘦憔悴，几年之后就去世了。

---

[1]　译注：出自《资治通鉴》卷一百九十三《唐纪九》。

第八章　长安的朝廷
（630～640 年）

　　　对中国人来说，"李世民"这一名字，作为明智和仁慈的君主，比战场上辉煌的胜利者更为大家所熟知。在重组文官政府的过程中，李世民完成了一项与统一长期分裂的帝国同样困难和必要的任务。隋炀帝暴虐统治的后遗症是大量的强盗土匪和随处可见的暴力行为，而对于朝廷已经消失的威望来说，短暂的隋王朝并没有为恢复它做些什么。长期以来，人们已经习惯了频繁而激烈的革命，对新王朝的持久性根本没有多大信心。因此，必须重新创建一种对已登基的皇帝矢志不渝的效忠传统。

　　有些地区的政府是由军官控制的，这些军官之前大多是土匪强盗，当他们意识到唐王朝有可能会在群雄竞逐中获胜时，就向它投降了。律法在那里是无人理会的，甚至是无人知晓的，因为隋炀帝的野蛮法典已经失效，而且也还没有制定新的体系来取代它。此外，隋王朝的皇帝们忽视了教育，削减了前朝（北周、北齐）统治时存在的地方性学校，而教育问题在随后的动荡岁月里也没有得到足够的重视。

　　然而对于中国来说，幸运的是李世民有一种罕见的天赋，这种天赋在杀戮战场和朝廷会议中同样重要。他能够选贤任能。武将有李世勣、赵王、任城王、李靖、侯君集等灿若星辰的将领，而文臣即使没有超越前者，也可以与这些武将的声誉

相媲美。其中最卓越的四位是：长孙无忌（当了朝廷三十多 148
年的首席大臣①），以及魏徵、房玄龄与萧瑀。

在李世民的朝廷中，将军秦叔宝、尉迟敬德，以及文臣魏徵，都获得了长久不衰的声望。这三个人因作为"门神"而被世人铭记，他们的肖像被画在房子的门上，挡住了恶灵②进屋的道路。根据传闻，这三个人获得他们奇异的荣誉的方式如下。

李世民继帝位之后，有一次病倒了，他的睡眠被猛击寝宫大门的恶魔所扰乱。皇后对这些显灵的恶魔感到非常震惊，于是召集最杰出的大臣和将军，来商议对付恶魔的措施。秦叔宝与尉迟敬德提出，由他们俩披挂全副铠甲，手执兵器守住寝宫大门。那天晚上，皇帝果然睡得很安稳，因为恶灵们没有勇气和帝国最著名的两位武士较量。又过了几个晚上，李世民因担心彻夜无眠的两位将军的身体，建议把他们的肖像画在两块桃木上，然后把桃木挂在寝宫的门上。桃木画效果很明显。那些恶魔，至少在中国，是出了名的愚蠢，把这些画像当成了活人，离他们远远的。

但没过几天，那些恶灵开始攻击寝宫后门，因为那扇后门一直无人把守。在皇后的建议下，文臣魏徵的画像被放置在那扇门上。从此，恶魔们就再也不敢打扰皇帝的安宁了。

这一做法很快就传遍了全国并成为习俗，直到今天，没有

---

① 译注：长孙无忌历任领吏部尚书、右仆射，迁司空、司徒兼侍中、检校中书令，太宗死后又是顾命大臣。原文为 chief minister，此处据英文原文译出。

② 译注：秦叔宝、尉迟敬德、魏徵等作门神事，正史未有记载，而见于《三教源流搜神大全》《西游记》等文籍。此处费子智用 evil spirits 时，译为"恶灵"；用 demon 时，译为"恶魔"，敬请读者留意。

什么神明像李世民的两位将军和文臣魏徵的画像那样，受到广泛欢迎，而且几乎无处不在。

魏徵曾是李密的谋士，后为皇太子李建成效力，现在则是唐皇李世民最重视的顾问。魏徵与李世民的关系，在许多方面都相当不寻常。这位大臣曾是皇太子最活跃的支持者之一，在他任现职之前，就曾公开宣称李世民是皇太子最危险的敌人。然而在玄武门之变的那个清晨后，魏徵被赦免，成为新皇帝御前会议中最有影响力的大臣。但是，李世民和这位大臣之间的新友谊中，交织着一种奇怪的敌意。魏徵作为御前会议顾问的价值，显然也是他之于李世民的魅力，在于他性格中的无所畏惧和惊人的赤诚坦率。他不但从不犹豫弹劾任何他不赞成的计划，而且会以最直言不讳的方式批评皇帝的某些行为。

历史典籍记载了许多次这样的谈话。最著名的一次发生在637年的一次宫廷宴会上，当时李世民已经在位十年了。酒席间，李世民转向魏徵，问其是否觉得他处理政务要比刚开始时更好了。"在富丽堂皇和赫赫武功等方面，我们取得了进步；但如果以民众的满意程度为标准，我们是走了下坡路。"这位大臣回答道，"一开始，虽然人们仍饱受战乱之苦，但他们为陛下您的美德和勇敢而高兴；现在，尽管是在和平时期，但单调的日常生活已经使他们感到无聊和沮丧。陛下您自己也变了。一开始，您担心我们不敢告诉您做得不对的地方，会引导我们说出然后愉快地接受我们的劝告；现在，不得不承认的事实是，您已经很难接受这些批评意见了。"

皇帝紧接着说："你必须用事实向我们证明这一切！"

"在您统治的第一年，"魏徵接着答道，"您用一处庄园奖赏了一位官员，因为他向陛下指出，您要用死刑来惩治一个不

应该受到这种惩罚的罪犯。当有人说这种奖赏太过分时，您回　150
答说，这是为了鼓励大臣们指出您的错误。唯恐我们不劝诫
您，那后果岂不严重吗？后来，又出于一位大臣提出的理由，
您赦免了一个本被判死刑的诬告者。那时您不是愉快地接受了
建议吗？最近，当您想重建洛阳宫殿时——陛下您自己在十二
年前亲手烧毁了它——朝廷的一名官员认为他有责任劝谏您，
陛下您被激怒了，虽然您在我的恳求下没有惩罚这个人，但我
必须说，他得到的宽恕是从您这里强求出来的！这就是事实，
证明您不再乐于听到相反的意见了。"

　　皇帝对魏徵的这些无可争辩的论据大为震惊，对朝廷官员
说："不了解自己是有多危险啊！若非魏徵以这些亲身经历向
我证明，否则我永远不会知道我的性格在改变。"①

　　李世民尊重魏徵，把他看得比朝廷里的任何人都重要，欣
赏他那耿直的坦率。

---

　　①　译注：以上对话据英文原文译出。《资治通鉴》卷一百九十五《唐纪十
　　　　一》载："上谓徵曰：'朕政事何如往年？'对曰：'威德所加，比贞观之
　　　　初则远矣；人悦服则不逮也。'（中略）上曰：'今所为，犹往年也，何
　　　　以异？'对曰：'陛下贞观之初，恐人不谏，常导之使言，中间悦而从之。
　　　　今则不然，虽勉从之，犹有难色。所以异也。'上曰：'其事可闻欤？'
　　　　对曰：'陛下昔欲杀元律师，孙伏伽以为法不当死，陛下赐以兰陵公主
　　　　园，直百万。或云：赏太厚。陛下云：朕即位以来，未有谏者，故赏之。
　　　　此导之使言也。司户柳雄妄诉隋资，陛下欲诛之，纳戴胄之谏而止。是
　　　　悦而从之也。近皇甫德参上书谏修洛阳宫，陛下恚之，虽以臣言而罢，
　　　　勉从之也。'上曰：'非公不能及此。人苦不自知耳！'"费子智的英译对
　　　　史料多有改写。他把李世民的提问"何以异？"，译为语气更加强烈的
　　　　"You must prove all this to us with facts！"（你必须用事实向我们证明这一
　　　　切！）。另外，对话中费子智也添加了魏徵强调的洛阳宫焚毁时间是十二
　　　　年前（"Your Majesty yourself burned down twelve years ago"）。在魏徵陈述
　　　　之后，李世民的感慨"人苦不自知耳"的"苦"字，费子智则将之强化
　　　　为"危险"，译为"How dangerous it is not to know oneself"。

房玄龄与萧瑀是紧排在魏徵之后的唐代朝廷里最杰出的人。房玄龄是老练而谨慎的财政事务专家，也是不知疲倦的工作狂，熟悉朝廷事务的每一个细节。同时，房玄龄是一位完美主义的管理者，作为朝廷的大脑指导着全部行政机器的整体运作，可谓是成功的"建筑师"。在李世民统治时期，房玄龄对朝廷事务一丝不苟与小心翼翼的关注增加了帝国的财政收入，为对外取得军事胜利、对内进行政治改革奠定了基础。萧瑀是隋炀帝萧皇后的弟弟，最初作为谋士而声名鹊起，因为当年突厥大军围攻雁门时他策划了一个完美的解围策略。后来，在长安被攻破之后，他归顺唐王朝，成为李世民手下颇有影响力的

151　谋士。当李世民登上帝位时，萧瑀成为国家的重臣。尽管一向胆小，倾向于谨慎的计划，但萧瑀为人正直、诚恳、忠贞，在唐廷中作为佛教信仰的主要倡导者而引人注目，是一名虔诚的佛教徒。

　　除了这几位首席大臣之外，还有其他许多知名人士，其中一些人在后来身居高位。地方行政机构改革方案的起草者马周，最初是作为一个军官亲戚的客人身份[①]到长安来的。这位军官在执行公务的过程中需要向皇帝呈交一份报告，但他拙于文辞，便向这位博学的客人寻求帮助。马周代为写出的这份报告，不仅显示了他才华横溢，而且博学精深，立刻就吸引了李世民的注意。李世民问这是谁写的报告，这名军官坦诚地说是马周。因此马周被传唤到朝堂之上，并立刻得到了一个重要职位。

---

　　① 译注：这位军官是中郎将常何。常何在回答李世民提问时，称马周是其"家客"。

长孙皇后的舅舅高士廉，以及杜如晦都是李世民值得信任的老朋友。在李世民还是秦王的时候，他俩就已经为他效力了，因此李世民非常信赖他们。又如褚遂良，这位国史起居注的总负责人①，是此后朝廷中最杰出的人物之一，在国家事务中扮演着日益重要的角色。事实上，在魏徵去世之后，部分具备了老一辈政治家勇敢无畏的坦率精神的褚遂良，在皇帝的内廷决策小圈子（Inner Ring）中占据了重要位置。

642年的一天，李世民很想知道后人会怎样来评价自己，就对褚遂良说："我很想看看帝国史书上，你记录的关于我的事情。"

"我们这些史官，"这位大臣回答道，"负责记录陛下您的行为，无论是好是坏。您说过的话，无论是值得褒扬的还是应该批评的，以及政府中发生过的一切有价值或没有价值的事情。在这些问题的记录上，他们一丝不苟，因为这才是历史的本质。他们的工作，必须为君主和大臣们树立典范，这样才能时刻防止君主与大臣犯错。但是，迄今为止我还从没听说过有哪个皇帝可以阅读关于他自己言行的国史记录。"

"你在讲什么！"李世民生气地说，"你！褚遂良！你是不

152

---

① 译注：褚遂良时任起居郎，后为谏议大夫，负责纂修皇帝的"起居注"。严格说来，"起居注"是为修国史所作的资料长编。据杜希德（Denis Twitchett）《唐代官修史籍考》云："起居注是唐王朝唯一一种始终编修不辍的官方记录。我们已经了解到它们是由朝廷记事官，即起居郎与起居舍人撰修的，他们是皇帝的常规随从人员的一部分。"（黄宝华译，上海古籍出版社，2010年，第31页。）费子智称起居郎为 President of the Board of History，尚有商榷余地。在当前欧美学术界，如贺凯（Charles O. Hucker）的《中国古代官名辞典》将起居郎译为 Imperial Diarist，是更加接近史实的英文名称。

是写下过败坏我名声的文字？"

这位大臣答道："被赋予了国史起居注总负责人的重要位置，我怎么能够避免（不记录这些）呢？"他的属下赶紧补充道："即使褚遂良大人本人不愿意，但我们还是会毫不犹豫地记录下这些事实。"①

"关于我，有三件事值得一提。"皇帝接着说道，"第一，我努力效仿古代帝王的贤明行为。② 第二，在我所挑选的有才能之人的协助下，我恢复了已经崩溃的法律体系，使政府的力量得以再生。第三，罢免不称职的大臣和无能的官员，我从来没有听信过阴谋者的奉承话，而这些人是导致皇子们品行不端和治下不善的主要原因。如果直到我离开人世之前，都能恪守这些原则，那你们还能记录下我的什么缺点或恶政呢？"

褚遂良说："就连陛下您刚才说的话，也会被一字不落、准确无误地记录进帝国的历史档案。"③

众多轶事中有两个例子反映了皇帝的公正和节制，可以说明李世民对东宫官署（east court）的恶习——阿谀奉承与腐败

---

① 译注：以上对话据英文原文译出。《旧唐书》卷八十《褚遂良传》载："太宗尝问曰：'卿知起居，记录何事，大抵人君得观之否？'遂良对曰：'今之起居，古左右史，书人君言事，且记善恶，以为鉴诫，庶几人主不为非法。不闻帝王躬自观史。'太宗曰：'朕有不善，卿必记之耶？'遂良曰：'守道不如守官，臣职当载笔，君举必记。'黄门侍郎刘洎曰：'设令遂良不记，天下亦记之矣。'太宗以为然。"类似对话亦见于刘肃《大唐新语》卷三。费子智英译时有所加工。

② 指尧、舜、禹三位中国上古黄金时代的圣君。

③ 译注：以上对话据英文原文译出。《新唐书》卷一百五《褚遂良传》载："朕行有三：一，监前代成败，以为元龟；二，进善人，共成政道；三，斥远群小，不受谗言。朕能守而勿失，亦欲史氏不能书吾恶也。"但列举三件事之后关于皇子们的那些内容是费子智的增笔，为后面章节涉及李世民父子冲突的部分做铺垫。

堕落——的态度。其中一例是，一名大臣奏呈了一份表文，敦促皇帝将那些阿谀奉承者从大臣队伍中除名，但并没有指出有谁犯了这一错误。李世民把上表文的大臣叫到面前，问他要控告谁。

"如果陛下您想知道谁是朝廷里面的阿谀奉承者，"这位　153
表文的作者回答道，"陛下所要做的，仅仅是在下次朝会上提出一些愚蠢的行动方案，那些支持者就可以暴露出阿谀奉承者的身份。"

"我同意。"皇帝回答道，"你的这个计划会成功。但是，如果一个君主对他的大臣们使用这种欺骗手段，他怎么能指望他们对他诚实和坦率呢？皇帝是泉源，国家的官员是泉源里面流出来的水。如果源头是清澈的，那水流一定也一样。此外，我不喜欢使用这些不光明正大的方法。如果有这一缺点，我宁愿忽略它，也不愿通过破坏君臣之间坦诚关系的方法来发现它。"①

即位后不久，李世民收到一封举报信，揭露皇后家族的一名成员（长孙顺德）收受了几匹贵重丝绸的贿赂。这种高级别军官所犯的此类罪行，当时被认为是非常严重的。然而，李世民没有执行法律，反而从皇家仓库里取了大量丝绸，送到了

① 译注：以上对话据英文原文译出。《资治通鉴》卷一百九十二《唐纪八》载："有上书请去佞臣者，上问：'佞臣为谁？'对曰：'臣居草泽，不能的知人，愿陛下与群臣言，或阳怒以试之，彼执理不屈者，直臣也，畏威顺旨者，佞臣也。'上曰：'君，源也；臣，流也；浊其源而求其流之清，不可得矣。君自为诈，何以责臣下之直乎！朕方以至诚治天下，见前世帝王好以权谲小数接其臣下者，常窃耻之。卿策虽善，朕不取也。'"费子智把臣下进言中的"阳怒以试之"改译为"some foolish course of action"（一些愚蠢的行动方案），其他地方亦有增删。

受贿的将军那里。当大臣们对这一行为感到惊讶，问为什么这位将军受到奖赏而不是惩罚时，皇帝说："人生性灵，得绢甚于刑戮；如不知愧，一禽兽耳，杀之何益！"①

李世民这位拥有绝对权力的君主，对他的朝廷所表现出来的仁慈与睿智，在一些不那么严肃的事情上也得到了证明。在 633 年的新年庆典上，表演了一种名为"破阵乐"的音乐和舞蹈，是为了纪念李世民在即位前打败那些隋末群雄的胜利之役。萧瑀建议再演一出戏，来表现当时争天下的对手们——窦建德、王世充和其他称帝者，以及那些被处死或斩杀的群雄，将这一乐舞形成一个完整的系列。

154　破阵乐之舞的首演是在 632 年六月，李家旧宅庆善宫的宴会上。它的音乐和舞蹈是由一个叫吕才的音乐家创作的。② 它由 128 名身穿银色盔甲、手持长戟的少年舞者表演，他们一边表演着队列舞蹈，一边唱着关于唐王朝革命的叠句歌《秦王破阵》。一般认为，这首叠句歌最初是在山西讨伐刘武周胜利之后，唐军将士唱的一首进行曲。起初，当唐军士兵们凯旋入城之时，夹道欢迎的山西老百姓载歌载舞，表达了对自己获救的喜悦和对唐军感激之情，然后士兵们也学会了这首曲子。

然而，李世民当场驳回了萧瑀的建议，理由是他的许多大臣和军官，像尉迟敬德、魏徵等，都曾经为自己的敌人效力，

---

① 译注：出自《旧唐书》卷五十八《长孙顺德传》。

② 译注：吕才编定破阵乐之舞并在庆善宫表演的时间是贞观六年（632）的九月，而非费子智所说的六月。另据司马光系年，第一次上演此舞曲是在贞观元年（627）的正月。关于《秦王破阵乐》的研究，参见童岭：《炎凤朔龙记：大唐帝国与东亚的中世》，商务印书馆，2014 年，第六章"秦王乐"。

不能强迫他们欣赏一出表现他们的前主人耻辱的戏剧。事实上，据说当破阵乐之舞表演的时候，魏徵一直看向地面，因为这让他想起了他与李世民为敌的那个时期。

这位皇帝很少受到他那个时代流行的迷信思想的影响。即使是由来已久的黄道吉日信仰，如果与国家利益相冲突，也很少被他考虑。631年，太子李承乾已经十四岁了。朝廷建议与"冠礼"有关的仪式应该在当年的二月举行。然而，李世民考虑到二月是种植季节，是人们在土地上最忙碌的时候之一，花费不菲而且需要精心准备的礼制仪式最好推迟到仲夏，因为那时农耕的压力比较小。

对此，宫廷的术士们[①]提出抗议，指出那一年的二月是最吉利的时期，而在仲夏时节举行仪式则会有不祥之兆。皇帝拒绝听从占星家们的理由，说："幸运和灾难并不取决于幸运的日子，而是取决于人本身的善恶行为。"[②]

皇太子的冠礼仪式最终被推迟到了仲夏。奇怪的是，在这件事上，占星家们可能认为自己的预测是对的。就这样，在一个厄运之月里，人们举行庆祝皇太子成人的仪式。可是他却命中注定不幸，最后过早且不光彩地死去了。

重新制定和改革法律体系是皇帝承担的第一个重要任务，

155

---

①　译注：史籍明确记载提出此议的正是萧瑀，他所依据的是《阴阳书》，而日本流存的钞本汉籍《大唐阴阳书》残卷可能就是此书。萧氏家族从梁武帝萧衍开始，到萧皇后、萧瑀等，对五行阴阳都十分精通。《五行大义》的作者萧吉也是南兰陵萧氏家族成员。

②　译注：此处据英文原文译出。《通典》卷五十六《礼十六》载："上曰：'阴阳拘忌，朕所不行。若动静必依阴阳，不顾礼义，欲求福佑，其可得乎！若所行皆遵正道，自然当与吉会。且吉凶在人，岂假阴阳拘忌？农时甚要，不可暂失。'"费子智英译时有改写。

因为与突厥的和平相处，给他留出了足够的时间来考虑唐王朝的内部事务。现存的唯一法典是隋王朝的法典，其中犯罪的刑罚非常严厉，而且许多法规因不合情理而不能适用。自从隋炀帝时代的全国大起义以来，很大程度上由于君主立法的严酷性，律法本身反被忽视了。地方官员按照自己的价值判断来审理案件，并根据自己那没有依据的决定来处罚罪犯。631 年，皇帝下令重新修订旧律法，将庞杂的条文减少到五百条。刑事犯罪分为二十项；废除了隋王朝的死刑罪九十二条，流放罪七十一条。这些彻底的改变，也充分反衬了隋炀帝法典的缺点。

唐王朝的法典相应地减少了其他刑事处罚。在古代中国，风俗习惯（Custom）在很大程度上取代了成文法（Civil Law），现在正式得到了体系化，并具有了法律效力。李世民统治期间国泰民安，而这些最令人信服的证据，是在他死后才广为人知的。当他的儿子作为继承人即位时，被大理卿唐临告知：在宣布新君大赦以开始新统治之前，整个帝国只有五十个人在服刑罚，而且只有两个人被判处了死刑。

156　　改组地方州县一级的行政机构是重中之重，同时这也是李世民最持久的行政改革。在漫长的分治时期，从汉朝开始实行的文官制度（Civil Service）已经消失。世家大族夺取了广大地区的封建权威（feudal authority）。而在其他地区，政府机构则由军官或某些朝中重臣直接任命的官员来管理。当时担任监察御史的马周谏言，恳请皇帝注意这些违规与不法行为。他坚持认为，帝国内部和平与安全的基础，在于地方官员的行为。根据马周的建议，皇帝亲自监督这些地方官员的任命，仔细挑选正直而有学问的人，逐渐消除其中的军事因素。

　　李世民的改革是从地方上行使政府权力的文官制度开始的，后来它在西方被称为"中国文官体制"（Mandarin system）。尽管在清末它被诟病为陈旧过时、僵化保守，但在一千多年的漫长时间里，它一直是中国政府的指导性运作方法，远远领先于中国之外的其他任何区域与国家。它将朝廷的文化和习俗传播到这个幅员辽阔的帝国及其附属地的每一个角落，而这一文官系统也因此成为整个东亚文明的支柱。

　　皇帝的教育政策与改革后的文官制度密切相关。公元七世纪时的教育主要被认为是为从政进行的训练。正因如此，李世民所创办或重建的学校，都以讲授中国古代经典著作为主，尤其是孔子和其他儒家学者的作品。因为这些哲学家的著作主要阐述三纲五常之类的道德和伦理准则。李世民一向以对学术感兴趣而著称。他在学术机构的发展上倾注了大量时间和精力，并为后世留下了他关照学术事业的证据——现存于长安碑林的石碑上面刻着他亲笔写的四部经典。①

　　唐王朝常常与诗歌和伟大的文化复兴联系在一起。但是，当王朝刚刚从疲惫不堪的大地上恢复元气，文学和艺术还没有开花结果的时候，这一辉煌的创作天才的爆发，确实就是属于李世民统治初期的那一代人。李世民强烈反对隋炀帝朝廷的轻佻浮躁和放荡淫乱，他坚决抵制类似的倾向，同时大力支持那些严肃质朴的、钻研古典学术的儒家学者。然而无论如何，

157

---

　　①　译注：费子智此处说唐太宗亲笔写过的"the four books of the classics"，然而检核今天西安碑林博物馆藏品，明确属于唐太宗作品的有《集王圣教序》《同州圣教序》以及昭陵六骏中四骏的赞辞。不过，它们似乎也不能被认为是唐太宗的手迹。

艺术在他的统治时期也取得了很大的进步，也许没有比装饰昭陵的著名高浮雕骏马更精美的中国雕塑了。不过，唐诗的最伟大时代还没有到来。因此，李世民在中国文化史上的重要性可谓是间接的。他使安全与和平的政治条件成为可能，从而孕育了下一代的文化荣耀。

在经历如此深远的改革的这些年月里，唐廷却并没有能力缓解皇室内部的悲伤与丧亲之痛。李渊在 635 年去世，享年七十一岁，他活了足够长的时间来见证他儿子的辉煌成就。在退位之后的晚年生活中，李渊被尊为"太上皇"（Great Superior Emperor），他不参与朝廷的政治活动，只是在自己的宫殿和狩猎场里消磨时光。李世民小心翼翼地避免采取任何可能冒犯这位退位君主的行动，尽管他登基后的第一个举动就暗示了对他父亲的某种道德谴责。李世民在着手其他事务之前，首先把三千名女性送出皇宫，其中登记在册的就有李渊的侍女和嫔妃。李世民把她们送回了家。

636 年，一个重要人物与世长辞了，她的死亡令整个朝廷痛苦悲伤，给帝国带来的损失比李渊之死要严重得多。李世民的正室、长孙皇后死于这一年。长孙皇后以其非凡的美德赢得了后世无数人的热烈颂扬，并被尊为女性的榜样。虽然不断被效仿，但后世几乎无人完全学得她为人的真谛。这位伟大的皇后，虽然拥有精巧、敏锐的洞察力与判断力，但她一直拒绝参与任何政治活动，也不干涉国家的任何事务。她常常说，前朝的历史中有太多野心勃勃的皇后不得善终的例子，她们的行为不仅对国家有害，而且给自己的家族带来了毁灭。然而，她却对李世民有着巨大的影响，而且正是由于她很少这样做，其对李世民的影响力与说服力反而更大了。

158

有一次，皇帝怀着对魏徵的极大恼怒离开了朝堂，因为魏徵在讨论中一直强烈地反对他。当他走进皇后的宫殿时，皇后听见他怒吼道："只要被我从尘土中救出来的那个混蛋还活着，我就永远不能做主！"

"那么，请问那个混蛋是谁？"皇后问道。

"就是魏徵！他每次朝会时都不停地反驳我！"

皇后听完没有再说什么，只是退到她自己的寝宫里去了。皇后不久之后又出现了，穿着她最华丽的宫廷典礼长袍。李世民大吃一惊，问她为什么要打扮得这么庄重。皇后回答道："我常听人说，只有圣明的皇帝才能拥有忠诚的大臣，对自己正直且真诚。陛下您刚刚承认魏徵就是这样的一个人。这不就证明了陛下您是一个圣明的皇帝吗？为了纪念这一时刻，并向陛下表示祝贺，我特地穿上了礼服。"①

皇后对魏徵的敬重，对李世民的影响很大。李世民后来再没说过要罢免这位直言不讳的大臣的气话。

因此，皇后的死让李世民伤心欲绝，事实上她的死对这个朝代来说也是一个永久的不幸。因为在她去世之后，能够控制她的长子、皇太子李承乾古怪本性的唯一外部因素消失了。皇太子李承乾的悲剧一直可以追溯到他母亲的过早去世。

三年后，也就是639年，一起暗杀皇帝的阴谋震惊了整个朝廷。这起暗杀是一个叫结社率的突厥人干的，他是突利可汗

159

---

① 译注：以上对话据英文原文译出。《资治通鉴》卷一百九十四《唐纪十》载："上尝罢朝，怒曰：'会须杀此田舍翁。'后问为谁，上曰：'魏徵每廷辱我。'后退，具朝服立于庭，上惊问其故。后曰：'妾闻主明臣直；今魏徵直，由陛下之明故也，妾敢不贺！'"费子智英译时有加入自己的合理推测。

同父异母的弟弟。结社率计划杀死皇帝，为突厥政权的瓦解报仇，同时为今后突厥人的反叛铺平道路。像许多归顺的突厥可汗一样，他在帝国机构里当差，这一便利使他能够征募到同为突厥人的大约四十名暗杀同盟者。结社率带着这些孤注一掷的突厥复仇者，夜袭皇帝所在的宫殿，希望能杀死卫兵，破门而入。

但是，他的计划太拙劣了。皇帝宫殿卫兵人数众多，而且十分忠诚，这么小的一支暗杀队伍是无法取得成功的。在一场绝望的战斗之后，结社率发现自己失败了，他撤退到皇家马厩。在那里，结社率凭借自己的权威找到一匹跑得最快的骏马，试图逃往蒙古草原。但唐军紧追不舍，最终他被捉住并押送回长安，在集市上被处决。由于这一暗杀未遂事件，所有归顺的突厥人被迫离开中原，迁往内蒙古定居。

在李世民及其遴选的大臣们的开明统治下，帝国的民众享受着和平生活，政府机构也比以前更加高效。然而就在这一时期，唐帝国与中亚文明程度较低的部族之间的战争，却常常使遥远的边疆地区动荡不安。虽然突厥问题已经在击败颉利可汗的战役中得到解决，但西部边境仍受困扰。在现今新疆的广阔地区，当时建立了许多政权。它们虽不可与整个国家的辽阔疆域相比，但实际上却覆盖了一大片地域。这些政权吸收了印度和波斯的文化，彼时它们都信奉佛教，后来风行这片区域的伊斯兰信仰还没有出现。在汉朝时期，中亚直到里海和咸海都在其统治之下，但在后来的南北朝分治时期，这些地区一度脱离了中原王朝的管辖。

再往南，现在称为青海的高山地带，是吐谷浑的领地。这些游牧的鞑靼人既不耕种土地也不建造城市，就像中亚地区的部族一样。在青海以南的西藏地区则是吐蕃部落，其最近才崛起为一个新兴的强盛王国。

吐谷浑的不安分行为，首先激怒了强盛的唐王朝。由于无法从颉利可汗的失败中吸取教训，吐谷浑采取了历史悠久的鞑靼人的习俗，去袭扰唐王朝边境地区。吐谷浑的统治者伏允可汗现在已是年迈的老人，我们在叙述 597 年的历史时就提过他①，这时伏允可汗已经超过七十岁了。随着他力量的削弱，部落的权威转移到了一个野心勃勃的大臣（天柱王）手中，后者采取了明确的反对唐王朝的态度。

当吐谷浑不满足于抢劫和袭扰边境时，他们抓住了一名前往中亚的唐使。李世民终于下定决心要对吐谷浑采取强硬的行动了。他首先派出的是边防部队和附属的鞑靼人，但吐谷浑并未因这些部队的到来而恐惧，反而强行袭击唐王朝的领地，严重破坏了凉州地区。听到这个消息，皇帝决定要永久地平定吐谷浑，他下令调动唐军的主力部队，在一位将军的率领下向西挺进。

这位将军就是李靖，远征军的最高指挥权被授予了他，而侯君集、李大亮以及任城王李道宗都是他的属下。许多附属的突厥部落也被雇出征。这支大军在甘肃西宁府附近的库山进入吐谷浑的领地，任城王在那里打败了他们。于是，伏允可汗决定避战，而为了阻止唐军追击，他撤退时点燃了身后的草地，摧毁了牧场。

162

---

① 译注：这里费子智可能回溯有误，前文虽然写过吐谷浑与唐军的战争，但这里的伏允可汗确实是本书第一次提及。

161

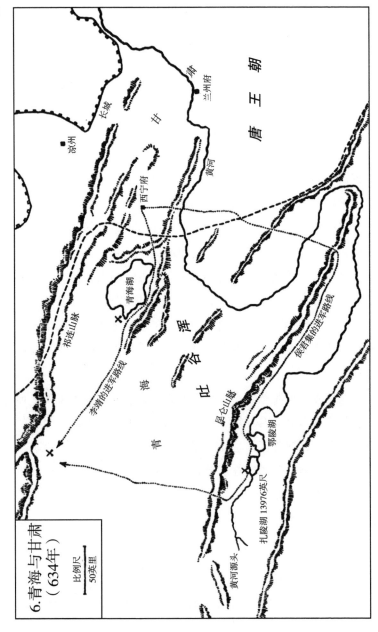

唐 王 朝

长城

甘

凉州

兰州府

黄河

西宁府

祁连山脉

青海湖

✕

李靖的进军路线

海

侯君集的进军路线

青

谷

吐

昆仑山脉

鄂陵湖

✕

黄河源头

扎陵湖 13976英尺

6.青海与甘肃
（634年）

比例尺
50英里

李靖确实被伏允可汗这一招弄得很狼狈，手下的许多将军都劝他放弃追击。然而，侯君集却坚决反对，他的意见最终被统帅采纳。为了节约仅有的少量牧草，唐军一分为二。李靖和李大亮率领一支部队向北出击，侯君集和任城王则率领另一支部队向南推进，穿过高山地区。李靖跟随轶靶人，直捣他们在青海地区山脉的中心区域，并且捕获了巨大的畜牧群，这是比屠杀吐谷浑战士更重要的收获。然后，他继续向西北方向追击飞奔逃亡的吐谷浑部落，击溃了他们。

与此同时，侯君集率领的南路军已经插入昆仑山脉的深处。昆仑山是世界上最高大的山脉之一。侯君集沿着一条被吐谷浑认为是完全不能通行的路线向前挺进。唐军进行了世界历史上最引人注目的一次艰难行军，这可以与汉尼拔率军队翻越阿尔卑斯山的壮举相提并论。侯君集他们在荒无人烟的旷野山区里跋涉了七百多英里。这里地势很高，甚至到了盛夏时地上还覆盖着积雪，军队就靠积雪取水。

"士糜冰，马秣雪。"①

终于，他们在一个叫乌海的湖泊旁边找到了扎营的吐谷浑部落。乌海接近黄河源头，是指扎陵湖或鄂陵湖中的一个。吐谷浑非常吃惊，因为他们做梦也没有想到唐军会翻山越岭从南方杀过来，结果被彻底打败了。侯君集乘胜攻击，一路追杀，迫使他们向西北方向逃去，直到与李大亮的军队遭遇。李靖早已把李大亮派到塔克拉玛干沙漠的边缘地区埋伏。由于没了继

163

① 译注：出自《新唐书》卷二百二十一上《吐谷浑传》。

续撤退的可能，在随后的战斗中，吐谷浑的残余势力被完全摧毁了。伏允可汗几乎是单枪匹马逃到沙漠里，但不久就被他的侍从谋杀了。

他的死宣告了这场战争的结束。此前已经有另一个可汗推翻了伏允的统治，杀死了为前任可汗策划反唐战略的大臣，并派遣使者向唐王朝求和。这一和平是在向长安朝廷称臣的先决条件下才出现的。从此以后，吐谷浑再也没有任何敌对的举动了。

这一场著名战役的威慑力传遍并震撼了整个中亚地区。最强大的自然屏障也阻挡不了唐王朝军队的前进步伐，这一事实给西方各国留下了极其深刻的印象。西突厥汗国派遣一名使臣来到唐王朝，带着贡品，或者更准确地说是礼物——而唐王朝将其视作贡品；居住在遥远的外蒙古的北方诸部落，也派使者到长安向皇帝表达他们的崇敬之意；吐蕃王朝君主则请求迎娶一位唐朝公主。

然而，吐蕃使臣的腔调在长安却引发了不满，因为他们在那里被认为是傲慢无礼的，甚至是有威胁意味的。因此，皇帝拒绝下嫁一位公主给他们。吐蕃人对这种断然拒绝感到愤怒，立即派兵攻打与他们相邻的地区，也就是今天四川的西部，并围攻松潘要塞。但是，他们没能成功占领这个要塞，直到令人敬畏的侯君集率唐军前来解围。吐蕃人在松潘的城墙下被这支军队彻底击败，飞奔逃回他们的高原山区。

鉴于唐王朝在军事上的强大优势，吐蕃人派出一名更谦卑、更有礼貌的使者，这一次李世民便允许他们迎娶一位公主（文成公主）。这位公主在这个新兴的王国中发挥了文明传播者的作用。在其他的一些改革中，她劝说山地部落的人民放弃把脸涂成各种颜色的习俗，因为唐朝公主觉得这种做法可能会令人不适。

164

　　然而，打败吐谷浑和吐蕃并不意味着唐王朝在西部地区的战争已经结束。越过甘肃西北边境的最远端，就是通往西部的道路——丝绸之路。古代的商队通过丝绸之路将他们珍贵的货物穿过中亚运送到波斯和罗马，而丝绸之路经过哈密和吐鲁番。630年，哈密归顺唐王朝，之后此地被当作边防哨所。但吐鲁番当时是哈拉和卓人①的高昌王国的都城，这是中亚至中国新疆一带最富裕、最强大的王国之一。当唐帝国的军队到达哈密时，哈拉和卓的高昌国王决定向这一东方的新势力进贡，以避免战争的爆发，因为他的人民对战争毫无准备，这样会更安全些。在此基础上，哈拉和卓与唐帝国保持了近十年的和睦关系。

　　639年，高昌国王觉得这种和平协议对自己很麻烦，于是决定中止向唐王朝进贡，还为逃亡到他王国的唐朝罪犯和政坛失势者提供庇护——因为颉利可汗的覆灭，这些逃亡者无法继续在蒙古草原躲藏。当高昌国王被皇帝要求对这种态度改变做出解释时，他回信道："鹰飞于天，雉窜于蒿，猫游于堂，鼠安于穴，各得其所，岂不活耶！"②

　　皇帝虽然对无礼的回信感到非常不快，但还是给了高昌国

①　巴克尔在《鞑靼千年史》中将中国历史学家所称的高昌（Kao Ch'ang）音译为哈拉和卓（Karahodjo）。关于谁可以被称为哈拉和卓人（Karahodjans），以及他们在人种学上的相似性问题，参见本书第十章第214页的注释。

②　译注：出自《旧唐书》卷一百九十八《高昌传》。《资治通鉴》卷一百九十五《唐纪十一》也引用了高昌王此语，文字与《旧唐书》略有差异。

王时间来忏悔。然而，这个哈拉和卓人却误以为皇帝的仁慈是
软弱的表现。他还深信沙漠将把自己的王国与唐王朝分隔开
来，因此不再理睬来自长安的使者。高昌国王甚至还派人联合
薛延陀，希望他们对唐王朝进行战争威胁。

165 　　然而，薛延陀早已在局势明朗时就自视为唐帝国的一部
分，因此派人到长安报告此事并寻求帮助。此时，李世民已
经彻底对哈拉和卓人失去了耐心，他派在西部战线享有盛誉
的侯君集去指挥军队，以使这个乖戾顽固的国王俯首听命。

　　640 年仲夏，唐王朝缓缓地将大军推进到哈拉和卓的边
境。当听到唐军真的穿过了沙漠——而那里"寒风如刀，热
风如烧"——高昌国王极度忧惧，最终死了。他的儿子在抵
挡一阵之后，退回到都城吐鲁番，随后被侯君集包围。哈拉
和卓人曾经向西突厥汗国发出求救信，但后者听说唐军已经
到来，尤其害怕侯君集的盛名，因此不敢出兵干预。被围困
的高昌都城失去了最后的希望，只能投降。

　　德国吐鲁番考古队的勒柯克曾如此描述这座名为"高昌"
（在汉语中的称呼）的城市的遗迹：

　　　　这座城市呈正方形，占地约 256 英亩。巨型的城墙几
　　乎有 22 码高，由夯土建成。许多塔楼——现在还残存 70
　　座——增强了城墙的防御功能，在靠近塔楼顶部时，其建
　　筑会逐渐变尖。然而，那些建筑物被毁坏得太厉害，以至
　　于无法清楚地分清街道的走向。但是，两条宽阔的街
　　道——一条从北到南，另一条从东到西——似乎在城中心
　　交会。因此，这一基本方案无疑遵循了古罗马兵营

（Roman Castra）的模式。①

　　根据唐帝国派遣的官员②的描述，整个高昌王国的土地面 166
积为 13.3 万平方英里，拥有 22 座大小城市、8000 户家庭。③
这个王国现在由唐军驻守，并被唐帝国划为一个完整的行政单
位。这个决定违背了魏徵的建议，他原本希望册立一个新的国

---

① A. von Le Coq, *Buried Treasures of Chinese Turkestan*, London：George Allen &
　Unwin, 1928. 勒柯克认为，高昌的建筑遗址中不存在受华夏文化影响的
　证据。但是，我们必须注意到，从上述对废墟的描述所反映的事实来看，
　似乎有可能产生相反的观点。勒柯克提到建造墙壁的方法"夯土"，其实
　在中国北方的城墙上，砌砖或砌石正是常用的方法，它们比欧洲城市的
　城墙更坚固。此外，城市中心有两条笔直的街道将城区对半分的直线地
　面规划，并不像勒柯克设想的那样，必然"遵循了古罗马兵营的模式"。
　在古代中国北方的每一个城市，无论大小，都有这样的地面规划。它与
　罗马规划（Roman Plan）只有一点不同，两条街道的交会处有一座高大
　的鼓楼保卫。此外也没有任何理由认为这个规划源于与西方的接触。在
　中国，这种直线的地面规划非常古老，可以追溯到公元前七世纪。已故
　的弗朗西斯·哈弗菲尔德（Francis Haverfield）教授认为，中国的城市规
　划并没有受到罗马的影响，而是在罗马共和国兴起之前就已经形成了。
　参见 F. Haverfield, *Ancient Town Planning*, Oxford：Clarendon Press, 1913,
　该书的附录"Chinese Town Planning"。640 年，高昌被侯君集率领的唐军
　征服，一个多世纪以来，它一直是中国人的领地。当然，更有可能的是，
　勒柯克描述的这座城市从汉人那里获得了它的直线规划和庞大的城墙设
　计，而不是从古罗马兵营的某种模糊传统中获得的。因为罗马人从来没
　有在吐鲁番绿洲三千英里范围内建造过任何兵营。译注：勒柯克该书有
　中文版《新疆的地下文化宝藏》。勒柯克于清末民初在新疆野蛮攫夺盗窃
　了我国大量珍稀壁画，对文物造成了永久性的损坏。在涉及费子智所引
　的这段文献时，勒柯克作品中文版与英文原文出入颇大，因此我未采纳
　勒柯克作品中文版的译文，而是据本书原文译出。
② 译注：侯君集当时的官职是"交河行军大总管、吏部尚书"。费子智称统
　计高昌国户口数的唐王朝官员为 Imperial Commissioners，如果根据史实推
　测，可能是侯君集的随行文官。
③ 可能只是指市的纳税家庭。如果按通常的一户五口的数量计算，纳税
　人数将达到四万。而实际人口可能是这个数字的两倍多。

王作为当地的统治者。他反对直接吞并主要基于两点考虑，即唐王朝耗费精力管理这个遥远的地区，却无法得到足够的回报；而且，如果他们反叛，帝国为了威望，很可能会卷入一场艰苦和代价高昂的战争。李世民并不否认魏徵这些论点的重要性，但还是决定将这个王国作为一个直接统辖区来保有。事实证明他是正确的，因为此后高昌从未给唐王朝带来任何麻烦。

尽管薛延陀在哈拉和卓人受到威胁请求援助时，曾告知唐廷此事。但实际上，他们暗地里已经做好了进攻唐王朝的准备，只待合适的机会降临。西部的战争使他们相信唐王朝在内蒙古的防御力量已经捉襟见肘。641 年，当听到皇帝准备去泰山祭祀的消息时，薛延陀立刻穿过戈壁沙漠，横扫内蒙古，臣属于唐王朝的游牧部落在他们面前溃不成军，赶紧逃到了长城以南。

这些边境地区的防御任务被托付给了李世勣。"你就是我的长城！"[①] 皇帝曾这样称呼他。李世勣征集驻防部队，在李大亮率领的另一支边防军的协助下，他在归化城以北与薛延陀交战。李世勣在一场战役中重创了他们，使这个游牧民族遭受了惨重损失，至少有五万人被俘，其余的人则仓皇穿越戈壁逃走了。他们又遭遇了一场罕见的暴风雪，十分之九的部落民众在暴风雪中丧命。这场灾难彻底摧毁了北方可汗多年来培育的势力，使薛延陀陷入困境。

这些著名的战役和不朽的征战，将唐帝国的名望和威慑力传遍整个亚洲。来自波斯、印度诸王国，甚至遥远的西伯利亚

---

① 译注：此处据英文原文译出。《资治通鉴》卷一百九十六《唐纪十二》载："并州大都督长史李世勣在州十六年，令行禁止，民夷怀服。上曰：'隋炀帝劳百姓，筑长城以备突厥，卒无益处。朕唯置李世勣于晋阳而边尘不惊，其为长城，岂不壮哉！'"

部落的使者，纷纷涌向长安，向"天之子"（Son of Heaven）表达崇敬之意并进献贡品。自汉王朝以来，中华帝国从未获得过如此强大的力量和深远的威望。正是在这几年，流浪的叙利亚传教士（Syrian missionaries）把"聂斯托利派基督教"（Nestorian Christianity）教义传入中国，就像现在西安有名的碑刻《大秦景教流行中国碑》记载的那样，他们在那里被允许建立一座受到开明皇帝保护的教堂。

据相关记载，就是在这个时候，阿拉伯商人把伊斯兰教的信仰带到了广州。他们说，当穆罕默德即将派遣阿拉伯军队带着利剑去改变世界的时候，他给世界上最伟大的三位皇帝分别写了一封信，敦促他们接受他的教义与信条。三位皇帝是：罗马帝国的希拉克略（Heraclius）、波斯帝国的库萨和（Chosroes）、统治中国的李世民。希拉克略没有理睬那个狂热者的信件，库萨和则愤怒地把它撕为碎片，阿拉伯的使者对库萨和称："愿真主安拉从你手里取回你们的王国！"只有中国的圣贤皇帝对阿拉伯先知的话给予了细致和宽容的关注，允许阿拉伯人在广州建立中国第一座清真寺。①

168

---

① 译注：费子智这里描述的穆罕默德通过使者致信三位皇帝之事，颇为生动，但并未见载于常见的汉文阿拉伯历史典籍中。经检索，目前我仅查到威尔斯（Herbert George Wells）在1920年出版的《世界史纲》（The Outline of History）第三十章，有云："其致太宗之书翰大概亦与其在同一年致拜占庭之皇帝希拉克略及泰西丰之喀瓦德者相同。惟太宗既未尝如希拉克略之置之不理，亦未尝如喀瓦德之侮辱使者。彼皆待之以礼，对于其神学之见解，颇加赞许，且助之建一清真寺于广东以备阿拉伯商人之用，至今尤存。盖世界最古清真寺之一也。"中文版为梁思成等翻译、梁启超等校订，《世界史纲》（上），上海世纪出版集团，2006年重印版，第397～398页。又可见纳忠：《阿拉伯通史》（上卷），商务印书馆，1997年。纳忠在第十章第157～158页云："公元629年，先知穆罕默德趁休战10年的机会，一方面在（半）岛内各部落间传布伊斯兰教，一方（转下页注）

虽然在这个时代，李世民被公认为是整个东方世界的主宰，但在他自己的心里，他不得不忍受家庭中发生的一系列悲剧性事件。这些事件给他的生活蒙上了阴影，也让他的统治荣光黯淡下去。

（接上页注①）面向（半）岛外邻国广泛展开外交活动。他派出使者，携带自己的书信，分别访问各国君主。"629 年是唐太宗贞观三年，纳忠随后列举的"各国君主"有拜占庭皇帝、波斯国王、拜占庭驻埃及总督等，并未提及李世民。读者若发现更早出典，敬请惠示。

第九章　皇太子李承乾的悲剧 （643年）

直到640年，李世民的生活和国家统治一直处于从不间断的辉煌和成功之中。在所有的重要事业中，他从来没有遇到过失败，而且，除了和他的兄弟们发生过致命的冲突之外，他的家庭生活都是平静而幸运的。的确，李世民不得不承受四年之前就已经痛苦地失去了长孙皇后的事实，她的德行和皇帝本人一样罕见与出色。事实上，很少有像李世民那样天才和睿智的君主，能同时幸运地拥有和自己品格相匹配的、令人敬仰的正室夫人。

人们本来希望这位杰出女性给李世民生的孩子，能继承他们父母显著区别于他人的个性中的美德和力量。但正是在这里，天空中嫉妒的众神给伟大的皇帝派来了猎杀幸运者的复仇女神涅墨西斯（Nemesis）。李承乾是长孙皇后的长子，他在李世民登基的626年就被册封为皇太子。尽管那时男孩已经八岁，而他的父亲只有二十六岁，但李承乾并不是李世民诸子中年纪最大的。魏王李泰比他大一岁，但李泰是嫔妃之子。① 因此，只要皇后的儿子或孙子还活着，李泰就没有资格继承帝位。

---

① 译注：综合考察唐代正史及《李泰（濮王）墓志》（毛汉光《唐代墓志铭汇编附考》），李泰生于武德三年（620），实际比李承乾小一岁。另外他也并非嫔妃所出，也是长孙皇后之子。导致费子智此处及书前系谱误解的缘由，我推测是因为《旧唐书》李泰本传中褚遂良上表文里面的"庶子"（详见后文译注）。然而费子智本章的叙述，正是基于李泰是庶长子这一大前提展开的，因此此处据英文原文译出。敬请读者理解和注意。

李世民还有几个儿子,有些是皇后的儿子,有些是嫔妃的儿子,但所有儿子中只有两个在当时的政治中扮演了重要角色。一位是晋王李治,长孙皇后的次子;另一位是齐王李祐,他是阴妃的儿子。①

170

640 年,即皇太子李承乾二十二岁的时候,他的行为和品格第一次引发了朝廷的不满,预示着十四年前曾震动京城的李世民和他兄弟之间可怕的争斗将会重演。在现今这个把心理学变成一门科学的时代,历史学家所描述的太子李承乾的性格特别引人注目。传统儒学道德熏陶下的旧式历史学家们自然而然地认为,李承乾应该是一个完美型的儒家皇太子,但事实上他并不是这样的人。传统历史学家们对心理学并不感兴趣,也不了解遗传学的影响。

用现代心理学知识来看待这位公元七世纪的皇太子的言行时,很明显,李承乾属于不平衡型神经质(unbalanced neurotic),他的品位和嗜好来自他身上遥远的鞑靼血统。他的一条腿瘸了,而且没有任何证据表明这是后天意外造成的,因此这更有可能是一种遗传缺陷。李承乾奇怪的返祖品味表现为对突厥人的一切事物的狂热崇拜。他渴望鞑靼人简单纯朴的生活,欣赏游牧社会的彪悍习俗。有了这些癖好,他不可避免地对那些竭力要使他在华夏礼仪文明中臻于完美的老师和朝臣产生强烈的厌恶感。

在 640 年时,因为对旷野和游牧民族音乐的喜爱,以及对朝廷大臣的一贯忽视,他已经受到皇帝和老师们的指责。第二年,随着这些不合礼法的习惯愈演愈烈,他开始让突厥人担任

① 可参见本书开头的"唐帝室系谱"。

他的家臣。首席导师①非常强硬地劝诫皇太子，以至于这位不理智的年轻人试图暗杀这位热心的朝廷官员。皇太子秘密派了两名亡命之徒到他导师的家里，但刺客看见老人正睡得安稳，觉得自己下不了手，便悄悄撤退了，这位老人安然无恙。因此，这个暗杀的阴谋当时没有被发现。

171

　　同时，皇太子又因为奢侈的行为，惹得朝廷里面流言蜚语满天飞。他同父异母的哥哥魏王李泰的性格则完全不同，李泰的功绩和个人魅力赢得了大家的尊重和爱戴。李建成与李世民当年致命的对立似乎又在重演了。看起来天上的众神带着残酷的讽刺，决意要为那个清晨的玄武门之变复仇——以李世民的儿子作为新的参与者，上演一场类似的悲剧。

　　李泰才华横溢，热爱文学，对肉体的欲望淡漠，对那些经常拜访他的宫殿并渴望与他建立友谊的学者彬彬有礼、恭敬谦虚。但这位皇子也有一个缺点，以他的身份来说，这个缺点不能被认为是微不足道的。他太野心勃勃了。虽然他是皇帝所有儿女中最年长的，但嫔妃之子的身份却让他很烦恼。② 尤其当

---

　　① 译注：原文为 chief tutor，还原《资治通鉴》史料，贞观十六（642）、十七（643）两年任太子左庶子的有于志宁与张玄素，而这两位太子的老师都遇到过李承乾的暗杀（未果）。又据《旧唐书·于志宁传》云："承乾大怒，阴遣刺客张师政、纥干承基就杀之。二人潜入其第，见志宁寝处苫庐，竟不忍而止。"其中"苫庐"二字《新唐书》作"苫块"，意为居丧之屋。联系费子智正文的描述，此处暗杀对象为于志宁的可能性更大。据《唐会要》卷六十七所载，左右庶子本属门下坊，又隶右春坊。

　　② 译注：费子智将李泰误解为"嫔妃之子"（His position as a concubine's son）。致误之由，可能是因为《旧唐书》卷七十六《濮王泰传》所收褚遂良的上疏谏文"庶子体卑，不得为例"；"而先王必本人情，然后制法，知有国家，必有嫡庶。然庶子虽爱，不得超越，嫡子正体，特须尊崇。"其中多次出现泛指性质的"庶子"让费子智误以为李泰是"庶出之子"。

他注意到同父异母的弟弟，也就是将来会继承帝位的太子的不端行为时，更是如此。李泰知道自己拥有更适合做皇太子的品质，故而他也没有放弃希望。李泰希望李承乾的愚蠢有一天会使其彻底堕落，而李泰自己则会得到梦寐以求的尊位。

李泰知道自己是父皇最宠爱的儿子。李世民也确实被这个有才华的青年所吸引，觉得他的兴趣和品位与自己很一致。李世民情不自禁地认为，李泰继承了自己的性格和头脑，而李承乾似乎更具有死去的弟弟李元吉的邪恶气质。玄武门之变那个致命清晨的例子总是浮现在皇太子眼前，暗示了他可能永远不会活着戴上皇冠，因为那些无法直接继承帝位的兄弟，有时也会找到一种办法去获取不是他们与生俱来的地位。

172　　　在李世民之后所有的皇帝中，只有乾隆这位清朝最伟大的皇帝，能通过战争中的军事征伐与和平时期的贤明统治，接近李世民的伟大程度。乾隆这样评论伟大的唐太宗："然承乾辈之阋墙，与建成、元吉如出一辙。"① 这真是一个深刻而真实的评论。

虽然这是不可避免的，但李世民在杀害他兄弟时所留下的暴力先例支配着他自己的儿子们，并引诱他们走向同样的极端。

魏王李泰的野心第一次引起皇帝的注意，是通过国史起居注的总负责人褚遂良。642 年，褚遂良呈递了一份表文，谈及这位皇子的行为。褚遂良声称，虽然许多官员表达了魏王应该被封为皇太子和李承乾应该被降级的意见，但李泰并未以对待皇太子应该有的礼仪，来对待自己同父异母的弟弟，因此，这些行为自然加剧了李承乾的嫉妒与戒备之心。

---

① 译注：出自《御批历代通鉴辑览》卷五十一，《文渊阁四库全书》史部编年类影印本。

皇帝非常欣赏褚遂良的主张，决定采取积极的措施来防止两兄弟的嫉妒升级为严重的争斗。他自己在优柔寡断的李渊手下的经历，使他充分认识到在这种事情上拖延只会导致致命的后果。最近，李承乾又用新的暴行证明了自己肆无忌惮的性格。有一位官员劝谏他不要挥霍无度，但李承乾将其狠狠地打了一顿。因为这件事，魏王的属下们越来越多地议论着皇太子的堕落。皇帝决定通过颁布法令来平息这些夺嫡阴谋。他宣布，如果皇太子死了（正如前面提到的，皇太子瘸了一条腿，身体虚弱），李承乾那五岁的儿子将继承皇太子的位置。在任何情况下，妃嫔们的儿子都不可以在继承皇位的资格上优先于长孙皇后的儿子或孙子。

与此同时，为了改变李承乾的性格，魏徵这位皇帝最尊敬、最杰出的大臣，被任命为太子太师（Grand Tutor）。这位政治家以坦荡无私的性格和对皇帝行为及政策不赞同时的直言不讳而闻名。李世民希望魏徵的指导能有效且持久地影响这位任性的皇太子。

要是魏徵活得足够久，他也许能改变李承乾；不幸的是，在 643 年年初，这位伟大的政治家就与世长辞了。这让李世民很是悲伤，因为他的死，导致李世民陷入无法得到慰藉的哀痛之中。皇帝在参加魏徵的葬礼时，情难自抑。李世民对朝臣们说："以铜为鉴，可正衣冠；以古为鉴，可知兴替；以人为鉴，可明得失。朕尝保此三鉴，内防己过。今魏徵逝，一鉴亡矣！"①

---

① 译注：出自《新唐书》卷九十七《魏徵传》。类似内容又见于《贞观政要》卷二《任贤第三》。

也许是受到魏徵的影响，也许是怕自己的父亲不高兴，皇太子李承乾的生活方式有了明显的改变。对于那些试图纠正他缺点的人，他不再表现出狂暴和憎恨。相反，他在公众面前宣称自己拥有最优秀的美德，经常充满激情地引用圣人的箴言。如果被责备了，他会温顺地听取训诫，并带着感激的表情接受批评，还装出一副非常谦逊的样子。但是，在自己的宫殿里，李承乾依旧保持着一种完全不同的生活方式。

李承乾骨子里对游牧简朴生活和突厥习俗的热情，使他做出了最惊人的举动。他穿突厥服饰，说突厥语，和几个随从一起消磨时间。这些随从都是他精心挑选的，因为他们有突厥人的典型特征。这些人穿着突厥风格的羊皮大衣，头发梳成长缕。① 他和这些模仿突厥人的随从一起，在他宫殿广场上搭起的突厥式帐篷里一待就是几个小时甚至好几天。在那里，在飘扬的突厥"狼头纛"三角旗帜下，皇太子会和他那些模仿突厥人的随从一起享用烤全羊，并且是以真正的游牧民族方式食用——用佩剑割下羊肉大快朵颐。为了得到这些"野蛮宴会"所需要的动物，他会派随从去偷长安城居民们的牲畜。李承乾血液里的突厥基因，使他觉得用正常的合法方式购买的肉，实在食之无味。

这个古怪的年轻人最喜欢的另一种娱乐是一出戏，或者说是一场表演，他称之为"可汗的葬礼"。李承乾自己躺在地面上扮演死去的可汗，他那些模仿突厥人的随从则骑在马背上，围绕他呼喊着、号叫着，发出游牧民众的悲叹之声。虽然这些

---

① 这是典型的满族人发型的有趣证据，清朝时被满族人强加给汉人。在清军入关的一千年前这其实是鞑靼和突厥部落的风格。

娱乐很怪诞，显得很不体面，但并不意味着会有什么大的危害。然而，皇太子在与密友们的闲谈中表达了一些观点和计划，引发了人们对他能否胜任帝位的严重怀疑。"如果我当了皇帝，"李承乾习惯性地这么说道，"我要做的第一件事，就是率领一支几万人的骑兵到突厥的领地去打猎。然后我将留在那里，穿着真正的突厥服饰，过着自由自在的生活。"①

　　这一渴望有力地证明了李承乾可能患有强迫症。他的性格似乎让人想起这一家族某个非常遥远的鞑靼祖先。② 公元七世纪时中原地区的文明生活并不能吸引他。李承乾觉得枯燥的宫廷生活的束缚和仪式是毫无意义的，也是难以忍受的。他的灵魂深处渴望着蒙古大草原上的自由生活。他的父亲和老师们充满好心地试图把他塑造成一个皇太子应有的样子，但这只会使他更加倔强和野蛮。如果他的愿望真的得到了满足，作为可汗被派去统治臣服唐王朝的突厥等部落，他可能会度过有用且幸福的一生；然而，注定要当皇太子的他，唐突直率和任性自由的性格被强行扭曲成一种野蛮的忧郁。

　　可能这位皇太子唯一的朋友就是他的叔父，李世民同父异母的弟弟——汉王李元昌，他是李渊众多嫔妾所生的儿子中最小的一个。李元昌和皇太子年纪差不多，也是个肆无忌

175

---

① 　译注：此处据英文原文译出。《新唐书》卷八十《常山王承乾传》载："使我有天下，将数万骑到金城，然后解发，委身思摩，当一设，顾不快邪！"费子智将原始史料中的"解发"、"委身思摩"（阿史那思摩，归唐后为右武候大将军，统摄颉利可汗的旧部）以及"设"（突厥领兵官职）等说法略去，并将"顾不快邪"译为"have a free life"（过着自由自在的生活），是为了与上文展现的李承乾的性格呼应。

② 　皇太子的曾祖母是独孤家族的一员。独孤氏虽然住在中原，却是鞑靼人的后裔。

惮的浪荡子。李元昌虽然满足于当一个唐帝国亲王的生活，也摆脱了成为突厥人的渴望，但他极力培养与侄子的友谊，希望后者能充分满足他对酒和女人的欲望。故而李元昌与皇太子成了亲密无间的伙伴。汉王李元昌天性比古怪的李承乾更加堕落，很快就诱导皇太子去享受更多令人质疑的、不可思议的淫乐行为。

李承乾对戏剧和盛典的痴迷，就是受到李元昌府上类似活动的刺激。两位皇室成员把他们的随从分成两支队伍，然后领着他们假装打仗，尽管"士兵们"只有竹枪武器和毡毛甲保护，但这两位皇室成员如此猛烈地催促手下的战士互相残杀，以致常常出现严重的伤亡。李承乾酷爱这种残忍的玩乐，他打算在当了皇帝后就把正规军分成两个阵营，在长安举行一场盛大的角斗。

老百姓可能对这样一位统治者的前景感到不安，而他的另一番言论更增加了这种不安。皇太子曾说："我作天子，当肆吾欲；有谏者，我杀之，杀五百人，岂不定？"[①]

显然，李承乾极有可能在今后让这一预言成为现实。

尽管皇太子只把这种情绪性的言论传到他密友的耳朵里面，但到处都有密探向他同父异母的兄长报告他的豪言壮语。而魏王李泰非常想听到任何关于李承乾的负面消息。李泰开始比以前更加刻意地培养自己在朝廷中的势力，并且搬弄是非，贬低李承乾的人品。这些阴谋后来都被报告给了皇太子本人，因为在当时的中国就像现在一样，没有什么事情是可以长期隐藏的。李承乾因此对他的兄弟充满了极度的仇恨与嫉妒。从这

---

① 译注：出自《新唐书》卷八十《常山王承乾传》。

以后，他开始构想谋杀计划。

从到目前为止关于李承乾性格的叙述中，可以很明显地看出他是个神经质式的人，异域之士或是性变态者对他有天然的吸引力。因此，这种对性变态的扭曲畸形的爱，会在他的性生活中表现出来，一点儿也不令人惊讶。

我们前文已经提及宫廷里面上演过破阵乐之舞，舞蹈表演者是受过特别训练的男孩。643 年，李承乾疯狂地爱上了其中一个男孩。他的名字叫称心，十三岁左右，不仅有一副好嗓子，而且长得特别英俊。皇太子不遗余力地为这件事保密，但不久之后，此事还是被皇帝知道了。

不幸的称心被下令处死了。从这个判决的严重性和李承乾对儿子的极度不满来看，在公元七世纪时的中国，人们极其厌恶同性恋（homosexuality）。①

李世民对儿子的行为愤怒无比，但李承乾不仅不悔过自新，而且对他年轻朋友的死极感难过与凄凉。他的悲伤是如此真切，以至于病倒了。李承乾整日待在东宫，把时间都花在哀悼称心上。他在宫殿的大厅里立了一尊男孩的雕像，并在雕像前祭酒，好像在吊唁亲人。他还在花园里为死去的男孩立了一块墓碑。尽管皇帝对太子的这些表现非常不满，但太子还是不参与朝政，沉浸在悲痛之中。

很自然，过不了多久李承乾的极度悲伤就会在复仇的欲望中发泄出来。李承乾认为，他和称心的关系是由他的

177

---

① 如果这就是称心被处决的原因，那么在印度和近东地区，对性变态、性扭曲的宽容则是很有趣的现象。而且在今天的中国，人们对它已经漠不关心了。但我们可以举出一例，1924 年，冯玉祥在北京发动政变，处决了一个众所周知是总统曹锟男宠的人。然而，冯玉祥本人是基督徒。

对手、仇敌、同父异母的兄长魏王李泰向皇帝告密的。在这一点上，他很可能是对的。无论真假对错，皇太子都坚信这一想法并据此行事，试图通过密谋杀死兄长来缓解、慰藉自己的悲痛。

历史上从来没有一个朝廷——不管它的裁决、政策多么英明——是不存在不满者的。正是李世民的公正统治，以及他坚定反对专制政府下盛行的腐败和罪恶之立场，使那些行为并非无可指摘的人，逐渐害怕并疏远了他。这其中有一个很重要的人，就是将军侯君集。侯君集是为唐王朝效力的最杰出的军官之一。他近年来战胜或平定过吐谷浑、吐蕃以及哈拉和卓。他曾是皇帝的亲密追随者，也是当年策划玄武门之变伏击方案的成员。

然而，现在的侯君集处于一种"半失宠"（semi-disgrace）
178 的状态。此前他被定了罪，因为私吞了哈拉和卓的部分王室宝藏，并且虚报了在高昌王国发现的财富，未全额上缴，而按照律法，这些财富本应全部归入唐帝国的国库。这样的罪行通常会被判处死刑，因为皇帝一直习惯给他的武将和文臣很高的酬劳和奖赏，希望他们报以忠诚的服务（不要贪污）。侯君集因为自己杰出的功绩而免于一死。他受到痛责，被削去了爵位，剥夺了官职，但保住了性命。

不幸的是，这位将军不但没有感激地接受皇帝的宽容，反而将之视为耻辱且无法忍受。他开始认为自己是一场不公正迫害的受害者，而且他在发泄不满时很少对他人保持沉默。这位将军的女婿恰巧是皇太子李承乾手下的军官。此人知道皇太子有一些阴谋正在进行之中，于是就带着心怀不满的侯君集去见李承乾。到目前为止，皇太子原本只计划杀死他的兄长魏王李

泰。为此，他笼络了一个名叫纥干承基①的人，而这个亡命之
徒又招来百余名狠角色组成杀人团伙。

一旦把将军侯君集带进这个阴谋圈子，事情就立刻变得严
重多了。李承乾这个对称心患有相思病的青年，对他同父异母
的哥哥已经恨之入骨；侯君集这个战功赫赫的大将，有着巨大
的进取心与能力，在唐帝国的士兵中极有威望，但被自己虚构
的耻辱所折磨。后者对杀死魏王兴趣不大，他已经陷入了更大
的野心之中。他想发动一场革命，恢复原来的显赫地位，也许
还可以向李世民证明——我，侯君集不是一个可以随便侮辱的
人——以此来慰藉他的虚荣心。

在一次会见皇太子时，这位将军祖露出右臂，大声说：
"此好手，当为用之。"② 然后，他立刻敦促皇太子向他们自
身承受之痛苦的制造者——皇太子的父亲——皇帝李世民
复仇。李承乾对这个违反人伦的主张一点也不震惊，反而
很高兴自己能有这样一个有价值、有影响力的支持者。因
此，皇太子厚待侯君集，凡事都听从他的建议。这一关于
革命的提议，也找到了另一个热情的支持者，即汉王李元
昌。然而，他是受其他动机驱使的。李元昌经常因为他的
淫乱糜烂而受到李世民的狠狠斥责，现在他也非常厌恶自
己的皇帝兄长。这个轻浮的浪荡子恳求李承乾在继承帝位
之后，把皇宫中所有的乐师和舞女都赐给他，他的侄子欣
然"批准"了这个荒淫的提议。

①　纥干不是汉姓。他很可能是一个鞑靼人，应该是被人推荐给李承乾的。
②　译注：出自《旧唐书》卷六十九《侯君集传》。费子智应当是以《旧唐
书》为此句之底本，但为了使西方读者更真切地理解侯君集此时激动的
举动，把"此好手"改为臂膀，甚至直接说成"右臂"。

　　这一阴谋集团还包括一两个年轻的宫廷贵族。一个是已故大臣杜如晦的儿子（杜荷），另一个是李世民的外甥（赵节）——他的母亲是李渊众多嫔妃之一所生的女儿。这些年轻贵族因自己的不法行为而不能担任要职，并由此心生怨恨，立即加入了这个阴谋集团。所有人都立下了生死与共的血誓（Blood Oath）。

　　最初有人提议用武力夺占皇宫，但侯君集指出，此前轵靼暴动者结社率类似暗杀计划的失败，恰好证明了皇家禁卫军太过强大。相反，侯君集决定让李承乾装成患了重病，皇帝一定会来探望他的，而那些伺机而动的同谋者，就可以趁此机会刺杀皇上，然后拥立李承乾为帝。但吊诡的是，李世民的一个儿子策划的邪恶弑君行动正要实施时，却被他的另一个儿子的公然犯罪阻止了。

　　齐王李祐是李世民的嫔妾之一阴妃所生。[①] 这个年轻人被封为齐王（原是李元吉的王爵），然后被派去治理那个地区，总部设在济南府。[②] 皇帝的用意是通过在帝国某个州县的实践，来训练年轻的儿子，让他们在公共生活中发挥有益的作用。李祐当时还很年轻，于是皇帝就往他的府上派了几位经验丰富、值得信赖的大臣为他出谋献策，同时也替皇帝监视他。

　　然而，李祐并没有从这些大臣的忠告与教诲中汲取知

180

---

① 虽然没有史料能够证明李祐的母亲同时也是魏王李泰的母亲，不过可以推断出这两个皇子是不同嫔妃所生的。

② 齐州（Chi Chou），就是现代的济南府，英语写作 Chi Nan Fu 或 Tsi Nan Fu，这里是山东的省会，也是古代齐国的首都。具体来说，齐州由今天山东的西部和北部地区组成。译注：唐代济南郡（齐州）在天宝元年改为临淄郡。此外，唐初贞观七年始，淄州一度隶属齐州都督府。清末民初，济南府远大于今天的济南市，费子智提到的齐都淄博地域属当时的济南府、青州府。

识与经验。作为一个反复无常、愚蠢无知的年轻人，他在他母亲家族的腐败违法和野心勃勃的成员的影响下堕落了。李祐的舅舅阴弘智对他的影响尤其大。阴弘智希望利用年轻的皇子，让阴家的所有成员都能获得权力和财富。为达此目的，阴弘智致力于培养李祐的野心。"过了一万年之后（指皇帝驾崩），"他说道，"也许会有争夺帝位的竞争与大乱。除非你有自己的追随者和军队，不然你怎么能保护你自己和我们家族？"①

于是，为了实现这一目标，李祐在阴弘智一位亲戚（燕弘信）的帮助下，开始征召亡命之徒，组建军队。

这些举动很快引起了皇帝指派来看管和教育年轻皇子的大臣的注意。他们责备了李祐，并提出严肃抗议。不仅是因为他沉迷于和像阴弘智这种只会提出毫无价值的阴谋的恶人为伴，也是因为沉迷狩猎，他在这一追求上浪费了大量金钱，给当地的农民带来了很大的麻烦。② 他的首席谋臣③甚至下令遣散阴弘智招募的恶棍凶徒，但齐王却立即撤回了这位谋臣的遣散令。

181

---

① 译注：此处据英文原文译出。《旧唐书》卷七十六《李祐传》载："其舅尚乘直长阴弘智谓祐曰：'王兄弟既多，即上百年之后，须得武士自助。'"阴弘智这番话的另一个版本是《资治通鉴》卷一百九十六《唐纪十二》，其云："王兄弟既多，陛下千秋万岁后，宜得壮士以自卫。"费子智译为 ten thousand years，应该是参考了《资治通鉴》，但他亦有发挥。

② 在古代中国，狩猎需要一支军队进行合作。首先，军队包围一大片广阔的田野，然后把猎物向内驱赶到中央等候的猎人们那里。这种方法如果在夏季使用，自然会对庄稼造成很大损害，严重骚扰本应在这片土地上劳作的人们。因此，大臣们严重抗议这种狩猎行为。

③ 译注：这里的"首席谋臣"（chief adviser）以及下文的首席导师，还原唐代史料，应为"齐王长史"权万纪。

皇帝听到了关于儿子不良行为的举报，于是写了一封警告信给他。然而，皇帝的不满并没有引起李祐的高度重视，但齐王的首席导师意识到可能发生的事情，担心如果出现严重的丑闻，他自己也会因没有正确地引导和控制年轻的皇子而被追究责任。因此，他决定到皇帝面前陈述原委。这位导师建议李祐考虑到他父亲的这封信，最好派人到长安去解释一下，让皇帝相信有关信息是被误传了。齐王完全同意这个计划，而首席导师也巧妙地提出让自己做信使。

这位导师求见皇帝的真正动机不是为李祐辩护，而是为了举报他的不良行为，这样就可以避免被指控没有对齐王进行适当的教诲。李世民并不知道这位导师欺骗了他的儿子，他奖励了导师的忠诚，并写了一封措辞更严厉的信给李祐。

齐王收到这一出乎意料的训斥，立刻勃然大怒，吼道："长史卖我！劝我而自以为功，必杀之。"①

从这一刻起，李祐就开始极度仇视他的导师，视其为死敌，而齐王所有的亲信和属下也对这位导师深恶痛绝。首席导师从长安回来之后，不能不注意到济南府整个官署对他的敌意。事实上，齐王的追随者们的敌意如此折磨着他的神经，以至于他开始担心自己的人身安全。他赶紧给长安写了一封信，说自己受到了死亡威胁。可是，这一举措却加速了他所担心的命运。

182　　皇帝意识到，济南府的事态正在恶化。同时，皇帝觉得距离相隔这么远，很难弄清事情的真相，就命令齐王和他的导师

---

① 译注：出自《资治通鉴》卷一百九十六《唐纪十二》。

都到长安来当面解释。李祐听到了这个命令，大为惊恐。他担心自己一旦到了长安，皇帝就会发现他招募亡命之徒组建非法军队，以及在其他事情上的不端行为。齐王的朋友们说，摆脱这种困境的唯一办法，就是在路上杀掉首席导师。作为导师的那位大臣非常怕死，一得到长安朝廷的传唤，就立刻离开了济南府。然而，他的匆匆离去并没有拯救他的生命。齐王派了几个职业杀手去追杀他，他们快马撵上了那位倒霉的导师，并在大路上把他杀了。

接下来的受害者，是长安朝廷派来的另一位负责监督年轻皇子的官员，他是齐王府的内务大臣。[①] 他拒绝加入阴谋集团并成为谋杀他同僚的帮凶，为了保全性命也开始出逃，但同样被齐王的杀手追上，遭遇了和首席导师相同的命运。

因为谋杀两名朝廷高官不是一件可以不经调查就能轻易忽略过去的事情，这位皇子发现自己处于比以前更加绝望的位置了。在齐王府幕僚的轻率建议下，他决定不服从皇帝的命令，公开起兵造反以寻求安全。他发出一个正式起兵的公告，宣示自己在这个地方拥有全权之后，就攻占了济南府军械库并打开了军械库的大门，又命令辖区内的民众全部聚集到城里，归入他的军队以供调遣。

济南府的民众比他们的统治者更有清醒的常识。他们意识到，这个愚蠢的年轻人要对抗整个帝国的兵力和权威根本没有胜算。然而，如果他们帮助他造反，他们的城市将为这种愚蠢

① 译注：这位被杀的大臣应该是校尉韦文振，李世民在权万纪来过京师之后，任命韦文振为"齐王府典军"，胡三省云："王国亲事府、帐内府各有典军二人，（中略）掌率校尉以下守卫陪从之事。"典军似为武职，而非费子智所说的王府内务大臣（Controller of the Household）。

行为付出惨痛代价。他们没有成群结队地按照齐王的命令投奔叛军，而是纷纷趁着夜色越过城墙逃到别处去避难了。

当听到李祐抗命不从、犯罪和叛乱的消息时，皇帝极不情愿地意识到这件事已经超出了谴责和警告的阶段。李世勣受命统率东部各州的正规军去镇压叛乱。与此同时，最后通牒被送到齐王那里，敦促他投降；否则，他将因为以武力对抗帝国权威而遭受更严重的惩罚。齐王显然认为自己可以对付所有来犯之敌，他放弃了最后的投降机会，准备固守这座城池。

然而，他的蛮勇并没有得到组成济南府正规守备军的军官们的欢迎。他们清楚地意识到，任何试图对抗李世勣这样的驰名天下的将军的想法，都是彻头彻尾的愚蠢。何况人手仅仅只有一座城池的守军和李祐征募到的几百名亡命之徒而已。不可避免的结果将是失败，以及所有被发现公开反叛皇帝的家族将被斩尽杀绝。因此，济南府的这些军官根本不愿意冒着被如此处罚的风险。齐王自己毫无远见的轻率行为是他即将毁灭的最可靠征兆。他没有把时间花在训练军队和保卫城池的准备工作上，而是白天在宴会上大吃大喝，晚上和阴弘智以及他的亲信们纵欲狂欢。

忠于皇帝的济南府守军的军官们毫不费力地在宴会上袭击了齐王及其党羽，并占领了这座城市。正当他们要强行闯进李祐的宫殿时，有人喊道李世勣将军的"飞骑"① 已经踏上城墙。这一消息使正在齐王宫殿里面淫乐的党徒意识到他们的困境。李祐这才想起要设法保护自己，却发现他的宫殿已经被哗

---

① 这里的"飞骑"（Flying Horse）是唐王朝轻骑兵中一支非常有名的部队。译注：飞骑，据胡三省注乃"北门屯兵也"。

变的济南府守军包围了。在亲信随从的帮助下，齐王守住了宫殿一整晚，直到他的对手决定放火烧毁这座建筑，把他活活烧死。

当李祐明白了他们的意图后，试着提出条件：通过确保自己以及阴弘智等亲信的安全，来换取投降。但济南府守备部队的军官回答说，齐王现在已经是一个公开的帝国叛乱者了，任何与他勾结的人都是罪犯。在看到没有任何希望的情况下，齐王无条件投降了。阴弘智以及齐王的其他凶徒亲信被立刻处死，李祐本人则被押送到长安，去为自己所犯的罪行负责。

这一场悲喜交加式（tragi-comic）的反叛，本身并不对唐帝国构成多大的威胁，但它却暴露了侯君集和皇太子李承乾的真正危险，并揭开了他们致命阴谋的面纱。朝廷在调查涉嫌参与李祐叛乱的人员名单时发现，阴弘智的同谋者之中竟然有纥干承基！他就是李承乾招募来刺杀魏王李泰的那位游牧民族杀手。这个罪犯知道他避免极刑的唯一方法，就在于提供、揭发同案犯的罪证，所以他立即老实交代了皇太子的整个阴谋。

这一惊天阴谋的涉案人员被毫不迟疑地逮捕了。李承乾、汉王李元昌、侯君集以及其他嫌疑人都被带到一个特别的审判团前。这个特别设立的审判团，由官职最高的、皇帝最信任的大臣组成，他们是：长孙无忌、房玄龄、萧瑀和李世勣。由于罪证确凿且毫无争议，朝廷判定被告们都有罪，并将调查结果报告给了皇帝。李世民实在无法掩饰自己对儿子弑逆罪行的悲痛，以及老朋友侯君集的背叛，于是他向大臣们寻求建议。考虑到主犯的级别太高了，没有人敢发表意见。

李世民在做出严肃的决定前，权衡沉思了很长一段时间。他没有处死亲生儿子的狠心。相反，李承乾被关进监狱，把他从皇太子贬为卑微的庶民。后来他被流放到四川南部的一个偏远小镇，当时那里是唐帝国的边境。李承乾的身体本来就很弱，而如今，未来的生活失去了一切希望和意义，这彻底摧毁了他。一年多之后，这个可怜的年轻人在那里去世了。

185　　皇帝也希望饶恕弟弟李元昌的性命，但大臣们坚持认为应该通过此案件给后世一个警示。因此，李元昌被赐死于自己府中，这比当众处决要体面得多。他的家人被免除了所有的惩罚，这在当时的谋逆之罪审判中是罕见的仁慈。即使是对罪大恶极、大逆不道的侯君集，因为是老朋友，皇帝还是给了他最大可能的仁慈。他希望挽救这位朋友的性命，但大臣们回应说这样的赦免会引起律法上的混乱与曲解，甚至会鼓励新的阴谋。李世民最终屈服于这些理由。侯君集被带到皇帝面前，当他被告知判决结果时，李世民说："与公长诀矣！"① 侯君集胸中充满悔恨，现在他终于明白了自己的愚蠢，泪流满面地趴在地上。然后，他就被押出去处决了。

　　由于空前的宽大处理，侯君集的妻儿得以免于一死。他们以较轻的刑罚逃过一劫，被永久流放到广东。阴谋的次要成员被斩首，但即便如此，这些人的家人也只受到较轻的惩罚。废太子原属下的家庭导师和臣属们，因未能纠正他任性的言行并报告他的罪恶阴谋而被判玩忽职守，他们全都被革职。

　　当所有这些谋反者都被审裁和判刑后，谁可以继任李承乾成为皇太子的问题，在不安的朝廷中引起了很大骚动。李世民起初想到的是顺从自己的意向，任命魏王李泰为皇太子。但大

---

① 译注：出自《旧唐书》卷六十九《侯君集传》。完整的史料为："太宗谓君集曰：'与公长诀矣，而今而后，但见公遗像耳！'"

臣们，尤其是已故皇后的哥哥长孙无忌和褚遂良，他俩强烈反对册封任何嫔妃的儿子为皇太子。只要皇后的儿子们还在世，他们之中就一定有人配得上太子之位。

李泰的野心彻底损害了他自己的命运，当初正是他的野心诱使李承乾策划可怕的阴谋。现在，因为畏惧李承乾的亲弟弟、长孙皇后的第二子①晋王李治会受到青睐，李泰企图威胁恐吓这位少年（当时他十六岁），指控他是汉王李元昌和其他阴谋者的密友和同党。李治被他同父异母的兄长威吓得心惊胆战，身体非常不舒服。他那垂头丧气、惊恐万分的样子引起了皇帝的注意。当被询问时，李治如实说出了害怕的原因。

起初，李承乾被带到皇帝面前时，曾试图借由指控魏王李泰的野心和密谋来为自己的罪行开脱。李世民希望所有人都得到公正的审判，因此他派人调查了李承乾的这一指控，结果发现李泰确实犯有为夺取太子之位而策划行动的罪行。当这些事实被揭发，加上现在他试图威胁年轻的李治时，皇帝终于决定，李泰不是帝位的合适候选人。"任何觊觎皇太子之位的人都不配得到它！"李世民说道。② 于是，经过朝中大臣的讨论，一致同意立晋王李治为皇太子。李泰则因自己的阴谋而被降为低一级的郡王，被流放到湖北的一个城市。李泰从此声名狼藉，大概两年之后，就在流放地去世了。

李世民决心保护新的皇太子，让其不重蹈覆辙，也就是他

186

---

① 译注：据目前史料，李治是长孙皇后第三子，费子智写作"第二子"，是基于他对李泰是庶出长子的判断。为了保证译文的流畅性，此处据英文原文译出。

② 译注：此处据英文原文译出。《旧唐书》卷七十六《濮王泰传》载："太宗因谓侍臣曰：'自今太子不道，藩王窥嗣者，两弃之。传之子孙，以为永制。'"费子智英译时有改写。

哥哥们犯下的蠢事与罪行。他任命朝廷中最杰出的几位大臣作为新太子的监护人和导师。这份名单上有长孙无忌、房玄龄、萧瑀以及李世勣。他希望通过此举，让他的帝位继承人不会受到任何堕落因素的影响。的确，李治也竭尽全力尽显孝道和忠贞，但他的性格却过于软弱。若干年后，当他顺理成章地登基为皇帝时，他的懒惰和软弱为他著名的妃子武氏执政铺平了道路，后者就是著名的武则天女皇。① 她在唐帝国的权力和影响力一度攀升到顶峰。

---

① 译注：费子智还出版过《武则天女皇》一书（C. P. Fitzgerald, *The Empress Wu*, Cheshire, 1955）。此书在西方也颇受好评，我买到过 1968 年伦敦 Gresset Press 出版的第二版。费子智将武则天的生平分为两大部分：皇后时代、君主时代。与《天之子李世民》一书可以衔接的是第一部分的第一章"朝廷与国家"（Court and Country）。

第十章　高句丽之战及其晚年
（645～650 年）

643 年震动长安朝廷的国内悲剧，对李世民的晚年生活产生了持久影响。皇帝并未真正地从他儿子们那些反人伦的阴谋所造成的震惊和悲伤中恢复过来。像他这样一个精力充沛、意志坚定的人，应该会在一些积极而吸引人的事业中寻求解脱。在李承乾去世之后的几个月里，皇帝一直被这种坐立不安的情绪困扰着。这种情绪是导致李世民亲自指挥对高句丽之战的主要因素。然而，在他打过的所有辉煌战役中，对高句丽的战争是最不成功的。

推动皇帝对高句丽发动战争的，不仅仅是他对长安宫廷生活的厌倦，还有唐帝国对这个海东政权有很大的不满与积怨。642 年，高句丽发生了一场比威胁唐帝国宫廷的政变更血腥且取得成功的政变，导致了剧烈震动。野心勃勃的高句丽权臣泉盖苏文①刺死了他的君主并且屠杀了所有反对他独揽大权的官员。泉盖苏文现在是高句丽的真正主人，他通过旧王室的傀儡君主来统治。他是个冷酷无情且精力旺盛的人。他强化了高句丽军队的战斗力并大量征兵，计划征服新罗和百济，然后占领朝鲜半岛的南部。为了筹集实施这一战略所需的资金，新统治者对那些反对他独裁权力的富裕家族征收重税，并没收他们的

---

① 根据《资治通鉴》的注释者胡三省的意见，"泉"是他的姓，"盖苏文"是他的三字名。

财产。

188　虽然高句丽向中原王朝称臣，但后者实际上没有任何可以控制高句丽朝廷的措施。隋炀帝曾试图把高句丽等地置于他的统治之下，但失败了。此后的高句丽国王只是向唐皇"进贡"或赠送礼物，其目的是避免中原王朝破坏性的进攻卷土重来。如果篡夺大权的泉盖苏文保持这种态度，那么李世民就不会打这场代价高昂且困难的战争了。但在643年，高句丽的这位野心勃勃的独裁者与他的邻居新罗国王开战，而新罗则是唐王朝忠诚的藩属国。高句丽的统治者还进一步封锁道路，禁止新罗使者通过，以阻止新罗与唐进行交流。尽管如此，新罗还是设法通过海上航线向唐王朝求援。

唐廷得知高句丽的侵略行为后，向其发出了严厉的警告，命令后者停止对新罗的一切攻击。泉盖苏文回忆起隋炀帝连续进攻的失败，认为中原王朝现在已经没有能力像三十年前那样实施此类威胁了。因此，他继续进攻新罗，不理睬唐朝使臣。而此时，李世民的军队已经穿越沙漠平定哈拉和卓人，然后翻过终年积雪的昆仑山脉成功追杀吐谷浑部落，故而李世民并不打算容忍这位高句丽弑君者的傲慢。

早在644年时，皇帝就决定惩罚这个僭越的独裁者，并证
189　明一个藩属国对宗主国的恳求不是徒劳无用的。然而，长安的朝廷不赞成发动战争。那些年长的大臣对隋炀帝的高句丽战争拥有最不幸的记忆，他们担心李世民也不会成功。唐王朝起居注总负责人褚遂良与大家意见不同，虽然他对隋炀帝征辽失败一事记忆深刻，但他特别坚持必须严惩高句丽，只是他认为皇帝应该把具体的战争事务交给他的将军们。然而，李世民在筹备战争时发现了一个好处：这样做可以使他的精力集中起来，

不去回想一年前在长安发生的不幸事件。因此，李世民拒绝了褚遂良的建议，认为自己的军事才能远远超过了隋炀帝和隋王朝的将领们。

为了展示皇权的强大和成功，唐帝国不辞辛劳地做了战前准备工作。四川是个富裕之地，在隋王朝末期，四川几乎是唯一一个躲开了毁灭性大叛乱的地方，现在它被要求提供一支舰队。唐军在长江两岸建造了四百艘巨型战船，这样唐王朝就可以获得对黄海海域的控制权。李世民虽然生于内陆，长于内陆，但他充分认识到制海权的无上重要性，这正是他拥有多方面天赋的骄傲证明。与之相比，拿破仑虽然生于岛上，但在与英国长达二十年的战争中，却没有吸取这个教训。

尽管唐帝国的军队对高句丽的进攻并不需要走海上通道，但考虑到半岛的地理位置特性，特别是在公元七世纪，相比绕过辽东湾、穿行于基本上无人居住的荒野区域的长征，海上路线则更短、更容易。隋炀帝的进攻之所以失败，主要就是因为他庞大的军队在距离基地有几百英里的辽东荒原上忍饥挨饿。因此，海上路线对陆地进攻起到了补充作用，这样就可以用较小规模的兵力在陆地上推进。

皇帝亲自制订的战略计划为两种不同的进攻路线做了准备。李世勣与任城王李道宗率领六万人穿过南满地区，来到唐王朝与高句丽交界的辽河。另一位将军从莱州渡海，莱州是山东北部沿海的一个港口。然后他将在鸭绿江口登陆，鸭绿江形成了现今朝鲜和满洲地区之间的边界。① 这支由五百艘战船运载的四万人军队，其力量并不足以征服高句丽，派出他们是为

190

---

① 译注：费子智此书初版于1933年，这里指的是伪满洲国（1932～1945年）。

了分散高句丽的兵力。海军通过威胁高句丽都城，可阻止其集中全部力量在辽河防御，从而让李世勣等人陆地进攻的通道变得顺利。皇帝本人则打算在大军渡过辽河后加入地面军队，御驾亲征。

这些有关唐王朝战争准备工作的消息在高句丽引发了不安。独裁者泉盖苏文派了一名使臣到长安，使臣打算献上大量财宝作为贡品，以乞求避免战争的威胁。然而，皇帝还是决定用武力镇压这个弑君者。高句丽使臣没有受到接待，他的贡品自然也被拒绝了。644 年年末，尽管大臣们再次抗议，但皇帝还是摆驾洛阳。即便如此，大臣们仍坚持反对由皇帝亲自指挥这场战役。李世民已经打定主意，所以不听劝阻。房玄龄被留在长安全权负责一切事务，并由经验丰富、忠心耿耿的将军李大亮协助，后者担任长安卫戍军队的统帅。

皇上在新太子李治的陪同下于年底到达洛阳，并在那里昭告天下，宣布他发动高句丽之战的因由：

> 高丽盖苏文弑主虐民，情何可忍！今欲巡幸幽、蓟，问罪辽、碣，所过营顿，无为劳费。……昔隋炀帝残暴其下，高丽王仁爱其民，以思乱之军击安和之众，故不能成功。今略言必胜之道有五：
>
> 一曰以大击小，
> 二曰以顺讨逆，
> 三曰以治乘乱，
> 四曰以逸待劳，
> 五曰以悦当怨，
> 何忧不克！

191

布告元元，勿为疑惧！①

在洛阳过了新年后，皇帝便踏上了亲征之途，留下萧瑀管理东都洛阳。幽州（北京）以南 120 英里的定州是征讨大军的主要基地，皇太子被留在那里作为"摄政王"（regent）监国。皇太子的舅外公高士廉也被留下辅佐他。安排好这一切之后，皇帝在长孙无忌的陪同下，启程直奔辽东。

与此同时，唐军在陆上和海上的初步作战都取得了胜利。海军舰队已经抵达高句丽海岸，在鸭绿江附近登陆；陆地上的唐军占领了一座可能与现今的义州位于同一地点的城市，从而切断了从平壤到辽阳的道路，而辽阳是高句丽北部地区的主要城市。海岸线上突然出现的唐军，也让平壤自身感受到了巨大威胁。正如皇帝预见的那样，唐军舰队和陆地部队同时出现使庞大的高句丽军队无法调动起来，这支军队被迫留下来保卫平壤城。同时，高句丽对新罗的一切敌对行动也都暂停了。

高句丽人忙于应付内部突然出现的危险，无法将全部兵力集中在辽河一带。因此，李世勣和任城王得以越过高句丽防线的右翼，从遥远北方一个无人防守的区域越过辽河，那里大约超过了今奉天的位置。渡过辽河之后，唐军占领了盖牟②，这是高句丽最北面的军事要塞。③ 李世勣继续向南进军，

---

① 译注：出自《资治通鉴》卷一百九十七《唐纪十三》。费子智的英译有发挥和推测的内容。

② 译注：费子智原书索引误将 Kai Niu 标为"开牛"，今据两唐书及《三国史记》等史料，此处当为"盖牟"，为音近而误。

③ 这里可能是开河（Kai Ho）上的开原（Kai Yuan），位于奉天（沈阳）以北五十英里。

193　随后包围了辽阳。

皇帝本人已经到达边境地区，但在他和李世勣会合之前，高句丽约四万人的军队已经匆忙赶来营救辽阳。任城王李道宗首先发现了高句丽军队的动向，当时他正率领四千骑兵的先锋在高句丽各地侦察。这位唐帝国的亲王虽然兵力不足，但还是毫不犹豫地与敌人交战。然而，由于一个不如他胆大的副将临阵逃跑，任城王的第一波攻势被击退，损失惨重。尽管他的下属怯懦怕事，任城王仍然以无畏、强悍的勇气率领骑兵继续进攻，不断地向没有重装甲骑兵作战经验的高句丽人发起冲锋。

李世勣率领唐军主力部队适时到来，扭转了当时的形势，高句丽军队在遭受重大损失后，于混乱之中退出了战场。随后，在李世民到来的时候，那个因逃跑而使帝国骑兵部队蒙羞的副将，在集结的唐军大部队前被斩首。

高句丽军队被打败后，辽阳的围城战在皇帝的指挥下继续推进。在那个时代，高句丽人称得上是要塞防御的专家和坚定的守卫者。辽阳城曾两次承受隋炀帝大军的猛烈进攻。如果李世民没有巧妙地利用有利的天气带来的机会，它可能会阻止唐军进一步推进，从而保持这一防御记录。

在一次猛烈的西南风中，皇帝下令军队发起进攻，并放火烧毁了辽阳城城墙西南角的高塔。这座建筑物一着火，火势就迅速蔓延到辽阳城本身。被火焰和浓烟驱散的高句丽守军无法

194　击退唐军。大火过后，勇猛的唐军紧跟着爬上城墙，以狂风暴雨般的攻势拿下了这座城市。高句丽损失惨重。一万士兵被杀，一万士兵被俘，辽阳本地还有四万居民被俘。现在，唐朝军队占领了这座城市。

人们很清楚地记得隋炀帝领导下的隋军三次进攻①都没有成功占领高句丽北部的这座重要城市。辽阳城的陷落，给辽东地区周边城镇留下了极为深刻的印象。有几个城市没等到唐军发动进攻就打开城门投降了。但是，辽东地区最坚固的堡垒安市城②却没有效法它们。因此，唐军向这个地方推进，并在仲夏时分包围了安市城。高句丽人无法及时召集一支新部队去营救辽阳城，于是决定先去解安市城之围。在一支增援部队加入后，高句丽士兵人数已高达十五万，他们自信地向前挺进，准备与规模小得多的唐军作战。当到达距离被围困的安市城的城墙三英里的地方时，高句丽军队在一座陡山的山脚下扎营，以观察唐军的部署状况。

在皇帝主持召开的军事会议上，将领们对孰为最好做法有不同意见。任城王李道宗认为，眼前这支高句丽军队代表了这个王国剩余的军事力量，皇帝应该用分兵之策，用一支军队拖住这支高句丽主力，而另一支军队——只要一万名精锐战士，就可以直取平壤。任城王提出要亲自指挥这支奇袭军队，因为他相信，高句丽军队主力已经被牵制在安市城城下，他在行军途中不会遇到有力的抵抗。在与已经登陆的唐军会师之后，他就可以拿下平壤，结束高句丽之战。

李世民通常都会赞成大胆的战争方略，这一次却决定采取更谨慎的措施。他一直被隋炀帝征辽的失败经历困扰着。当年隋炀帝的军队在争夺平壤城未果之后撤退到鸭绿江渡口，被高

195

---

① 译注：这里的三次进攻，指的是隋炀帝征辽的总次数。与上文费子智所云辽阳城曾承受隋军两次猛攻并不冲突。

② 这个城市现在已经不存在了。它似乎位于牛庄或者其附近，在奉天以南七十英里。但它并不是牛庄港。

句丽追兵打得溃不成军。有鉴于此，李世民拒绝了任城王大胆的奇袭计划。他宁愿等到高句丽的野战部队被彻底打败、安市城被攻陷之后，再缓缓刺入这个王国的心脏。

后世的历史学家认为皇帝的这个决定是错误的；如果他按照任城王的奇袭计划，那么这场征伐高句丽之战将以唐朝的彻底胜利而告终。这种史学家的马后炮式推断，完全忽略了李世民当时必须考虑的危险。因为进攻高句丽和夺取平壤的尝试一旦失败，将会是一场影响极大的军事灾难，也将会是对帝国威望的严重打击。反过来看，即便在辽东的军事行动不顺利，唐军也不会暴露在灾难性溃败的危险中，而且这种在辽东的失败也不会那么引人注目。

因此，皇帝决定在安市城城下开战，但他也不是没有为确保胜利而做精心准备。李世勣带领一万五千人在高句丽军营对面摆开战阵，皇帝本人则带领四千精锐骑兵留在安市城以北几英里的山脊上。他们越过高句丽阵地右翼的最远端，似乎有意保持对安市城的封锁。其他唐军部队也参与了战斗，但他们都驻扎在高句丽军队视线以外的地方。最后，长孙无忌受命带领一万一千人绕个大弯，前往高句丽营地后面约定的攻击位置。当他到达指定的位置时，他会在山顶上向皇帝发出烟雾信号，接着就等待皇帝发出同样的信号，然后长孙无忌才会让敌人知道他这支奇兵的存在。

196　　　高句丽军队的统帅并不知道唐军有如此精心谋划的调遣。他眼中只有李世勣孤孤单单的一万五千人。即使加上远方李世民亲自指挥的骑兵部队，这支唐军在数量上也远远少于他自己的大军。高句丽统帅认为远处这支护卫李世民的禁军骑兵不可能参加战斗，于是高句丽军队开始与李世勣交战。李世勣在敌人进攻的重压之下缓慢撤退，直到高句丽军队远离山区进入平原地带。现在，他们的后方不再有山脉的保护了，李世民立刻向长孙无忌发出了约定的烟雾信号，同时用自己的精锐骑兵开始猛攻高句丽军队的右翼。高句丽人一开始只看到李世民的进攻，所以从他们军阵的右翼转过来迎战唐军的骑兵。可是，当阵形转换部署正在进行的时候，长孙无忌的部队突然出现在他们后方。长孙无忌的进攻使整个高句丽战线陷入一片混乱。

由于撤退的路线被切断，高句丽军队遭遇大败。两万高句丽人横尸战场，而成功撤退到陡峭山脚下的三万六千人被唐军包围并被迫投降，包括率领这支部队的高句丽统帅。那些逃过抓捕和刀剑的高句丽人在混乱中四散奔逃。安市城外的会战引发的恐慌是如此之大，以至于方圆一百英里的城镇和村庄都被居民遗弃了。现在，高句丽野战部队已经不复存在，似乎除了安市城本身之外，已经没有什么抵抗力量了，只剩下安市城孤零零地阻碍着皇帝征服整个高句丽。

李世民完全有理由为这场辉煌的胜利感到骄傲，这证明了虽然经历了近二十年的和平生活之后，他的军事天才依然毫未削弱。他给皇太子送去一份凯旋之信，讲述了激烈战斗的经过，这封信是他亲手写的："朕为将如此，何如？"①

这种溢于言表的自夸很清楚地揭示了皇帝的动机，而正是这一动机让皇帝在这场战争中亲自指挥大军。在前太子李承乾的悲剧发生之后，李世民也许觉得自己多年前玄武门之变

---

① 译注：《资治通鉴》卷一百九十八《唐纪十四》载："上驿书报太子，仍与高士廉等书曰：'朕为将如此，何如？'"又及，《淳化阁帖·历代帝王法帖第一》收有唐太宗写给皇太子李治的《两度帖》，亦云："今得辽东消息，录状送。"费子智英译时有所发挥。

197 的先例应该对此负责。为此，李世民有一种无法抵挡的欲望，想重新回到军营的自由氛围中去。在他辉煌灿烂的年轻时代，他就指挥过一支崛起中的唐王朝的无敌军队。

但是，如果对安市城的围攻战，李世民能恢复到雀鼠谷和汜水之战的辉煌，那将会是这场征伐高句丽之战的最后军事胜利。所以对安市城的围攻战，唐军投入了前所未有的精力。然而，这次围城战耗尽了唐军的力量，在无利可图的军事行动中消磨了夏季剩余的宝贵时间。高句丽官兵虽然在战场上根本比不上唐军，但在城市的高墙防守上是令人敬畏的对手。李世民发现，安市城居然承受并抵挡住了公元七世纪军事科学所能发明的每一种攻城战术！而这些攻城战术正是由他这位伟大的军事天才设计并亲自指挥实施的。

当安市城的外城墙被攻城锤撞破时，唐军却发现高句丽官兵已经在后面建起了另一道更坚固的防御墙。当唐军在外城墙上建造一个土丘试图居高临下冲击这座城市时，任城王在进攻中受伤了。高句丽官兵开始反击，占领了唐军的土丘，并将其纳入自己的防御阵地之中。尽管高句丽官兵在防守上表现得不屈不挠，但李世民的战争警惕性，使他以同样的程度挫败了他们的突围战。

一天，皇帝骑马围着城墙侦察。他注意到敌人活动的每一个细微迹象，听到了不寻常的家畜叫声。李世民立刻命令李世勣当晚带队全副武装守住营寨，等待高句丽军队的突袭。事实上，当高句丽官兵果然如皇帝所料发动夜袭时，他们发现唐军早已做了万全准备，在伤亡惨重后被赶回了城中。将军们惊叹于皇帝的先见之明，于是请教他是怎样猜透敌人意图的。李世

198 民答道："围城积久，城中烟火日微，今鸡彘甚喧，此必飨

士，欲夜出袭我，宜严兵备之。"① 事实证明他是对的。

在以往的战场上，时间和天气经常是李世民的"同盟者"，现在却站到了他的对立面。辽东短暂的秋天快要结束了，严寒的冬季即将降临在北方大地上。牧草已经枯萎，战马的草料和军队的食物也难以为继。唐王朝的将军们忽视了粮食和天气的因素，皇帝深知等待他们的灾难会来得多迅速！他极不情愿地决定在军队被冬天困住之前放弃围城，以免重蹈隋炀帝的覆辙。经过六十三天无果的围城战后，唐军撤离安市城，高句丽守军的指挥官则傲慢地登上城墙向唐军挥手告别。

撤军的决定做出得很快。寒冷的天气在这些区域突然降临，形势非常危险。虽然唐帝国士兵的撤退没有受到敌人的干扰，但军队受到了冬季临近的严峻考验。此外，虽然好斗的高句丽弑君者没有被消灭，但作为对之前围攻安市城失败的一些弥补，辽阳和其他几座城市被唐王朝纳入有效管辖。七万高句丽俘虏被押解到华北，最后定居在现在的北平地区。这些人没有表现出不愿成为伟大皇帝李世民的臣民的意向，反而因此逃过了泉盖苏文严酷统治下的苛捐杂税。到了定州之后，士兵们把他们的高句丽俘虏当作奴隶，使他们的家人离散，皇帝为此感到难过，他用自己的钱财赎回了这些不幸的人，并把他们和家人一起安置在华北地区。来自高句丽的新臣民感受到这种闻所未闻的仁慈，非常高兴，他们夹道欢迎皇帝车辇，表达他们的喜悦之情。

虽然唐帝国新增加了几座城市，但这并不能掩盖高句丽之战未能达到其公开的目标，即惩罚弑君者泉盖苏文。李世民黯

199

---

① 译注：出自《资治通鉴》卷一百九十八《唐纪十四》。

然回到了长安。更严重的问题出现了：他的身体变得虚弱。高句丽虽然受到了惩罚，但依然是叛逆；在于安市城外挫败高句丽的夜袭之前，皇帝也根本没有获得任何满足感。

高句丽之战未能彻底成功，这不可避免地在戈壁沙漠之外的突厥部落中产生影响。薛延陀意识到，为641年的灾难性失败复仇的时刻到了。于是他们在646年穿过戈壁沙漠，试图攻打唐帝国的领土。但是，这个突厥部落对形势的估计是完全错误的。东北地区的唐军守备兵力虽然因为投入高句丽之战而减少了一大部分，但唐王朝仍然有足够的兵力来保卫北方边疆。薛延陀在夏州遭到了边境部队的迎头痛击。夏州今已不存，它位于长城以外黄河的大拐弯内。① 唐军在这场战役中取得了彻底的胜利。

这次战败是薛延陀联盟（Sarinda confederacy）分裂的导火索。部落间爆发了骚乱，最终以联盟中最强大的回鹘部落的公开反叛而告终。皇帝决定帮助这个部落，以持久分裂薛延陀势力。李世勣和任城王受命领兵去帮助回鹘人。在这样的军事援助下，虽然回鹘部落被劝导着向唐王朝称臣，但回鹘人相对独立的地位从此得以确立。

在这次大战中，唐王朝军队展示了可以在戈壁以外的地区远征作战的能力。因此与薛延陀之战，不仅恢复了唐人（在高句丽之战中失去的）的威望，而且把伟大唐皇的无上威名和至高声誉传播到更遥远的地域，这些地方以前从未与中国有过联系。第二年，骨利干（Kulikan）的一个使者来到长安。

---

① 译注：唐代夏州城遗址今天在榆林靖边县附近，2019年9月我曾去实地考察。费子智撰写此书的1930年代，靖边县的县城所在地——镇靖与唐代遗址距离较近。

他们地处西海（可能是指里海或咸海）之外，但也可能是在比西海更遥远的北方，历史学家认为那里"昼长而夕短"。[①]这个国家显然靠近北极圈（Arctic Circle），因为只有夏天去的巡游者才知道它的存在。总之，骨利干似乎位于西伯利亚的西北部，甚至是乌拉尔山脉以西。

从类似遥远的地方来了结骨（Chieh Ku）[②]的使臣，他们在648年到达长安。结骨使臣给中国人留下了极其深刻的印象，因为在那以前他们从来没有出现在中华大地上。这些奇怪的来客，实际上看起来是："……皆长大，赤发绿睛，有黑发者以为不祥。"[③]这个结骨"在回鹘西北三千里（1000英里）"。[④]据此推测，这个国家极有可能是在乌拉尔山脉东部斜坡的某个地方。结骨使臣受到盛宴款待，还得到了赏赐。更让他们欣喜若狂的是，他们得到了唐帝国军队中的军衔。

从上面的叙述中，我们可以清楚地看出，无论他们怎么称呼自己，结骨人都应该是北欧人种（Nordic race）。这是一个以白人为主导的政权，在他们的统治下还有一个"黑头发"的种族，可能是蒙古人种。结骨可能是维京人（Vikings）的早期定居地之一。他们在西伯利亚的一条大河边上建立王国这

---

①　译注：据《旧唐书》卷三十五《天文志上》载："又有骨利干居回纥北方瀚海之北，（中略）昼长而夕短。"

②　Chieh Ku 是中国官话里面"结骨"二字的现代发音，然而在唐代，其发音可能有很大的不同。

③　译注：出自《资治通鉴》卷一百九十八《唐纪十四》。《册府元龟》卷九百六十一《外臣部》同作"赤发绿睛。"《通典》卷二百《边防典》作"朱发绿睛"。费子智谓"blue eyes"（蓝眼睛），可能联系到了突厥阿史那可汗家族蓝眼睛的传说。

④　译注：出自《通典》卷二百《边防典》。

种事并非没有可能性。实际上几年之后，拜占庭帝国就从流浪北欧的维京战士之中，以佣兵的方式组建了一支瓦兰吉卫队（Varangian guards）。①

201 唐帝国的威望和权力在南方的热带土地上受到的尊崇，其程度不亚于在冰天雪地的亚洲极北部。中国派往印度的使臣王玄策完成的经天纬地的壮举就是卓越的例证，证明了大唐皇帝的名字在最遥远国家的分量。648 年，王玄策在三十名唐朝官员和侍从的护送下，向北印度的国王收取"贡品"时，被来自印度中部的中天竺国（Tinafuti）国王阿罗那顺（Alanashun）袭击并抢走了财物。这个国王据说是个篡位者，拒绝与唐王朝建立任何外交往来。

---

① 这些结骨使臣给人的印象是难以解释的。如果按照勒柯克和其他考古学家所认为的那样，在吐鲁番哈拉和卓的居民里面也有吐火罗人（Tokharians）。他们就是一个有印欧血统（Indo-European origin）的民族。吐火罗语（Tokharian language）从已经破译的吐鲁番钞本文献来看，就是一种印欧语言。柏孜克里克（Bäzäklik）和克孜尔（Kyzyl）洞穴修道院的壁画展示了人们的蓝眼睛、红头发和欧洲风格的服饰（参见 A. von Le Coq, *Buried Treasures of Chinese Turkestan*, London: George Allen & Unwin, 1928, pp. 88, 124）。勒柯克认为这些壁画创作于公元 700 年前后，也就是在侯君集率领下的唐军征服吐鲁番（哈拉和卓）将近七十年之后。但是，勒柯克认为吐火罗人是几个世纪前被迫西迁的月支人后裔。因此得出结论：侯君集征服的是一个蓝眼睛、红头发的印欧民族，这个民族在那之前就被中原王朝知道了。令人好奇的是，在中国的文献中从没有提到哈拉和卓人（吐火罗人）的这些特征。此外，在平定哈拉和卓八年之后到达长安城的结骨使臣的红色头发、高大身材和蓝色眼睛，却在唐朝宫廷中引起了极大的兴趣和惊讶。这又该做何解释？

  在吐鲁番展开的进一步调查证明了柏孜克里克和克孜尔壁画的性质。由此可以认为，印欧血统的吐火罗人的到来时间比迄今为止所提出的时间要晚得多。只有这样考虑，才能解释结骨使臣的出现给人留下的惊奇印象。因为这个神秘国度的使臣很可能是后来印欧种族入侵中亚的先兆。

　　王玄策没有被这个挫折吓倒，带着一位高级随从逃到了泥婆国（今尼泊尔）。他以唐皇的名义向泥婆国国王及其邻居吐蕃国赞普借兵。这两个国家都与唐帝国联盟，也接受了唐帝国模糊的"宗主国"地位（在此我们可以比较一下"罗马人民的伙伴与盟友"①）。这位身在海外、距离最近的唐朝边境也有数百英里的使臣，能从这些国家得到他所要求的军队，充分证明了唐王朝的威名。吐蕃提供了 1200 名士兵，泥婆国提供了 7000 名士兵。

　　王玄策一马当先，率领这支联合军队，重新踏进印度。他的军队在乾陀卫河（River Kan Tu Wei）边的一座城市遭遇阿罗那顺国王。这座城市在中国被称为茶馎和罗（Cha Po Ho La），可能是今天恒河河畔的恰普拉（Chapra）城。中天竺国国王迎战联合部队，这一仗打了三天，最终王玄策率领的联合部队取得了彻底胜利。阿罗那顺逃跑了，但被联合部队追杀，并再次被打败，最终成了俘虏。连同他的妻妾和孩子，随从和侍卫等，被俘人数达到 12000。整个王国被平定，王玄策重新册立了其原先合法继承的王子，并押送被俘的国王阿罗那顺胜利回国。在此之后，印度各地的国王们都给中国皇帝送来了

203

----

① 译注：罗马帝国外交用语"friend and ally of the Roman people"——"罗马人民的伙伴与盟友"这一地位，一般是指罗马人把外族或外国拉进了他们外交的框架，从而使他们对遵守罗马外交原则和惯例负有责任。这源于罗马人的理念，即：罗马人的朋友必须和罗马人有同样的朋友和敌人，以避免攻击其他罗马人的朋友。又可参照：*Oxford Latin Dictionary*, Oxford University Press, 2012, "socius", 4b, "applied, often in conjunction w. *amicus*, to extra-Italian allies of Roma; with the growth of Roma power, becoming synonymous w. a provincial, sometimes spec. one from the more privileged communities", p. 1961.

"贡品" 和致敬的书信。①

　　然而，当唐帝国的将军们致力于从这些地处遥远的国家收取"贡品"，获得他们对大唐"宗主国"地位的承认之时，这位将中国提升到亚洲霸主地位的皇帝即将走到生命的尽头。李世民从未自高句丽之战的痛苦中恢复过来。虽然他此时只有四十九岁，但他的健康可能已被早年的战争岁月，尤其是长兄李建成那杯差点杀死他的毒酒的后患削弱。总之，在高句丽之战后的几年里，皇帝的健康状况持续恶化。他曾到西北的甘肃高地巡幸，但此举并没有改善他的健康，反而使他的疾病发作得更加频繁。

　　在这几年里，皇帝日益加重的疾病并不是笼罩在辉煌的长安城之上的唯一阴影。那些为皇帝的不朽事业立下汗马功劳的著名的文臣与武将，他们逐渐凋零也是笼罩着长安城的阴影之一。高士廉死于 646 年；地方行政改革计划的提出者与监察官马周，死于两年之后；649 年，朝廷又痛失两位杰出的政治家，房玄龄与萧瑀；李大亮将军则于高句丽之战期间在长安去世。

　　这些人的先后去世，以及皇帝本人健康状况的明显恶化引发了某种不安，也激起了蛰伏的野心，在东方宫廷这通常是对即将到来的变化的第一反应。廷臣和皇帝一样，都关心着另一种奇怪谶言的流行，比如当年预示了隋炀帝灭亡的那种谶言。

---

　　① 这段叙述摘译自《资治通鉴》。但印度的历史学家对这个问题缄口不言，这或许是因为历史上来自喜马拉雅山脉一侧的袭击太频繁和司空见惯，不值一提。但也很有可能，国王阿罗那顺只是一个小王公（Rajah），他的生活和统治没有引起印度历史学家的注意。

现在到处都在窃窃私语："唐三世之后，女主武王代有天下。"①

尽管它极大地影响了当时的人，但与预测李姓将建立伟大帝国的谶言不同，这则关于"武王"的谶言并不完全准确。②然而，此谶言在数年后部分实现的事实，可能会让一些人怀疑它是后人捏造的。不过，这则谶言确实存在（并非后人杜撰），我们可以举当时的一名军官为例。此人的官职、封爵和名字中都有"武"字，尽管姓不是武，可他深受这谶言的影响，以至于相信自己就是谶言中的主角，随后卷入一场阴谋并最终以谋反罪被处死。③ 这种惩罚的严酷性是必要的，因为这样的谶言诞生在一个非常容易被人相信的时代和土地上。那时的人倾向于通过号召对一个觊觎者的支持来实现自己的特殊目的，而对于作为个体的觊觎者，普遍看法是他们的未来命运早已被上天注定。

这个特殊的"阴谋"日益变严重，因为皇帝现在病得很重，周围的人都意识到他大限已近。皇太子的年轻和近来许多

205

① 译注：《资治通鉴》卷一百九十九《唐纪十五》载："时太白屡昼见，太史占云：'女主昌。'民间又传《秘记》云：'唐三世之后，女主武王代有天下。'"

② 武曌在李世民统治后期被带入宫廷，但被他的儿子和继承人当作了嫔妃。在后来的岁月里，她终于赢得了皇后的地位，并在唐高宗李治死后，实际上以武则天女皇的名义统治着中国。尽管她曾经计划用自己的家族来取代李姓皇室，建立一个新的王朝，但她没能彻底完成这个计划，并在晚年被迫放弃了权力。唐王朝皇子中的合法继承人被恢复了帝位。

③ 译注：这位军官是李君羡，出生于洺州武安县，居官左武候中郎将，封武连县公，是员猛将，不过他有一个女性化的别名"五娘子"。他的墓志刻于武周时代，拓片见《洛阳市文物考古研究院藏石集粹》，中州古籍出版社，2020 年。据《李君羡墓志》，李君羡字遵礼。他的名字中并没有"武"字，费子智误解的原因可能是将别名"五娘子"中的"五"与"武"字的威妥玛拼音弄混了。

尽职大臣的死亡，使唐王朝面临危险的局势。垂死的皇帝尽他最大的努力做出了预见和防备措施。李靖去世于649年年初。至此，李世勣成为帝国军队中最有权势和影响力的将军。在决策层的内阁重臣里面，死神仅仅放过了李世民的两位亲信：长孙无忌、褚遂良。让人担心的是，即将坐上帝座的是一位年轻且没有经验的皇太子。如果李世勣忘记了自己的效忠誓言，那就可能会因受到诱惑而发动政变。

李世民虽然相信这位伟大将军的忠心，但觉得没理由冒这个险。于是他把皇太子叫到床边，在这件事上给了儿子最后的忠告。李世民说他要派李世勣到地方上任职，"若其即行，俟我死，汝于后用为仆射，亲任之；若徘徊顾望，当杀之耳"。[①]

皇帝对儿子的忠告是有道理的。如果李世勣知道李世民将死，并能在这样一个关键时刻接受他调离京城和军队的命令，那么就可以安全地假设他并非拥有狼子野心之徒。但如果他试图拖延或拒绝这个外任的职位，那么很明显，他另有秘密计划，并焦急地等着皇帝去世来推进他的计划。事实上，这件事证明李世勣是完全忠于他的君主的。一接到调任命令，他就立刻离开了长安，甚至都没有回家看一眼。皇太子听从父亲李世民的忠告，登基之后就召回了李世勣，并给他官复原职。

李世民在安排帝国政府事务上的远见和谨慎，避免了他身后的任何骚乱，让他儿子毫无困难地继承了皇位。

206

649年夏天，李世民知道自己的大限将至，最后一次离开长安回到他最喜欢的避暑山庄——翠微宫。它位于都城长安以南的

---

① 译注：出自《资治通鉴》卷一百九十九《唐纪十五》，费子智英译时稍有改写。

南山山脉之中。在那里，在他忠实的朋友长孙无忌和皇太子的陪伴下，在他们的万分悲痛中，李世民与世长辞，享年四十九岁。

在这个世界上，所有国家的历史都详尽记录了各自的征服者的生涯，这些征服者大多认为自己的事业在最后一场大决战结束后就大功告成了，于是在接下来的和平岁月里过着奢侈安逸、无忧无虑的生活。很少有伟大的统帅，可以在巨大胜利的翌日，不仅能明白最艰巨的任务——保持持久和平的组织运作——依旧摆在面前，而且拥有完成这一任务的才能。仅仅能达到和平与统一（而不能维持它）是不够的。对李世民来说，隋王朝的悲剧证明，一个被成功的战争征服并统一的帝国，也可能很快会被暴君恶政所毁灭。为了在持久稳固的基础上重建统一的帝国，皇帝需要在朝堂之上证明他也拥有和在战场上一样的能力。

李世民真正的伟大桂冠缘于他在这个新领域的成功。在后世，他睿智而有远见的政治家的身份更为人所知，而不仅仅是一位所向披靡的征服者。对于中国人来说，这位伟大的帝王更被人熟悉的是他作为儒家君主（Confucian Prince）的典范作用，而不单是他在许多战争中取得的辉煌胜利。在这一点上，中国人的判断是十分正确的。历史上的其他年轻将军也获得了昙花一现的名声，但他们的征服事业几乎无法贯穿他们的有生之年。相比之下，李世民的事业是永久性的。在他的时代之前，中国的统一是例外状态，为数不多的几个强大王朝的成就在于：贵族封建和南北分治。

然而，从公元七世纪开始，中国统一的次数比分裂的次数更多，统一的时间也更长。此后的分治状态要么是游牧民族征服的结果，要么是强大王朝之间的短暂插曲。唐帝国的传统，

207

总是在后世被不断重新确立。这个传统，就是缔造一个统一的帝国，并由一个服从最高中央权威的行政机构管理。李世民为此投入了毕生心血。这一由李世民塑造的伟大传统，在远东地区充分地保存并传播了悠久的中华文化——世界历史上最伟大的文明力量之一。

附录一
唐王朝前后中国统一与分裂时期一览

唐王朝之前

分裂朝代			统一朝代		
名称	时期	持续时间	名称	时期	持续时间
夏	前2205~前1766	439			
商	前1766~前1122	644			
周	前1122~前255	867			
（上述王朝都是中国的封建时代）					
			秦	前255~前206	49
			汉	前206~221	427
三国	221~265	44			
			西晋	265~317	52
南北分治	317~589	272			
			隋	589~618	29
分裂时期		**2266**	**统一时期**		**557**

唐王朝及唐王朝之后

分裂朝代			统一朝代		
			唐	618~907	289
五代	907~960	53			
			宋	960~1127	167
南宋与北方诸政权分治时期					
	1127~1280	153			
			元	1280~1368	88
			明	1368~1644	276
			清	1644~1911	267
			中华民国	1911~	21[1]
分裂时期		**206**	**统一时期**		**1108**

---

[1] 译注：费子智关于中华民国的统计时间，是基于他《天之子李世民》一书出版的前一年，即 1932 年。部分朝代起止时间与国内学界的通行说法有出入，此处据英文原文译出。

附录二
618 年唐王朝人口的最新估量*

　　研究中国的现代史学家，根据断代史书中提供的人口统计资料，认为中国的人口在清王朝时期翻了一番，尤其在乾隆统治的六十年间。比如包罗杰（Demetrius Charles Boulger）就宣称："乾隆时期的人口增长极不寻常，它似乎在 50 年内将近翻了一番。"[1]

卜舫济（Francis Lister Hawks Pott）说，在乾隆去世的时候，"超过 4 亿人"[2] 臣服于皇帝的权威。

李文彬则给出了 1735 年时人口为 27350000 的数据，但他又指出，在 1795 年，也就是 60 年之后，人口已经上升到296978968。也就是在两代人的时间里，令人惊骇地增长到约为原来的 10 倍。[3]

---

* 译注：20 世纪初，西方及日本学者对于中国古代人口的估量说法众多，费子智此文也是基于古代史籍与逻辑分析的一篇精彩推论。国内关于唐代人口的研究，比较权威的是学者梁方仲，他虽然没有直接指出唐武德元年（618）的具体数据，但考证出：唐贞观十三年（639），县数 1408，户数 3041871，口数 12351681；唐天宝元年（742），县数 1570，户数8973634，口数 50975543。参见梁方仲：《中国历代户口、田地、田赋统计》，上海人民出版社，1980 年，第 78、86 页。

[1]　D. C. Boulger, *History of China*, I, London: W. Thacker & Co. 1898, p. 728.

[2]　F. L. Hawks Pott, *Sketch of Chinese History*, Shanghai: Kelly & Walsh, 1903, p. 122.

[3]　Li Ung Bing, *Outlines of Chinese History*, Shanghai: The Commercial Press, 1914, p. 466. 译注：查核该书的版权页，Li Ung Bing 当为 "编撰者：闽侯李文彬"，并署有 "校订者：美国 Joseph Whiteside"。

虽然对乾隆统治年间人口增长的实际数字，众说纷纭，差异很大，但所有人都认为确实有大幅度增长。而且所有人也都同意，在乾隆帝之前的年代里，中国的人口很少。包罗杰认为 1394 年（明初）的人口为 60545812。[①]

卜舫济给出的人口数据是 60000000，时间点是明王朝开国之君洪武帝朱元璋去世之时（1398 年）。[②]

李文彬说中国人口在 1391 年是 56000000，但在两年后的 1393 年增加到 60000000。[③]

根据这些历史学家的说法，明王朝的人口与约 400 年后乾隆去世时（1799 年）居住在同一地区（18 省）的人口，存在着巨大的差异。唐王朝（618～907 年）并没有能够对现在成为中国一部分的南方省份的大片领土行使直接权力，这些省份是明王朝疆域的一部分。然而，这些历史学家却认为，这个相对较小的唐代中国的人口几乎和 600 年后繁荣起来的明帝国一样多。

包罗杰指出，712 年唐玄宗统治时期的人口"超过 50000000"。但又补充说，到 764 年时，安禄山叛乱之后，"人口低于 17000000"。[④]

卜舫济和李文彬没有对唐代的人口数字表达看法。但另一权威说法来自卫三畏（Wells Williams），他认为在 722 年时人口是 52884818。[⑤]

210

① D. C. Boulger, *History of China*, Ⅰ, p. 428.

② F. L. Hawks Pott, *Sketch of Chinese History*, p. 92.

③ Li Ung Bing, *Outlines of Chinese History*, p. 233.

④ D. C. Boulger, *History of China*, Ⅰ, p. 205.

⑤ S. Wells Williams, *History of China*, New York: Charles Scribner, 1897, p. 37.

因此，这些权威学者都主张，虽然不构成唐帝国实际统治部分的南方偏远地区在唐玄宗统治到明王朝建立之间的600年中先后被中央政府纳入有效管辖，但这期间，人口几乎没有增长。明朝时期人口也没有增加，然而在短短60年的乾隆统治时期，一千多年来一直稳定在6000万左右的人口却突然出现了超出所有合理预期的激增，这不得不让人佩服乾隆时期中国人的生育能力。

如果十八世纪中国人口的惊人增长是事实的话，那一定是由于一个可发现的原因。而本附录的目的，就是希望通过对618年唐帝国人口的探究，从一个新的角度来考察唐、明、清三个时期的人口估量。

人口调查数据以外的文献，可以用来估量过去时代的总人口。如灌溉系统和他们建造的其他纪念建筑等人类活动痕迹所证明的，就是在一个特定地区存在最低人口的证据。而更好的方法是通过调查某特定时期人们建造和居住城市的数量的史料来发现迹象，因为这更具有普遍性。中国古代经济体系中的城市群，是农业经济形态的副产品。就城市本身而言，它的繁荣或衰败取决于农耕人口的规模。随着农村人口的增加，那么城市的数量也随之增加；而当土地上的农业人口不那么稠密时，过剩的城市就会衰败并被遗弃。

这种情况在古代世界普遍存在。弗朗西斯·哈弗菲尔德教授讨论了一个类似的关于亚历山大大帝所建帝国的问题，他认为："为了说明城镇和当地食物供应之间的联系，请注意维特鲁威（Vitruvius）讲述的亚历山大大帝和建筑师狄诺克拉底（Dinocrates）之间的故事。狄诺克拉底曾经计划建造一座新的城镇，亚历山大询问它的周围是否有可以供应谷物的土地，听到没有之后，他立刻排除了这个提议的建造地点。"①

直到十九世纪初，中国还是一个自给自足的农业国家，很少与外国接触。② 它的进出口很少，在其经济体系中起着微不足道的作用。它消费着自己的食物，然后自己生产手工业必需品。到 1793 年时，乾隆的说法依旧十分正确：天朝拥有丰富多产的一切，在其境内不缺少任何产品。因此，没有必要进口国外野蛮人的制造品来换取清朝自己的产品。③

自白银价格下跌以来，外国进口商在付出惨痛代价之后才发现，乾隆的格言仍有许多道理。中国也可以在没有"国外野蛮人的制造品"的情况下正常运行，这是乾隆提供的信息。

这种自足经济，在乾隆看来是一种美德，其实也是一种必然。在不太受大风和天气影响的铁路和蒸汽船发明之前，从外部输入大量食物是一件非常困难的事情，要经过复杂且代价高昂的组织后才能实现。养活古罗马无产者（Roman proletariat）的谷物船和北京八旗子弟赖以生存的漕运贡粮，是古代大规模粮食输入的罕见例子。这两种组织方式的声誉，以及各自政府对其顺利运作和维护的重视，同样也证明了这些事业的困难和

212

---

① F. Haverfield, *Ancient Town Planning*, Oxford: Clarendon Press, 1913, p. 13n.

② 从西北省份经中亚到波斯的伟大贸易路线无疑是个明显的例外。但这种贸易完全是以丝绸和其他奢侈品为主，不用于进口食物。

③ 这是在马戛尔尼出使中国之时，乾隆皇帝让他带给英王乔治三世（King George III）的国书内容的英译。参见 E. Backhouse and J. O. P. Bland, *Annals and Memoirs of the Court of Peking*, William Heinemann: London, 1914, pp. 322 – 334。译注：乾隆五十八年给英王的国书云："其实天朝德威远被，万国来王，种种贵重之物，梯航毕集，无所不有。尔之正使等所亲见。然从不贵奇巧，并无更需尔国制办物件。"参见斯当东：《英使谒见乾隆纪实》，叶笃义译，上海书店出版社，1997 年，第 559 页。

特殊性质。

在一个自给自足的农业国家，如古代中国，城市与农村有着严格的经济联系。这种联系只能存在于农村人口足够稠密、能够用剩余的收成为城市居民提供食物的地方；作为回报，城市实现了三种功能。第一，它向农民提供手工业制成品；第二，它虽然平时是富有的大地主居住的地方，但也是战争时期所有阶级的避难所；第三，它是这个区域的政务中心。如果没有足够多的农业人口来支持非生产性的城市人口，或者没有足够多的财富来保护或吸引一个渴望征税的政府，那就没有城市。在这种情况下，很少有城市能发展得过大而不依靠邻近农村的农产品生活，这些例外情况只出现在大河沿岸或沿海地区。只有在这些沿河、沿海城市，手工业才能繁荣发展，因为它们拥有比周边乡村更广阔的市场。除此之外，其他地方的交通都太困难，花费成本也太多了。即使是这些半工业化（semi-industrial）的城市，也只在附近地区销售它们的产品，并消费着从邻近省份输入的食物。在古代中国，没有现代西方类型的城市，没有面向世界市场的手工制造业，也没有依靠从遥远国家进口食物来生活的例子。

因此，有城墙的城市是中国标准的城市类型；没有城墙的城镇不能算是城市。然而在古代中国，没有城墙的城镇很少有超大的或重要的。根据事实，一个城市就必须是一个有城墙的城市（当然，一个被泥墙包围的村庄就不能被赋予这样的地位，因为城市必须是被一堵正规的砖墙或石墙包围着）。因此，在任何给定时间内被统治的有城墙城市的名单，就是帝国所有都市中心的名单。

这个观点在今天就不完全正确了。没有围墙的市场，如河北（直隶，Chihli）的唐山和湖北的沙市，在现代商业和工业的影响下成长起来，直到它们比原来有围墙的相邻城市大得多。但在海外贸易和现代工商企业时代到来之前，这种情况并没有发生。一个城市的发展是受到城墙限制的（如天津，只有在早期几位清朝皇帝时期才有城墙），故而大多数城市都没有发展：它们只是实现了当初建造它们的目的，这些功能就是为了满足农业社会的需要，所以并没有随着时间的推移而改变。

　　因此，在特定的时间里，城市数量和人口规模之间存在明确的比例。如果能确定城市的数量以及它们与整体人口的比例，那么就有可能估算出这一时期居住在该区域的居民人口。

213

　　不过，有三个因素会影响或扰乱这一比例。

　　第一，气候变化或一种新疾病的传入，如疟疾，通过减少农业地区的人口，导致城市处于半饱和状态，衰败萧条，陷于困境，也许几个世纪之后才最终消失；第二，贸易路线的变化，可能导致原本繁荣的城市链衰落，并让一个此前被遗弃的地区的重要性突然大增；第三，动荡的、模糊的、人为的政治边界的存在，需要建造许多经济上根本没有必要的城市作为军事堡垒和避难所。所有这些干扰因素的例子在中国不同地区都曾出现过，即使现在也能见到。但是，如果注意到其中任何一个因素的存在并充分考虑到它，那么用城市记录文献作为估量人口的基础仍然是可行的。

　　此外，如果发现在任何一个时期被统治城市的数量与在另一个时期被统治城市的数量大致相同，那么由此就可以得出，这两个时期的人口一定是大致相同的——除非能证明突然发生了密集的工业化进程，或者能够极大提高土壤生产力的新农业方法已经被引进。

众所周知，直到十九世纪末，中国都没开始工业化进程。因此，唐、明、清三个朝代的经济形态都是差不多的农耕经济。没有证据表明清王朝使用的农业栽培方法大幅优于之前的朝代，而且我也没能找到任何证据表明，在唐王朝和乾隆之间的任何时期，一种新的作物——有可能让粮食供应发生革命性变化——被引入。

我们可以从百科全书式的《钦定古今图书集成》中获得城市存续时间的资料，以及根据 1885 年和 1910 年贵州的平均人口调查数据得出的人口对城市的比例。贵州的这一比率受现代商业和工业的影响最小。使用上述数据，我们就可以估算出618 年唐朝的人口了。[①] 根据这样的原理，整个唐帝国共有129450000 人，具体分布在北方和现今长江流域的九个省的人口为 102300000，它们是河北、山西、陕西、甘肃、山东、河南、湖北、安徽和江苏。在公元七世纪，这些地区比南方的历史更悠久，人员居住更密集。南方的浙江、江西、湖南、四川、福建、广东、广西和云南，人口为 27150000。贵州，以及云南的很大一部分地区当时都还不是唐帝国的直接管辖范围。

从这些结果可以得出这样的论断：在过去的一千年里，中国人口整体上只增长到原来的三倍。人口增加的主要原因是同时期国土面积的扩大。然而，较早时候北方地区的人口比 618 年稍多一点，而就山西和陕西两地来说，实际人口是减少了。

如果上述人口按其呈现状态被接受的话，那么我的这些结

---

① 这一估量所依据的详细数字、表格和计算可见于论文 "A New estimate of the Chinese population under the T'ang dynasty in A. D. 618," in *China Journal*, January and February 1932, Vol. Xvi, Nos. 1 and 2。

论与本篇附录开头所引用的各种当代历史学家的数据就完全不一致了。但必须认识到，这些人口数据，它们代表的是家庭数量再乘以 5，是为了征税而取的。因此，其结果只是对纳税家庭进行的估算。政府对赤贫人口数据不感兴趣，所以没有试图把他们计算进来。抽象的理论性的统计学在古代世界不受重视。当然，也一定有一大群人想方设法成功地避免了被计成不受人喜欢的纳税人。

从这个角度看，本附录开头所引数据就可以理解了。也许可以这样认为，政府成功地达到了他们的目标，并拟定了一份相当完整的纳税人口名单。然后，根据这一数据估算出唐玄宗时期的 712 年（前述数据适用日期之后约 100 年）的纳税人口"超过 50000000"（前引包罗杰的看法），或者说是约占总人口的一半。考虑到所讨论的那个世纪是中国历史上最繁荣、最和平的时期之一，所以这并不令人难以置信；而到 764 年，经过毁灭性的安禄山叛乱之后，纳税人口数下降到 17000000，这点同样不令人吃惊。虽然说纳税人口自然会遭受战争的摧残，但人口总数作为一个整体应该不会减少多少。

同样的考虑也解释了一个离奇的传说：为何在乾隆年间中国的人口增长为原来的 5 倍甚至 10 倍。乾隆年间同样也是一个国内持续和平与繁荣的时期。在乾隆朝高效的行政部门仔细而准确的审查下，纳税人口（而非人口总数）迅速增长，这一点并不令人感到意外——坦率地说，人口总数在 60 年内增长为原来的 10 倍以上，这是令人无法相信的。

因此，从古代人口调查文献中所引的数字，虽然不能从字面上去理解它，却能提供一种有价值的交叉关系（valuable cross），以证实本附录中所做的估量和它依据的理论。

索 引

（本部分为原文照排，页码为原书页码，即本书页边码）

译后记

　　1933年，剑桥大学出版社出版了世界上第一部关于唐太宗李世民的英语传记，它就是由英国学者费子智（C. P. Fitzgerald，1902~1992）所撰写的 *Son of Heaven：A Biography of Li Shih-Min, Founder of the T'ang Dynasty*。

　　本书《天之子李世民：唐王朝的奠基者》（以下简称《天之子李世民》），即该书的中译本。

　　费子智1902年出生于伦敦，1992年去世于悉尼。他是英国著名历史学家和作家，同时也是澳洲国立大学东亚研究的教授。关于费子智的详细生平，以及这本英文传记的背景、价值，特别是它背后对积弱积贫的晚清和民国充满热情的分析，敬请读者参考我的文章《天可汗的光与影——费子智、谷川道雄撰唐太宗传记两种之研究》[载《复旦学报》（社会科学版），2019年第5期]，此不赘述。在该文观点之外，我要特别补充说明一点：费子智是西方很早表示支持中国共产党并对之进行深入研究的学者。

　　在翻译好《天之子李世民》一书之后，我想追溯一下自己与这本书的"三京"（京都、北京、南京）之缘。

　　按照时间顺序，第一是京都之缘。

　　我最早得知《天之子李世民》这本书，是2007年读博士留学京都大学时。自己曾在复印机面前哼哧哼哧印下了这部世界上第一本英文唐太宗传记。到2015年时，剑桥大学出版社重印了《天之子李世民》，由于剑桥大学出版社等不少西方出版社在日本专门设有"Printed in Japan"的机构，这就保证了很多英文新书可以在欧美与日本几乎同步发行。得知这一消息，我第一时间请京都大学永田知之师兄代购了一本。于是，我的书案上就有了初版的复印本与2015年重印版原书。记得陆扬老师曾戏称这本传记是非常有价值的"汉学古董"。实际上，该书在某些内容上与京都学派亦有千丝万缕的联系。如将中国中世纪与欧洲中世纪对比，此举实早于川胜义雄；又如对窦建德骑士精神（chivalrous character）的评价，与谷川道雄前后相承。

第二是北京之缘。

2017年春季学期，我有幸申请到北京大学人文社会科学研究院担任第二期访问学者。按惯例，每位访问学者一学期内需要汇报一次学术成果与组织一次工作坊。我的演讲题目是《贞观年间唐帝国的东亚情报、知识与佚籍》，工作坊主题则是"天可汗及其时代：初盛唐的经籍、文学与历史"（邓小南老师主持，孙少华、徐建委、程苏东、仇鹿鸣、耿朔与我六位报告）。这两次我自己的报告，虽然不是直接关于费子智的，但讲述过程中都将《天之子李世民》作为重要的参考资料。特别记得在工作坊之后，听众之中一位器宇轩昂的同龄人前来和我握手打招呼，并用略带东北口音的爽朗语气和我说："童兄，幸会！我是甲骨文的冯立君。你应该把费子智这本书译成中文啊！"我当时把冯立君兄的这番话误解成了"客套"，就随口一句"好的"答应了。谁知这位甲骨文的"元老"是有一说一的实干家。数月之后的盛夏，中国魏晋南北朝史学会在邯郸召开年会，我们再次见面，干练高效的冯立君兄兴冲冲地告诉我，已经获得剑桥大学出版社的中译版权了，敦促我着手翻译。

　　第三是南京之缘。

　　推动我最终答应该书翻译之事还有一段小故事。离我儿子每周练习书法的芸窗书苑不远处，是南京市鼓楼区北京西路41号"中英文化协会旧址"。1946～1950年，费子智本人恰恰就在此栋小洋楼中担任英国文化协会（British Council）驻南京官员。每周带着儿子从这里走过，想象着半个多世纪前，叼着烟斗、穿着风衣从这栋小洋楼进进出出的费子智，忽然有点觉得作为在南京生活工作了二十多年、研究中古学术的我，承担此书翻译，是"义不容辞"（借用冯立君兄语）之举。

　　缘在三京，时隔三年，译稿杀青之后，回顾这部《天之子李世民》传记的优点，可谓是多方面的。

　　首先，该书对于李世民以及唐代文化的总体认识，即便在隋唐史国内外学术成果日新月异的今天来看，亦时有惊艳的亮点。比如费子智给我们展现的，并不是一成不变的李世民，而是通过十余章的笔墨，展现了李世民性格中固定的成分与变化的趋势。在述及李世民的儿子李承乾、李泰、李祐的悲剧时，费子智动容地写道："天空中嫉妒的众神给伟大的皇帝派来了猎杀幸运者的复仇女神涅墨西斯。"对于隋唐文化的基础，他认为"随着鞑靼血统逐渐融入中原社会，一个新的汉人贵族群体开始登台掌权，这些人身上往往混有一些'鞑靼之血'"。这些都与中国第一流的史学家陈寅恪在抗战时期撰写《隋唐制度渊源略论稿》学说背后的关怀有异曲同工之妙。

　　其次，也许一般读者会认为，传记只是注重文章，而学术性不强。费子智这本书并不是如此，它不仅继承了纯正英格兰传记美文的传统，而且学术性也非常厚重，全书紧紧地保持了与他那个时代第一流汉学家对话的态度。比如，对突厥铁山位置的考证，反驳了巴克尔的《鞑靼千年史》之说法；对高昌城与人种的分析，反驳了德国勒柯克《新疆的地下文化宝藏》中的说法。

同时，中西对比的视域是《天之子李世民》一书的另一大看点。如将李世民汜水之战比喻成中国版的温泉关之战；又如，认为突厥对抗唐军的战术，采取了与"斯基泰人一千年前对抗波斯大流士时完全相同的战术"；又如，针对外国学者嘲笑中国长城是畏首畏尾的代表，费子智反驳说："这些批评家应该想想罗马人——罗马帝国作为一个军事国家，也在英格兰和德意志南部地区建造了长城。"又如，将侯君集追击吐谷浑之战，与汉尼拔率军队翻越阿尔卑斯山的壮举相提并论；特别是高句丽之战中李世民对海军的重视，让费子智大加赞叹，为此他说："李世民虽然生于内陆，长于内陆，但他充分认识到制海权的无上重要性，这正是他拥有多方面天赋的骄傲证明。与之相比，拿破仑虽然生于岛上，但在与英国长达二十年的战争中，却没有吸取这个教训。"如此种种，相信会给读者带来与国内已出版的、众多李世民传记非常不一样的阅读体验。

关于《天之子李世民》的中译，尚有如下四点说明。

第一，本书保留了原书的索引，索引中明显的文字错误，如河北大名府（Ta Ming Fu）误作大明府、大雁（Ta Yen）误标为大阁、孝堂山（Hsiao T'ang Shan）误作为小唐山等在正文或示意图中均已改正，请读者留意。

第二，对于原书中的史实"错误"，如将裴寂认为是太监，考其致误之由，或受《隋唐演义》《说唐全传》等集部小说影响，又如将李孝恭误写成李神通之子，将李泰认为是嫔妃所生、年龄比李承乾大等，这些地方若径改则会影响原书的前后文脉及作者的解读，故而这种情况则在正文（而非书前"隋唐重要人名表"）第一次出现时，加"译注"说明。对于原书中，为了方便西方读者理解而使用的词，如称呼萧铣、李子通、高开道等为古希腊式的"僭主"（pretender），中译本按照隋唐史的通例改译为"群雄"或"霸主"；而对于费子智该书另一个核心概念"鞑靼"（Tartar），其实是清末民初欧洲汉学家所采取的"广义鞑靼观"（不仅限于明代的蒙古部落），因此我的译文中保留了原貌。

第三，但凡原书中标双引号的内容，大致分为引古语与对话两大类，前者我直接溯源到了隋唐史书或《资治通鉴》等典籍（尤其因为费子智对司马光的推崇，所以史料溯源以《资治通鉴》为首），但对于后者，费子智处理人物对话时，常常是"摘译"一种或数种古书并加入他自己合乎历史想象的加工之辞，若直接回译为古文则面貌顿失，因此，在一些地方我采取的方式是：正文中的人物对话据英文原文译出，并以"译注"形式溯源了《旧唐书》《资治通鉴》等原始文献，这么做并非仅是让读者知道其史源所在，更是为了让大家看到这位优秀的英国学者是如何剪裁、加工、融合之后才使用了中文文献。

第四，为了使读者更好地了解书中人物，中译本比英文原书多配了昭陵、昭陵六骏、尉迟敬德碑、李世勣碑等彩图。一部分彩图由我自己拍摄，另一些要特别感谢昭陵博物馆李浪涛、西安市文物保护考古研究院张全民、西安碑林博物馆王庆卫等师友的高助。

本译稿是 2019 年文化名家暨"四个一批"人才项目"北

朝隋唐的世界性文化"的阶段性成果之一。在翻译过程中，特别鸣谢从丛、唐建清、郭醒、冯立君、朴彦、孙英刚、张达志、尹磊、罗琼鹏诸位师友对译文的指正，或一个官职、地名的中译，或一个英式比喻句的拿捏，都给我带来了豁然开朗的解答；感谢远在美国的何剑叶师姐、香港的陈汉文兄对费子智书中若干英文文献的查核；感谢京都大学永田知之师兄对引书日语资料的惠示；感谢张学锋、徐雁平、毛阳光、陈怀宇、范兆飞、孙齐、林日波、顾一凡、徐光明、王乐毅、潘尧诸位师友协助我查找、对勘了书中的部分文物遗迹与古籍文献；感谢徐思彦、董风云、郑庆寰、陆大鹏等几位先生对该书出版的大力协助；感谢气贺泽保规、巴瑞特（T. H. Barrett）及荣新江三位先生为译稿赐下推荐辞。最后，要感谢本书的责编张金勇学兄以及本书的编辑团队，他们对于本书精益求精的打磨，是中译本能呈现在大家面前最重要的保证。

当今，中国中古史研究领域优秀成果与日俱增、不胜枚举，费子智这本近90年前的《天之子李世民》固然在具体学术观点上有不少已经被超越，但是我们不能忘记，该书出版四年后，抗日战争全面爆发。当时，不少欧美人对孱弱的中华民国之政治、军事诸多现状都不大看得起。费子智却尤其提醒英国人与美国人，不要盯着十九世纪落后腐败的清代中国不放，而要看到七世纪伟大的唐王朝。他用满怀激情的笔调写道：

　　唐王朝就是由年轻人建立的，他们彻底战胜了缺乏灵感的上一代人，并超越了对上一代人的恐惧与敬畏。在经历了一个凄凉阴沉的分裂和软弱时期之后，中国终于迎来

了充满自信和希望的纪元的破晓。（第二章）

目前，全球正在经历应对新冠肺炎的抗疫之战。国外，尤其是西方世界对中国怀有误解。然而我坚信，德不孤必有邻。当今海外汉学学者之中，一定还会有像费子智一样对中国、对中国文化的未来满怀热情与祝福的有志之士。而充满"自信和希望"的一脉相承的中华文明，也一定会再次同风而起，振翅翱翔！

童岭　记于二炎精舍
2021 年元旦之夜

图书在版编目（CIP）数据

天之子李世民：唐王朝的奠基者／（英）费子智
（C. P. Fitzgerald）著；童岭译. －－北京：社会科学
文献出版社，2022.3（2022.10 重印）
书名原文：Son of Heaven：A Biography of Li
Shih-Min, Founder of the T'ang Dynasty
ISBN 978 - 7 - 5201 - 8927 - 9

Ⅰ.①天…　Ⅱ.①费…　②童…　Ⅲ.①李世民（599 -
649）- 传记　Ⅳ.①K827 = 421

中国版本图书馆 CIP 数据核字（2021）第 169960 号

地图审图号：GS（2022）555 号（书中地图系原文插附地图）

天之子李世民：唐王朝的奠基者

著　　者／〔英〕费子智（C. P. Fitzgerald）
译　　者／童　岭

出 版 人／王利民
组稿编辑／董风云
责任编辑／张金勇
责任印制／王京美

出　　版／社会科学文献出版社·甲骨文工作室（分社）（010）59366527
　　　　　地址：北京市北三环中路甲 29 号院华龙大厦　邮编：100029
　　　　　网址：www. ssap. com. cn
发　　行／社会科学文献出版社（010）59367028
印　　装／三河市东方印刷有限公司

规　　格／开　本：889mm × 1194mm　1/32
　　　　　印　张：9.5　插　页：1　字　数：207 千字
版　　次／2022 年 3 月第 1 版　2022 年 10 月第 2 次印刷
书　　号／ISBN 978 - 7 - 5201 - 8927 - 9
著作权合同
登 记 号／图字 01 - 2019 - 2608 号
定　　价／65.00 元

读者服务电话：4008918866

▲▲ 版权所有 翻印必究